KB166824

실패의 기술과 퀴어 예술

실패의 기술과 퀴어 예술

잭 핼버스탬 지음

허원 옮김

현실문화

차 례

역사의 모든 루저들에게

일러두기

- 이 책은 Jack Halberstam, *Queer Art of Failure* (Duke University Press, 2011)를 옮긴 것이다.

- 본문의 [ ]는 원문의 이해를 돕기 위해 옮긴이가 보충한 내용이다.

- 원서의 (제목 표기가 아닌) 이탤릭체 표기는 강조체로 옮겼다.

- 지은이가 본문에서 인용하는 책의 경우 국역본이 있으면 최대한 그 서지사항을 달아주었다.

- 외국 인명/지명 등의 표기는 국립국어원에서 펴낸 외래어 표기법을 원칙으로 하되, 국내에서 널리 사용되는 것은 관행을 따르기도 했다.

감사의 말

실패에 관한 프로젝트라는 걸 생각할 때, 어쩌면 실상 아무도 감사의 말을 기대하지 않을지 모른다. 그럼에도 나는 이 책이 옹호하는 대안적 형태의 지식을 생산하는 정신으로, 나를 상실, 결핍, 〈네모바지 스펀지밥〉뿐만 아니라 실패, 멍청함, 부정성이라는 주제로 인도해준 그 모든 멋진 사람들을 언급해야겠다. 본인이 기억할지 모르겠지만, 로런 벌랜트는 〈사우스파크〉의 '성탄절 똥, 미스터 행키' 에피소드를 유쾌하리만치 자세하고 길게 서술해 내게 줄거리 요약이라는 요상한 예술의 세계를 처음으로 소개해주었다. 그 에피소드는 내게 여러 모로 깊은 인상을 남겼는데, 성탄절을 맞은 유대인 아이에 대한 이야기 속 소외감과 외로움이라는 주제 때문만은 아니었다. (무려 미국현대어문협회MLA 학술대회에서) 다시 이야기하기retelling

라는 형식을 통해서 '성탄절 똥'이 새로운 가능성의 서사 영역을 연 듯했던 것이다. 이 책에는 줄거리 요약이 많이 등장하는데, 바라건대 벌랜트의 것처럼 재미있는 것들이었으면 좋겠다. 나는 여러 대학에서 그중 일부를 청중들에게 선보였다. 그것들을 토대로 이 책이 형태를 갖추도록 지난 5년간 나를 연사로 초청해준 분 모두에게 감사하다. 또 루시 길모어, 세라 퀄티에리, 앤지메리 핸콕, 카라 킬링, 로빈 켈리, 조시 쿤, 아키라 리피트, 데이비드 로이드, 마리아 엘레나 마티네스, 테리사 맥케너, 타니아 모들레스키, 로라 풀리도, 셔너 레드먼드, 존 칼로스 로우, 조지 산체스, 캐런 통슨, 셰리 벨라스코를 비롯한 서던캘리포니아대학교의 동료들에게도 감사 인사를 전한다.

주디 뱀버, 나오 부스타만테, 카벨로/카르셀러, LTTR, 모니카 마졸리, J. A. 니콜스, 콜리어 쇼어 등 작품을 통해 이 책에 부분적으로 영감을 준 많은 작가들에게도 감사하다. 그리고 나와 함께한 학생들, 특히 데버러 알카마노, 잭 블라스, 매슈 카릴로빈센트, 지페이 청, 에이프릴 다비도스키, 제니퍼 데클루, 로라 후지카와, 키애나 그린, 예타 하워드, 알렉시스 로시언, 스테이시 마시아스, 알바로 마르케스, 알리스미하엘라 바르단, 그레텔 로사스, 에브런 사브치는 모두 저마다의 방식으로 대안적 교수법과 무지의 추구에 관한 내 생각에 기여해주었다.

전복이라는 개념이 슬프게도 유행이 지난 듯 보이는 시대에도 나는 여전히 끈질긴 전복적 지성들로 이루어진 배교자 무리에 속하기를 원한다. 폴 아마르, 알리샤 아리존, 카르멘 로메로 바치예, 제니퍼 브로디, 대프니 브룩스, 제이나 브라운, 주디스 버틀러, 헤더 캐실, 멜 첸, T. 쿠퍼, 앤 츠벳코비치, 해리 도지, 데이비드 엥, 안트케 엥겔, 칼레 파하르도, 로더릭 퍼거슨, 칼라 프레체로, 로사 린다 프레고소, 엘리나 글래스버그, 가야트리 고피나트, 허먼 그레이, 도미니크 그리사르, 애얄 그로스, 크리스티나 핸하트, 길 호크버그, 샤론 홀랜드, 존 하워드, 사일러스 하워드, 애너메리 자고스, 케리 커네츠키, 제인 녹스, 팀 로런스, 에리얼 레비, 아이라 리빙스턴, 레나테 로렌츠, 헤더 러브, 리사 로우, 마틴 매널랜선, 앤젤라 맥로비, 로버트 맥루어, 마라 밀스, 닉 미르조프, 프레드 모튼, 호세 에스테반 무뇨스, 아일린 마일스, 매기 넬슨, 타비아 니옹오, 마르시아 오초아, 제마 페레스산체스, 라켈(루카스) 플라테로, 챈던 레디, 이저벨 라이스, 리사 로펠, 조다나 로젠버그, 티나 로젠베리, 체리 스미스, 딘 스페이드, 애나 조이 스프링어, 오미세케 너태샤 틴

슬리, 위르그 치렌, 데버러 바르가스, 델 라그레이스 볼케이노, 제인 워드, 퍼트리샤 화이트, 줄리아 브라이언 윌슨이 그들이다. 비판적 동물연구Critical Animal Studies 모임에 나를 초대해준 캘리포니아대학교 어바인캠퍼스의 인문학연구소, 특히 데이비드 골드버그에게, 그리고 그 그룹을 이끌어주는 멜 첸에게 감사하다.

듀크대학교 출판부의 켄 위소커, 그리고 이 책의 초고를 여러 번 빈틈없이 읽어주고 격려해준 리사 두건, 엘리자베스 프리먼, 리사 로펠에게 특별한 감사 인사를 전한다. 마지막으로, 유별나고 활기 넘치는 나의 가족 이시첼 레니, 레나토 레니, 그리고 (가장 중요한) 마카레나 고메스바리스에게 감사와 사랑을 보낸다. 이들 모두는 매일 내가 더 낫게 실패하도록 영감을 주고 격려해준다.

이 책은 부분적으로 논문 형태로 발표된 바 있다. 1장의 일부는 「브로드웨이와 메인 너머: 회장단 연설에 대한 응답 Beyond Broadway and Main: A Response to the Presidential Address」, 『아메리칸 쿼털리American Quarterly』 61, no. 1 (2009), 33-38로 발표되었다. 2장의 초기 버전은 「가족을 잊는다는 것: 오이디푸스 관계에 대한 퀴어한 대안Forgetting Family: Queer

Alternatives to Oedipal Relations」, 『레즈비언, 게이, 바이섹슈얼, 트랜스젠더 그리고 퀴어 연구의 길잡이Companion to Lesbian, Gay, Bisexual, Transgender and Queer Studies』, 몰리 맥게리Molly McGarry, 조지 해거티George Haggerty 편(런던: 블랙웰, 2007)로 출판되었다. 4장의 초기 버전은 「실패에 관하여Notes on Failure」, 『미국 문화 속 미학의 권력과 정치학The Power and Politics of the Aesthetic in American Culture』, 클라우스 베네시 Klaus Benesch, 울라 하젤슈타인Ulla Haselstein 편(하이델베르크: 대학출판부, 2007)으로 독일어로 출판되었다.

서론
— 저급 이론

대안은 무엇인가?

> 미스터 크랩스: 네가 젖과 꿀이 흐르는 땅을 발견했다고 생각한 바로 그때, 그 갈고리는 네 바짓단을 꿰어 잡고 위로 높이 높이, **더 높이** 끌어올릴 거야. 마침내 수면에 다다르면 넌 숨을 헐떡이겠지! 그러면 그들은 너를 요리해서 먹어치울 테고—어쩌면 더한 일도!
> 스펀지밥: (덜덜 떨며) 그보다 더한 일이요?
> 미스터 크랩스: (상냥하게) 선물가게행이지.
> — '미끼', 〈네모바지 스펀지밥〉

미스터 크랩스는 가엾은 우리 스펀지밥에게 말한다. 스펀지밥이 젖과 꿀이 흐르는 땅을 막 발견했다고 생각한 바로 그 순간 그는 이미 식당 메뉴판에 올라 있거나, 심지어는 그가 이제 막

작별을 고한 환상을 되살리는 캐릭터 상품이 되어 선물가게에 앉아 있을 거라고 말이다. 우리는 모두 꿈이 산산조각 나고, 희망이 짓뭉개지며, 환상이 깨지는 일에 익숙하다. 그런데 희망 다음에는 무엇이 오는 걸까? 또 스펀지밥처럼 젖과 꿀이 흐르는 땅으로의 여행이 결국 선물가게에서 끝난다고 믿지 않는다면 어떻게 되는 걸까? 다시 말해, 냉소적 체념도 아니고 순진한 낙관도 아닌 대안은 과연 무엇일까? 스펀지밥은 미스터 크랩스를 위해 하루 종일 일을 하거나, 벗어나려고 애쓰면서도 상품 자본주의의 그물망에 갇혀 있는 것 이외의 대안이란 무엇일지 알고 싶어 한다. 일종의 '스펀지밥이 안내하는 삶의 지침서'라고 할 수 있는 이 책은 이상주의적 희망을 잃는 대신 지혜를 얻고, 삶과 문화, 지식, 기쁨과의 새롭고 유연한 관계를 일구는 것을 목표로 한다.

그래서 대안은 무엇인가? 이 간단해 보이는 질문은 정치적 프로젝트의 시작을 선언하고, 가능성의 문법(선언 pronouncement의 문법 중에서도 동명사와 수동태로 표현된)을 요청하며, 삶을 다르게 살고자 하는 기본적인 욕망을 표현한다. 학자, 활동가, 예술가뿐 아니라 만화 캐릭터도 오랫동안 삶과 사랑, 노동에 대한 대안적 비전을 규명하고 그것을 실천하려는 야심 찬 시도들을 해왔다. 급진적 이상주의자들은 여러 선언문과 광범위한 정치적 전략, 새로운 재현의 테크놀로지 등을 활용해가며 이 세계에서 자유주의적 소비 주체에게 이미 주어져 있는 방식과는 다르게 존재하고, 다르게 관계 맺는 방법을 계속해서 모색하고 있다. 이 책은 '저급 이론low theory'(스튜어트 홀의 연구에서 내가 차용한 용어다)과 대중적 지식을 사용해 대안을 탐구하고, 이원론의 전형적인 덫과 교착상태에서 빠져나오는 길을 탐색한다. 저급 이론은 우리가 헤게모니의 덫에 걸리지 않고, 선물가게의 유혹에도 낚이지 않을 수 있게 해줄 모든 사이in-between 공간을 찾아내려 한다. 그러나 저급 이론은 대안이 비판과 거부라는, 종종 극도로 어둡고 부정적인 반反직관성[1]이라는 혼탁한 영역에 존재하고 있을 가능성과 만나기도 한다. 따라서 이 책은 고급 문화와 저급 문화, 고급 이론과 저급 이론, 대중문화와 난해한 지식을 번갈아 들여다보며 삶과 예술, 실천과 이론, 사고와 행위 사이의 구분을 끝까지 물고 늘어져, 앎과 무지를 둘러싼 더 혼란스러운 영역을 끝까지 파헤쳐 볼 것이다.

이 책에서 나는 어린이용 애니메이션부터 아방가르드 퍼포먼스와 퀴어 예술을 두루 다루며, 성공에 대한 관습적인 이해의 바깥에 있는 존재 방식과 앎의 방식에 관해 생각한다. 이성애 규범적인 자본주의 사회에서 성공이란 부의 축적과 결부된 재생산력이라는 특정한 형식과 너무 쉽게 동일시된다. 그러나 이와 같은 성공의 척도는 최근 심각한 압박을 받고 있는데, 한편으로 금융시장이 붕괴했고 다른 한편으로 이혼율이 급증

---

1   [옮긴이] 반직관성(counterintuitive)은 사회에서 자명한 것으로 간주되는 도덕적 직관의 신뢰성에 의문을 제기하는 윤리학의 개념이다.

했기 때문이다. 20세기 후반과 21세기 전반의 급격한 경기변동이 우리에게 준 교훈이 있다면, 우리는 적어도 성공과 실패의 정태적 모형[2]에 대한 건강한 비판을 가져야 한다는 것이다.

이 책은 합격과 낙제의 기준을 재평가하자고 주장하는 대신 우리 현실 속에 들어와 있는 성공과 실패의 논리를 해체하는 것을 목표로 한다. 특정 상황에서 실패, 패배, 망각, 훼손unmaking, 망침undoing, 자발적 퇴행unbecoming,[3] 무지not knowing 덕분에 실제로는 더 창조적이고 더 협조적이며 더 놀라운 방식으로 우리가 세상에 존재할 수도 있다. 실패는 퀴어들이 특별히 잘하는 일이자 지금껏 항상 잘해왔던 일이다. 왜냐하면 퀴어들에게 실패는, 퀀틴 크리스프를 인용하자면 하나의 스타일이 될 수 있고, 푸코를 인용하자면 삶의 방식이 될 수 있으며, '계속해서 노력하고 또 노력해야 한다'는 암울한 성공 각본의 반대편에 있을 수 있는 방식이기 때문이다. 만약 성공이 그토록 많은 노력을 요한다면, 어쩌면 장기적으로는 실패가 더 쉬운 길이며, 그것은 다른 보상을 해줄지도 모른다.

실패는 우리에게 어떤 종류의 보상을 해줄까? 아마도 가

---

2   [옮긴이] 정태적 모형(static model)은 특정 현상에 대한 수학적 모형 가운데 정해진 시점을 중심으로 생성한 모형으로, 현실에 부합하는 여러 가지 변수를 고려하지 않지만, 쉽게 이해할 수 있어 많이 쓰이는 경제학의 모형 설정 방식을 말한다.

3   [옮긴이] 'unbecoming'은 주로 우리가 무언가가 되고 더 나은 상태로 변화해야 한다거나, 발전하고 발달해야 한다는 관념, 즉 성장 이데올로기에 대한 저항의 의미로 사용되므로 '자발적 퇴행'이라는 역어를 선택했다.

장 분명한 건, 제멋대로인 어린 시절에서 정숙하고 평범한 성인으로 이끈다는 목표 아래 행동을 규율하고 인간의 발달을 관리하는 처벌 규범으로부터 벗어나게 해준다는 것일 테다. 실패는 경이로운 무정부 상태를 일정 부분 보존하고, 성인과 아동, 승자와 패자 사이의 뚜렷하다고 여겨지는 경계를 흐린다. 또 실패는 확실히 실망, 환멸, 절망과 같은 일련의 부정적 정동을 동반하는 한편, 그런 정동을 이용해 우리 삶에서 해로운 긍정주의toxic positivity[4]가 지닌 허점을 찾아낼 기회 또한 마련한다. 바버라 에런라이크가 『긍정의 배신』에서 상기시켜준 것처럼 긍정적 사고는 북미의 질병, 즉 선한 이에게 성공이 찾아오고 실패란 구조적 조건보다는 나쁜 태도가 초래하는 결과일 뿐이라고 믿고 싶어 하는 욕망이 미국 예외주의와 결합해 발현하는 "집단 망상"이다.[5] 미국에서 긍정적 사고는 암을 치료하거나, 막대한 부를 쌓거나, 자기만의 성공을 꾀할 확실한 방법으로 제시되어왔다. 실로 미국인들에게 성공이 개인의 태도에 달려 있다는 믿음은 성공이 인종, 계급, 젠더에 따라 기울어진 구조의 산물이라는 인식보다 훨씬 더 선호되고 있다. 에런라이크의 말처럼 "만약 낙관주의가 물질적 성공의 열쇠라면, 그리

---

4   [옮긴이] 상실이나 고난 등 아무리 어렵고 힘든 상황에 처하더라도 슬픔이나 분노 같은 부정적인 감정을 억누르고 지나치게 긍정적이거나 낙관적으로만 생각하고자 하는 경향을 뜻하는 개념으로, 심리학에서도 널리 사용된다.

5   Barbara Ehrenreich, *Bright-sided*, 2009, p. 13: [국역본] 바버라 에런라이크, 『긍정의 배신』, 전미영 옮김(부키, 2011).

고 만약 긍정적 사고를 통해 낙관적 세계관을 획득하는 게 가능하다면, 실패는 변명의 여지가 없는 일이 된다." 이어서 그는 "긍정주의의 이면은 개인의 책임을 가혹하게 강조하는 것"이라며, 자본주의가 다른 사람들의 실패를 이용해 일부 사람의 성공을 만들어내는 동안 긍정적 사고 이데올로기는 성공의 비결이 오로지 근면성이며 실패는 항상 자업자득이라고 주장한다는 점을 짚는다.[6] 평범한 사람들을 파산시킨 은행들이 '실패하기엔 너무 거대하다'고 여겨지고, 부실한 모기지론을 매입한 이들은 신경 쓰기엔 너무 사소하다고 치부되는 시대에 우리는 이 점을 물론 더 잘 알게 되었다.

『긍정의 배신』에서 에런라이크는 긍정적 사고법을 유방암에 적용하는 미국 여성들의 사례를 들어 낙관주의적 신념이 얼마나 위험한지, 미국인들이 얼마나 건강이 환경의 질적 저하가 아닌 태도의 문제라고 믿고 싶어 하고, 부가 유리한 패를 갖고 있는 것이라기보다 성공을 증명하는 것이라고 믿고 싶어 하는지 보여준다. 그러나 긍정적 사고의 숭배자들 바깥에 있는 불신자들, 즉 실패자와 루저, '좋은 하루 보내기'를 원치 않고 암에 걸린 것이 자신을 더 나은 사람으로 만들어주었다고 믿지 않는, 짜증 나게 불평 많은 투덜이들에게는 정치학이 개인적 기질론보다 더 나은 설명 틀을 제공해준다. 부정적으로 사고하는 이런 사람들을 위해 말하자면, 실패에도 확실한 이점

---

6   같은 책, p. 8.

이 있다. 항암 치료를 받는 동안 혹은 파산을 겪으면서도 웃는 얼굴을 유지해야 한다는 의무에서 해방된 부정적 사고자들은 실패의 경험을 통해 미국의 일상생활에 만연해 있는 거대한 불평등을 직시할 수 있다.

　페미니즘의 측면에서 보면 실패는 종종 성공보다 더 나은 선택이었다. 여성의 성공이 항상 남성적 기준으로 재단되고 젠더적 실패가 종종 가부장적 이상에 부합해야 한다는 압박으로부터 해방됨을 뜻할 때, 여성 되기에 성공하지 못했다는 사실은 예상치 못한 즐거움을 안겨줄 수 있다. 그동안 수많은 페미니스트가 바로 이 메시지를 다양한 방식으로 전해왔다. 1970년대에 모니크 위티그는 만약 여성이라는 것이 이성애 프레임에 의존하고 있다면 레즈비언은 '여성'이 아니며, 그렇다면 레즈비언은 가부장적 규범에서 벗어나 자신들의 젠더에서 의미를 재창조할 수 있다고 주장했다.[7] 같은 1970년대에 밸러리 솔래너스는 만약 '여성'이 '남성'과의 관계 안에서만 의미를 가진다면 "남성을 거세해야" 한다고 주장했다.[8] 좀 극단적일 수는 있지만, 어쨌든 이러한 종류의 페미니즘(내가 4장에서 '그림자 페미니즘shadow feminism'이라고 부르는)은 오래전부터 부정성 negativity, 거부, 변혁보다는 긍정성, 개혁, 순응을 지향하는 더

7　Monique Wittig, *The Straight Mind and Other Essays*, 1992: [국역본] 모니크 위티그, 『모니크 위티그의 스트레이트 마인드』, 허윤 옮김(행성B, 2020).

8　Valerie Solanas, *SCUM Manifesto*, 2004, p. 72: [국역본] 한우리 엮음, 『페미니즘 선언』(현실문화, 2016).

용인되기 쉬운 형식의 페미니즘 뒤를 유령처럼 따라다니고 있었다. 그림자 페미니즘은 되기becoming, 존재하기being, 하기doing의 형태가 아닌 망침undoing, 자발적 퇴행, 위반하기 같은 수상함과 음침함의 형식을 취한다.

여성의 실패를 다루는 익숙한 예시로 실패에 관한 논의를 시작해보면 유익하고 재미도 있을 것이다. 영화 〈미스 리틀 선샤인〉(2006)에서 애비게일 브레슬린이 연기하는 올리브 후버는 '미스 리틀 선샤인'이라는 어린이 미인대회에 선발되고야 말겠다는 목표를 갖고 있다. 올리브의 목표를 위해 문제 많은 일가족이 함께 앨버커키에서 서던캘리포니아로 향하는 이 자동차 여행은 성공과 실패에 관해 내가 여기서 이야기할 수 있는 것들 못지않게 유창한 설명을 제공한다. 미인대회의 관례적 몸동작을 가르쳐주는 포르노중독자 겸 마약쟁이 할아버지, 자살 시도를 한 우울한 게이 삼촌, 니체를 읽으며 묵언수행 중인 오빠, 출세 지향적이지만 파산 위기에 놓인 동기부여 전문 강사 아버지, 짜증이 몸에 밴 가정주부 엄마 등을 응원단으로 둔 올리브는 실패할 게 뻔한 운명이다. 그것도 아주 요란하게 말이다. 그러나 올리브의 실패가 고난과 굴욕의 원천이 될 수 있음에도, 그리고 정확히 그런 결과를 낳긴 하지만, 한편으로 그의 실패에는 무의미한 경쟁에 집착하는 사회 모순을 통쾌하게 폭로하는 면도 있다. 또 수많은 미국의 가정이 목을 매는 성공 모델에 깃든 불안정성을 함축적으로 드러낸다고도 볼 수 있다.

이 영화로 오스카 각본상을 받은 마이클 안트는 캘리포니아 주지사 아널드 슈워제네거의 다음과 같은 말을 듣고서 이 시나리오를 구상했다고 한다. "이 세상에서 내가 가장 경멸하는 한 가지를 꼽는다면, 그건 바로 루저들입니다!" 희미하게 파시즘 냄새를 풍기는 그러한 승패의 세계관으로 슈워제네거가 캘리포니아주를 파산 위기로 몰아넣는 데 기여했다는 점은 분명하고, 〈미스 리틀 선샤인〉은 승자에게만 관심 있는 세계에서 여러 모로 아래로부터의 시각, 즉 루저의 관점을 보여준다. 미인대회 참가자로서 겪는 올리브의 실패는 레돈도 해변의 평범한 호텔의 무대 위, 극성 엄마들과 그들의 조숙해 보이는 딸들 앞에서 [릭 제임스의] 〈슈퍼프릭〉이라는 곡을 배경으로 펼쳐진다. 그 자체로 웃음을 자아내며, 의미상으로는 신랄하고, 결과적으로 매우 유쾌한 이 실패는 10대들의 미인대회라는 맥락에서 얻을 수 있는 그 어떤 성공보다도 더 해방적이고, 더 나은 것이다. 진하게 화장을 하고 머리 손질을 한 카우걸과 공주님들이 스포트라이트를 받으며 고상하게 워킹할 차례를 기다릴 때, 올리브는 선정적인 노래에 맞춰 빙글빙글 돌고 옷을 벗으며 섹슈얼리티를 뿜어내는데, 그것이 바로 10대 초반 아이들을 불러 미인대회를 연 진짜 동기다. 이 영화는 성적 쾌락에 대한 청교도적인 공격이나 도덕주의적 반감으로 빠지지 않은 채, '제일 잘나가는 소녀가 이기기를May the best girl win'과 같은 다원주의적 모토를 포기하고, 유쾌한 루저들의 새로운 무정부주의적 신조, 즉 '누구도 뒤처지지 않는다!'를 고수한다.

올리브의 말 많고 탈 많은 가족은 군데군데 찌그러진 노란 폭스바겐을 들락거리며, 상처 입고 멍들면서도 여행 내내 함께 뭉쳐 지낸다. 자살 시도와 파산 위기, 가부장의 죽음, 미인대회의 궁극적인 쓸모없음에도 불구하고, 혹은 어쩌면 그 덕분에 새로운 종류의 낙관주의가 탄생한다. 이것은 사회질서를 설명하는 동력으로서의 긍정적 사고에 의존하는 낙관주의도 아니고, 모든 것을 무릅쓰고 긍정적인 면만을 보고자 하는 낙관주의도 아니다. 새로운 낙관주의는 한 줄기 햇살처럼 빛과 그림자를 동시에 만들어내고, 하나의 의미는 항상 다른 것의 의미에 의존한다는 사실을 잘 알고 있다.

규율되지 않은

비가독성illegibility은 정치적 자율성의 믿을 만한 원천이었고, 지금도 그러하다.
— 제임스 C. 스콧, 『국가처럼 보기』

〈네모바지 스펀지밥〉(1999)을 인용하면서 시작하거나 〈판타스틱 미스터 폭스〉(2009), 〈치킨 런〉(2000), 〈니모를 찾아서〉(2003) 같은 애니메이션에서 발견한 지혜를 동력으로 삼는 책들은 전부 진지하게 다뤄지지 않을 위험을 감수한다. 하지만 내 목표가 바로 그것이다. 진지하게 여겨진다는 것은 시시하고 문란하고 지엽적이게 될 기회를 놓친다는 의미다. 진지하게 여겨지고자 하는 욕망이야말로 이미 증명된 지식 생산의 길을 답습하도록 강요하는 힘이다. 나는 그런 지식 생산의 길 주변에 몇 가지 우회로를 그려보려 한다. **진지함**이나 **엄밀함** 같은 용어는 학계에서든 다른 상황에서든 학문적 올바름을 뜻하는 암어로 사용되는 경향이 있다. 그런 용어들은 지식에 관한 승인된 방법론에 따라 이미 알려진 것을 공식화하는 훈련 및 학습의 한 형태를 나타내지만, 시각적 통찰이나 분방한 상상력은 감안하지 않는다. 어떤 종류든 간에 훈련은 벤야민식의 지식 접근법, 즉 지도에 표시되지 않은 길을 따라 "틀린" 방향으로 걸어가기를 거부하는 방식으로 이루어진다.[9] 그것은 명확히 밝혀진 영역에 머물러 있겠다는 뜻이며, 출발하기도 전에 가야 할 방향을 정확히 알고 있다는 뜻이다. 이전에도 많은 이들이 그랬듯, 나는 반대로 길을 잃는 것, 그리고 그보다 더한 것을 잃을 준비를 하는 것을 목표로 삼아보자고 제안한다. 잃는다는 것은 하나의 기술art이며, "재앙처럼 보일지 몰라도 / 통달할 수 없을 만큼 어려운 것은 아니"라는 엘리자베스 비숍의 시구에 동의하게 될지도 모른다.[10]

특히 물리학과 수학 같은 기초과학 분야에는 괴짜 지식인

9 Walter Benjamin, *Selected Writings 1913–1926*, vol. 1, 1996.
10 Elizabeth Bishop, *Poems, Prose, and Letters*, 2008, pp. 166-167. "that is not too hard to master / Though it may look like a disaster."

들이 꽤 많아서(그렇다고 그들 모두가 은둔자 테러리스트 유형
은 아니다), 논문 출판 압박으로 관습적 지식 생산과 그 경로
상의 발자취 많은 샛길에 매여 있게 하는 학계를 거부하고 인
적 없는 곳에서 배회하곤 한다. 예컨대 인기 있는 수학책에는
독학으로 숫자의 세계에서 자기만의 길을 스스로 개척한 비관
습적인 외톨이 이야기가 많이 등장한다. 일부 괴짜들에게 학
제disciplines는 해답과 법칙을 발견하는 데 실제로 방해가 될
뿐이다. 직관과 막연한 시도가 더 나은 결과를 낳을 수도 있는
상황에서 학제는 사고의 지도를 미리 제시하기 때문이다. 일례
로 2008년에 『뉴요커』는 여러 야심찬 물리학자와 수학자처럼
'모든 것의 이론'이라는 거창한 이론 발견에 열중해 있던 괴짜
물리학자에 관한 특집기사를 냈다. 개릿 리시라는 이 사상가
는 초끈 이론이 학계를 지배하던 당시 해답이 다른 곳에 있다
고 생각해 주류 물리학계에서 이탈했다. 벤저민 월리스웰스에
따르면, 리시는 학계의 아웃사이더로서 "아웃사이더가 할 법
하게 여러 구성 요소를 섞어 자신의 이론을 정립했다. 그의 이
론은 손수 지은 수학적 구조물로서, 중력과 E8이라고 알려진
수학적 개념을 비관습적인 방식으로 설명한다."[11] 리시가 제창
한 '모든 것의 이론'은 결국 기대에 못 미쳤지만, 그럼에도 온전

---

11   Benjamin Wallace-Wells, "Surfing the University: An Academic Dropout
      and the Search for a Theory of Everything," *New Yorker*, 21 July 2008,
      p. 33.

히 새로운 질문과 방법론의 지형도를 제시했다. 이와 비슷하게, CGI(컴퓨터 생성 이미지)를 생산하는 새로운 프로그램을 만들어낸 컴퓨터 과학자들은, 픽사의 성장에 관한 여러 가지 해석이 기술한 것처럼, 학계에서 거부당하거나 떨어져 나와 독립적인 기관을 만들어 영상 세계를 향한 자신들의 꿈을 탐험한 이들이다.[12] 학계 안보다는 바깥에 있는 이런 대안적 문화학술의 영역, 혹은 루저와 패자, 낙오자, 불복자가 고안해낸 지성계는 종종 대학에서는 마련되지 않는 대안을 위한 발판으로 기능한다.

새로운 형태의 지식을 창조하는 프로젝트의 일환으로 학제를 혁신하는 실험을 하고자 한다면 지금이 적기일 수 있다. 왜냐하면 푸코가 기술한 것처럼 새로운 시장경제와 한정된 전문지식에 대한 수요에 부응하기 위해 100년도 더 전에 조직된 연구 현장들은 이제 적합성을 잃고 있고, 현실 세계의 지식 프로젝트에도 학생들의 관심사에도 부합하지 못하고 있기 때문이다. 악성 담보에 투자한 은행들과 마찬가지로 거대 분과학문들이 붕괴하기 시작했으므로, 우리는 더 폭넓은 질문을 해야 한다. 공통의 이해관계와 지적 헌신의 낡아빠진 경계를 떠받칠 것인가, 아니면 오히려 이 기회에 학습과 사고 프로젝트를 전반적으로 다시 생각해볼 것인가? 미국의 고등학교에서 지성

---

12   다음을 참조하라. David A. Price, *The Pixar Touch*, 2008: [국역본] 데이비드 A. 프라이스, 『픽사 이야기』, 이경식 옮김(흐름출판, 2010).

발달의 척도로 애용되는 표준화된 테스트들이 표준화된 시험을 잘 보는 학생들(소위 지적 선구자들과는 반대편에 놓이는)을 특정해주는 것과 마찬가지로, 대학에서도 학점과 시험, 규범적 지식 등이 해당 분과를 유지하는 데 적합하고 그 분과의 규칙에 순응적인 학자를 찾아내준다.

이 책은 관습적 지식이라는 감옥 밖으로의 산책이자 실패, 상실, 자발적 퇴행이라는 규제되지 않은 영역으로의 산책으로서, 규범과 일반적 사유 방식을 크게 우회한다. 나는 대학이 (그리고 고등학교도 역시) 독특하고 독창적인 사고를 장려하기보다는 어떻게 묵살하는지 설명할 것이다. 푸코가 정의한 규율disciplinarity은 근대 권력의 기술로서, 정상화normalization, 정례적인 일, 관습, 전통, 규칙성에 의존해 그것들을 효율적으로 사용하며, 전문가를 양산하고 통치의 형태를 생산한다.[13] 규율의 거소이자, 시기심에 차 그 관문을 지키는 대학 구조는 이제 갈림길에 서 있다. 학문과 간학문, 과거와 미래, 국가와 초국가가 엇갈리는 갈림길이 아니다. 분과학문, 하위 분야, 간학문의 유행이 빠르게 붕괴되는 이 지점에서 대학은 기업으로서 투자 기회가 될 것인지, 새로운 공공 영역으로서 지식과 아이디어, 사고, 정치학에 다른 방식의 투자를 할 것인지 사이의 선택지를 갖게 된다.

---

13   Michel Foucault, *Discipline and Punish*, 1995: [국역본] 미셸 푸코, 『감시와 처벌』, 오생근 옮김(나남출판, 2020).

프레드 모튼과 스테파노 하니는 2004년에 『소셜 텍스트 Social Text』에 게재한 선언문 「대학과 지하공동체: 일곱 가지 테제」에서 대학과 규율에 관해 급진적으로 다루면서, 학제가 붕괴하고 있으며, 관례적으로 분리되어 있다고 여겨졌던 분과들 사이가 좁혀지고 있다고 간주한다.[14] 그들의 글은 지식인과 비판적 지식인, 학자, 그리고 '비판적 학계 전문가들'을 혹독하게 비판한다. 모튼과 하니에게 비판적 학계는 침략적인 전문화에 대한 해답이 아니라, 동일한 도구와 적법화 전략을 사용해 그것을 연장시켜 '전문 교육의 동맹'이 되고자 하는 것일 뿐이다. 그러기보다 그들은 '엄밀함', '탁월함', '생산성'에 대한 요구를 거부하고 저항하고 위반하는 버림받은 사상가들의 공동체, 즉 '전복적 지식인들' 편에 서고자 한다. 그들은 우리에게 "타인들을 위해 대학으로부터 깨우침을 훔쳐내고", "푸코가 말한 '정복', 즉 사회를 건립한, 또 법의 힘으로 사회를 재건립하는 무언의 전쟁"에 대항하라고 말한다.[15] 그러면 대학의 지하공동체는 무엇이 되고자 하는가? 시험 성적과 평가 시스템에 얽매이지 않는 일련의 지적 실천을 통해 탈주하는 지식인들fugitve knowers로 구성된 비전문가 집단을 구성하고자 한다. 이 비전문가화의 목표는 폐기하는 것이 아니다. 모튼과 하니는 탈주하

---

14 Fred Moten and Stefano Harney, "The University and the Undercommons: Seven Theses," 2004, pp. 101-115.

15 같은 글, pp. 112-113.

는 지식인을 이것의 제거와 폐기, 저것의 건립과 재건립에 반대하는 존재로 설정한다. 그것은 "교도소의 폐기보다는 교도소나 노예제, 임금제를 가질 수 있는 사회의 폐기, 그러므로 뭔가를 제거하기 위한 폐기가 아닌, 새로운 사회를 건립하기 위한 폐기다."[16]

무언가를 제거하는 것이 아니라 새로운 사회를 건립하는 것. 이것이 왜 안 될 일인가? 애초에 노예제를 만들었다가 나중에 폐지한 사회가 아닌 다른 종류의 사회라는 관점에서 생각하지 못할 이유가 무엇인가? 많은 사상가가 일러주듯, 무엇보다 우리가 살고 있는 사회 세계의 모습은 불가피한 것이 아니다. 다시 말해 사회는 늘 이렇게 작동할 수밖에 없는 운명이라고 할 수 없고, 게다가 이 현실을 만들어내는 과정에서 다른 많은 현실, 지식 분야, 존재 방식이 폐기되며, 다시금 푸코를 인용하자면 "자격을 박탈당한다." 규율적 지식의 한 켠에서 생산된 몇몇 선구적인 책은 우리에게 가지 않은 길을 보여준다. 예컨대 하나의 우회로서 시작된 책 『국가처럼 보기: 인간의 조건을 개선하려는 계획들은 어떻게 실패했는가』에서 제임스 C. 스콧은 근대국가가 이윤을 일차적 동기로 삼는 사회적, 농경적, 정치적 실천을 합리화하고 단순화하기 위해 지역적이고 관습적이며 규율되지 않은 형태의 지식을 어떻게 짓밟았는지 상세

16   같은 글, p. 113.

히 설명한다.[17] 스콧은 그 과정에서 세계를 보는 특정한 방식들이 종종 완전히 반직관적이며 사회적으로 가공된 것임에도 규범적이고 자연스러운 것으로, 또 명백하고 필수적인 것으로 확립되었다고 말한다. 『국가처럼 보기』는 "왜 국가는 항상 '자유롭게 돌아다니는 사람들'의 적처럼 보이는가"에 관한 연구로 시작했지만,[18] 이내 표준화와 단일성의 방법을 강제하며 가독성을 요구하는 국가에 대한 연구가 되었다. 딘 스페이드를 비롯한 다른 퀴어 연구자들은 스콧의 책을 우리가 모든 행정 공문서에 젠더 정체성을 기록할 것을 요구하게 된 과정에 관해 사유할 도구로 사용하지만, 나는 스콧의 그 기념비적인 연구를 존재와 행위의 다른 모든 동기보다 이윤을 우선시하는 경제 질서를 관료화하고 합리화하는 와중에 짓밟히고 폐기된 지역적 지식을 복권시키는 데 활용하고자 한다.

스콧은 인구에 강제되는 근대적 관료 질서의 시작을 지칭하는 강력한 은유로 정돈된 독일식 숲을 사용하는데, 우리는 정돈된 이러한 숲보다는 규율적 형태의 지식 틈새에서 잡초처럼 싹트는, 그리고 지성이 행사하는 경작이라든가 가지치기 작업에 맞서 무질서한 식물들로 뒤덮으려 늘 위협하는, 예속된 지식의 잡목림과 더 어울릴 것이다. 스콧에게는 '국가처

---

17 James C. Scott, *Seeing Like a State: a State: How Certain Schemes to Improve the Human Condition Have Failed*, 1999: [국역본] 제임스 C. 스콧, 『국가처럼 보기』, 전상인 옮김(에코리브르, 2010).

18 같은 책, p. 1.

럼 본다'는 것이 사물의 질서를 수용하고 내면화한다는 의미다. 즉, 질서정연함이 우월하다는 논리로 사고하고, 더 지역적인 지식 실천, 덜 효율적이고 시장성이 덜한 결과를 낳을지는 모르나 장기적으로 더 지속 가능할 다른 실천들을 지우고 희생시킨다는 뜻이다. 숲 대신 나무에 집중할 경우 문제 될 것이 무엇인가? 스콧은 분류하고, 조직하고, 땅과 사람들로부터 이윤을 창출하고, 현장의 지식 실천으로부터 지식 체계를 추출해내는 데 고급 모더니즘이 애용하는 기술이 바로 '가독성'이라고 파악한다. 그는 정원과 정원사들이 고급 모더니즘 내에서 애호되는 개입과 질서의 새로운 정신을 대표하는 존재라고 말하며, 르코르뷔지에의 도시 디자인에서 확인되는 미니멀리즘과 단순성은 위계를 선호하는 권위주의를 보완하고, 유기적 풍성함과 즉흥적 창조성으로 가득한 복잡하고 어지러운 형식을 경멸하는 설계의 일환이며, 대칭, 분할에 새로이 몰두하는 것이라고 지적한다. "가독성은 조작된 상황이다"라고 스콧은 말한다.[19] 스콧은 유럽 무정부주의자들의 사유를 빌려와 더 실용적인 형태의 지식에 더욱 주목한다. 그가 메티스metis[20]라고 부르는 그것은 상호성, 집단성, 유연성, 다양성, 적응성을 강조하는 지식이다. 비가독성은 대학의 모든 분과와 학제를 종속시키고 있는 정치적 조작으로부터 탈출하는 한 가지 방법일

19   같은 책, p. 183.
20·   [옮긴이] 메티스(metis)는 그리스 신화에 등장하는 지혜의 여신이다.

수 있다.

비가독성에 관한 스콧의 성찰은 국가에 의해 읽히고 가시화되는 순간 조작당하는 모든 주체(미등록 노동자, 가시화된 퀴어, 인종화된 소수자 등)와 관련해 시사점을 갖는 한편, 전통적 규범의 형식과 내용을 모두 거부하는 지식 실천이 속박되지 않은 형태의 추론으로, 혹은 엄격함과 질서 대신 감화와 예측 불가능성과 결합하는 사고방식으로 귀결될 수 있다는 점에서 반규율antidiciplinarity을 지지하는 관점 또한 드러낸다. 사실 우리는 어쩌면 국가와 **다르게** 보는 방법에 관심이 있을지도 모른다. 우리는 지식 생산의 새로운 근거, 공간의 질서를 만들고 허무는 다른 미학적 기준, 자유주의적 상상력이 고안한 방식 이외의 정치 참여 등을 원하는 것일 수 있다. 궁극적으로 우리는 규율되지 않은 지식을, 정답보다는 더 많은 질문을 원할 수도 있다.

규율은 자격을 부여하거나 박탈하고, 합법화하거나 비합법화하며, 보상하거나 처벌한다. 무엇보다 규율은 고정된 채 스스로를 재생산하고, 반대 의견을 억누른다. 푸코가 말했듯 "규율은 법률의 규칙이 아니라 정상화의 규칙을 정의한다."[21] 콜레주 드 프랑스에서 행한 지식 생산에 관한 일련의 강의(이는 『사회를 보호해야 한다』라는 유고집으로 출판되었다)에서 푸

21　Foucault, *Society Must Be Defended*, 2003, p. 38: [국역본] 미셸 푸코, 『사회를 보호해야 한다』, 김상운 옮김(난장, 2015).

코는 자신의 반규율적 사고에 관한 맥락을 제공하고, 모든 것을 아우르는 "전 지구적 이론의 시대"가 끝났으며, "비판의 지역적 특질" 혹은 "일종의 자율적이고 비중심화된 이론 생산, 즉 타당성을 정립하기 위해 공통의 체제로부터 승인을 얻을 필요가 없는 이론 생산"이 도래했다고 선언한다.[22] 이 연속 강의의 내용은 『성의 역사 1』과도 공명하는데, 그 책에서는 억압적 권력에 대한 비판의 개요를 찾아볼 수 있다.[23] 이 책의 본론에서 나는 푸코가 『성의 역사』에서 역 담론reverse discourse에 관해 내놓는 통찰에 대해, 특히 그가 분류 체계의 생산에서 성소수자를 암시하고 있는 대목으로 다시 돌아가 논할 것이다. 그러나 『사회를 보호해야 한다』에서 푸코의 공격 대상은 학문적 가독성과 적법화이며, 그는 패권적 구조의 순환과 재생산 과정에서 학문이 담당하는 기능을 설명하고 분석한다.

푸코는 대학이 장려하는 "모든 것을 아우르는 전 지구적 이론" 대신 "예속된 지식", 즉 "기능적 일관성 혹은 형식적 체계화에 묻히거나 가려진" 지식 생산의 형태로 눈을 돌려 생각해볼 것을 촉구한다.[24] 이러한 지식 형태는 단순히 잃어버리거나 잊어버린 것이 아니라, 자격을 박탈당한 것이자 터무니없다거나 비개념적이라거나 설명이 불충분하다고 여겨지는 것이다.

---

22   같은 책, p. 6.

23   Foucault, *The History of Sexuality Volume 1*, 1998: [국역본] 미셸 푸코, 『성의 역사 1』, 이규현 옮김(나남출판, 2020).

24   Foucault, *Society Must Be Defended*, p. 7.

푸코는 이것들을 "나이브한 지식, 위계상 열등한 지식, 박식함이나 과학성의 측면에서 기준 미달인 지식"이라고 칭하는데,[25] 이것이 우리가 **아래로부터의 지식**이라고 부르는 것이다.

'예속된 지식'을 정의하는 것과 관련해 우리가 물어야 할 것은 '예속된 지식'의 생산과 유통에 참여하는 방법이다. 어떻게 규율적 지식 형태를 저지할 것인가? 어떻게 다른 지식의 양태를 불필요하고 무관한 것으로 폄하하는 '과학적' 앎의 형태를 피할 것인가? 어떻게 반규율적 지식에 참여하고, 또 그것을 가르칠 것인가? 푸코는 다음과 같은 답을 내놓는다. "사실인즉, 우리가 규율 혹은 규율적 권력에 맞서 싸우며 비규율적 권력을 탐색하려 한다면, 통치권이라는 낡은 개념으로 돌아가서는 안 된다. 우리는 반규율적이며 통치의 원칙에서 해방된 새로운 권리를 추구해야 한다."[26] 어떤 면에서 우리는 스스로 규율하는 습관을 해제해, 해결된 것처럼 보였던 질문들로 돌아가 투쟁과 논쟁을 다시 읽어내야 한다.

이 책 역시 모튼과 하니가 그러한 프로젝트의 일환으로 제안한 '일곱 가지 테제'의 기조를 따라 '전복적 지성'의 세력에 가담하며, 그들이 말하듯 "대학의 환대를 오용"하고 "대학 내에 존재하지만 대학의 일부가 되지는 않으며" 대학의 것들을

25 같은 책, p. 7.
26 같은 책, p. 40.

훔쳐내는 데 동의한다.[27] 모튼과 하니의 책은 전복적 지성을 향해 무엇보다 대학에 대해 걱정하고, 전문화를 거부하고, 집단을 형성해, 명문대라는 성역 너머 외부 세계로 퇴각할 것을 촉구한다. 나는 그들의 논지에 다음의 것들을 보태고 싶다. 첫째, **통달**mastery**에 저항하라.** 여기서 우리는 '모든 것을 아우르는 전지구적 이론'에 대한 푸코의 비판을 강력히 지지할 수 있다. 내 책에서는 그러한 저항을 실패와 멍청함 같은 반직관적 형식의 앎에 에너지를 쏟는 것으로 제시한다. 예컨대 우리는 **실패**를 통달에 대한 거부로, 자본주의 내에서 성공과 이윤이 직관적으로 결탁하는 데 대한 비판으로, 패배에 대한 반헤게모니적 담론으로 읽어낼 수 있다. **멍청함**은 단순히 지식의 결여가 아니라 특정한 지식 형태, 지식 구조 안에서 살아가는 특정한 방식을 뜻할 수도 있다.

예컨대 정말로 독창적인 민족지학은 자신도 모르는 채 타자와 맺는 관계에 의존한다. 하나의 목표, 하나의 연구 대상, 그리고 일련의 가설을 세워둔 채 민족지 연구를 시작한다면 이미 발견의 과정을 저해하고 있는 것이다. 그럴 경우, 연구자가 처음 시작할 때 가졌던 프레임을 넘어서는 무언가를 배울 가능성이 차단된다. 예를 들어 (이 책의 본론에서도 자세히 다룰) 오늘날 이집트에서의 '이슬람교의 부흥과 페미니스트 주체'

---

27   Moten and Harney, "The University and the Undercommons: Seven Theses," p. 101.

에 관한 한 민족지 연구에서 사바 마무드는 이슬람주의의 특정 형태에 참여하기 위해 어떻게 통달하기를 포기해야 했는지 설명한다. "내가 혐오스럽다고 판단했던 전통이 갖는 고유한 사고방식 안에 머물러보는 과정을 통해서, 그리고 그 전통이 지닌 감수성과 지지 기반으로 형성된 두터운 신념체계 안에 스스로 빠져봄으로써, 내 추정에 대한 확신은 혼란에 빠지게 되었고, 심지어 어떻게 이슬람이 … 사람들의 삶에 그토록 영향력을 행사하는지 이해할 수 있게 되었다."[28] 이에 대한 그의 결론은 다음과 같다. "[이슬람을] 이해하기 위한 이러한 시도는, 페미니즘 정치학이 이슬람의 악습에 대한 플래카드를 수사적으로 전시하는 것으로 환원될 위험이 있는 전쟁같이 긴박한 [요즘의] 분위기에서, **통달이 아닌** 대화의 한 양식으로서의 분석이 타인의 생활세계를 더는 존재하지 않거나 잠정적인 것으로 할 것을 요구하지 않는 공존의 비전을 창출해낼 수 있다는 실낱같은 희망을 제공해준다."[29] '통달이 아닌 대화'는 실로 다른 존재 형태와 관련된 구체적인 존재 방식 한 가지를, 그리고 다른 생활양식을 외부의 기준으로 재단하려 하지 않는 매우 구체적인 앎의 방법 한 가지를 제시하는 듯하다.

둘째, **나이브함이나 터무니없음**(우매함)**에 특권을 부여하라.** 여기서 우리는 종종 윤리학의 통념에 전제되어 있는 의미 생

28　　Saba Mahmood, *The Politics of Piety*, 2005, p. 199.
29　　같은 책, p. 199.

산 구조 대신 비의미성 혹은 비개념성을 옹호할 것이다. 나이 브함이나 무지함은 실로 다른 종류의 지식 실천에 도달할 수 있다. 그러려면 소위 '대항 교수법oppositional pedagogies'이라는 것이 필요하다. 그러한 교수법을 추구할 때 우리는 이브 세지윅이 말한 것처럼 무지가 "지식만큼 강력한 복수의multiple 것이라는 점, 그리고 배움은 종종 가르침에서 완전히 독립되어 생긴다는 점을 기억해야 한다."[30] 잠시 개인적인 이야기를 하자면, 사실 나는 스스로가 가르침을 받을 수 있는 사람인지 잘 모르겠다. 나는 어떤 시험에서도 우수한 성적을 받은 적이 없고, 아무리 노력해도 외국어에 유창해지지 못하며, 전혀 끈기 있게 독서를 하지 못하는 사람으로, 오로지 내가 스스로에게 가르칠 수 있는 것만 배울 수 있을 뿐이며, 학교에서 배운 것 대부분이 내게 거의 아무런 인상을 남기지 못했다는 사실을 깨달았다. 파리 교외의 한 고등학교 생활을 1년 동안 기록한 뛰어난 프랑스 다큐멘터리 영화 〈클래스〉(2008)에서는 가르칠 수 없음이라는 주제가 정치적 문제, 그야말로 국가적 문제로 떠오르는 과정을 담는다. 영화에서 프랑수아 베고도(그의 회고록을 바탕으로 이 영화가 제작되었다)라는 백인 교사는 대부분 아프리카계, 아시아계, 아랍계 이민자이며 학업에 무관심하고 극심하게 소외된 학생들에게 다가가려 노력한다. 이 교사와 학생들은 서로의 문화, 인종, 계급 차이 때문에 효과적인 소

---

30   Eve Kosofsky Sedgwick, *Epistemology of the Closet*, 1990, p. 4.

통을 하지 못한다. 교사의 문화적 대화 소재(『안네의 일기』, 몰리에르, 프랑스어 문법 등)는 학생들의 관심을 끌지 못하고 학생들의 소재(축구, 이슬람교, 힙합)는 다른 경우라면 대체로 호감형으로 여겨지는 교사에게서 미덥지 못한 반응을 유발할 뿐이다. 프레드릭 와이즈먼의 다큐멘터리처럼 이 영화 역시 전지적 시점의 내레이션 없이 그저 행위들이 펼쳐지게 두는데, 거기서 우리는 교사와 학생들 양쪽의 분노와 좌절을 모두 자세히 들여다볼 수 있다. 영화의 말미에는 특별한 순간이 나온다. 베고도는 학생들에게 자신들이 배운 것을 생각해보고 이 수업에서 없었더라면 싶은 점 한 가지, 즉 그것이 없었다면 수업이 달라질 수도 있었을 개념이나 텍스트 혹은 생각을 한 가지 적어 내라고 한다. 수업이 파하자 한 여학생이 교실 앞으로 걸어 나온다. 교사는 기대에 찬 표정으로 학생의 대답을 기다린다. 학생은 적의도 분노도 없이 말한다. "저는 아무것도 배우지 못했어요. 아무것도 … 배운 게 뭐가 있는지 생각해낼 수가 없네요." 이 장면은 교사에게 좌절의 순간이자 교육에 대한 희망적 서사를 믿고 싶어 했을 관객에게는 실망의 순간이다. 그러나 한편으로 이것은 대안적 교수법의 승리인데, 배움은 양방통행로이며, 배우는 이와의 대화적 관계가 없다면 가르침은 무용하다는 점을 일깨워주기 때문이다.

"저는 아무것도 배우지 못했어요"라는 말은 또 다른 프랑스 텍스트인 자크 랑시에르의 책 『무지한 스승』의 내용을 뒷받

침해준다.[31] 그 책에서 랑시에르는 스승과 제자라는 것이 존재하고 설명식 수업과 성취도 평가 기준을 갖는 대학의 임무 바깥으로 우회하는 지식 공유의 한 형태를 검토하며, 위계보다는 동등함을 전제하고 또 요구하는 형태의 교수법을 지지한다. 랑시에르는 플라망어만 구사할 줄 아는 벨기에 학생들에게 프랑스어를 가르쳤던 18세기의 한 교수의 경우를 예로 들며, 관례적이고 규율에 기반하는 교수법에서는 스승의 존재를 필요로 하며 스승이 가진 우월한 지식, 훈련법, 지성에 의해 계몽되는 학습 방식을 제시한다고 주장한다. 하지만 조제프 자코토의 경우 브뤼셀에서 학생들과 나눈 경험을 통해, 설명과 주해가 필수라는 자신의 믿음이 사실이 아니며, 그러한 믿음은 위계질서에 의존하는 대학 시스템을 옹호할 뿐임을 배우게 되었다. 학생들이 자신의 도움 없이도 프랑스어를 읽고 말하며 『텔레마코스의 모험』을 이해하는 법을 배우고 있음을 자코토가 깨달았을 때, 그는 그동안 자신이 자기 역할에 나르시시즘적으로 몰두하고 있었음을 알아채기 시작했다. 그는 나쁜 교사였다가 '좋은' 교사가 되었다기보다, 사람들이 따라오며 가르침을 받는 게 아니라 배우도록 이끌려야 한다고 깨달은 '좋은' 교사였던 것이다. 랑시에르는 아이러니한 논평을 한다. "다른 모든 양심적인 교수처럼 그는 가르침이란 결코 학생들에게 지식

---

31 Jacques Ranciére, *The Ignorant Schoolmaster*, 1991: [국역본] 자크 랑시에르, 『무지한 스승』, 양창렬 옮김(궁리, 2016).

을 주입하고 그것을 앵무새처럼 따라 하게 만드는 것이 아님을 알게 되었고, 또 동시에 학생들이 본질과 부수적인 것, 원칙과 결과를 분별하지 못하는 정신이 길을 잃을 위험이 있는 우회로를 피하려 할 수밖에 없었다는 점도 마찬가지로 그는 잘 알게 되었다."[32] '좋은' 교사가 학생들을 이성의 길을 따라 인도한다면, '무지한 스승'은 실제로 그들이 혼란을 경험하고 거기서 탈출하거나 되돌아 나오거나 에둘러 가는 자신만의 길을 발견할 수 있도록 길을 잃어볼 수 있게 해야만 한다.

『무지한 스승』은 과도하게 훈련받은 자가 순종적인 아이들을 어둠에서 빛으로 이끄는 데 의존하지 않는, 해방적인 형태의 지식을 추구하는 반규율적 방식을 옹호한다. 자코토는 자신의 교수법을 이렇게 요약한다. "나는 당신에게 내가 가르칠 것이 아무것도 없다는 사실을 가르쳐야만 한다."[33] 이런 방법으로 그는 배우는 자가 스스로를 가르치고, 지식의 우열 혹은 지성의 우열을 나누는 체계를 학습하지 않고 내면화하지 않은 채로 배우게 한다. '은행 업무' 시스템과 같은 가르침에 반대하고 해방의 실천을 펼치는 대화적 학습법을 주장하는 파울루 프레이리의 『억압받은 이들의 교육학』처럼,[34] 자코토와 랑시에르는 교육과 사회 변혁을 상호의존적인 것으로 파악한다.

---

32 같은 책, p. 3.

33 같은 책, p. 15.

34 Paulo Freire, *Pedagogy of the Oppressed*, 2000: [국역본] 파울루 프레이리, 『페다고지』, 남경태 옮김(그린비, 2018).

위대한 정신의 가르침을 받지 않는다면 아무것도 알 수 없다고 배울 때, 우리는 식민주의적 관계의 형태를 취하는 자유롭지 못한 온갖 실천에 굴복하는 것이다. 식민주의적 지식 형성에 대해 몇 가지 가능한 응수가 있다. 식민주의적 규칙을 폭력적으로 부과한다면 반드시 폭력적 저항을 받을 수밖에 없다는 프란츠 파농의 주장과 유사한 폭력적 응수, 인식 주체가 지배 체제를 그 체제의 옹호자들보다 더 잘 배워 그 체제를 안에서부터 내파하는 식의 동종요법적 응수, 그리고 주체가 주어진 지식을 거부하고 계몽주의 철학이 규정하는 자아와 타자라는 형태로는 인식 주체가 되기를 거부하는 부정적negative 응수가 그것이다. 이 책은 폭력적, 부정적 형태의 반식민주의적 인식에 공감하며, 지식이 속박되는 장소로 기능하는 대학에 대한 모튼과 하니의 반대를 발판 삼아 논의를 전개한다.

예속된 지식에 관한 내 세 번째 논지는 다음과 같다. **기념화 작업**memorialization**을 의심하라.** 호모포비아나 인종주의에 관한 추모비를 새로 건립하는 일은 상식적인 듯 보이기는 하지만, 사실 동시대의 많은 문학적, 이론적 논의가 기념화에 반대하고 있다. 토니 모리슨의 소설 『빌러비드』나 사이디야 하트먼의 회고록 『어머니를 잃는다는 것』, 망각과 사로잡힘에 관한 사색을 담은 애버리 고든의 『유령 같은 문제들』은 모두 기억보다 특정한 형태의 삭제를 옹호하는데, 기념화는 복잡한 역사(노예제, 홀로코스트, 전쟁 등과 같은)를 깔끔하게 정리하는 경향이 있기 때문이다. 기억은 그 자체로 규율적 메커니즘이다. 푸코는 이를 "권력의 의례"라고 부르는데, 그것은 중요한 것(승리의 역사)을 선별해내고, 불화와 모순으로 가득한 역사에 하나의 연속적인 서사를 주입하고, 다른 '기념화' 작업을 위한 선례로 만든다. 이 책에서 **망각**은 영웅적이고 거대한 기억의 논리에 저항하는 하나의 방법이 될 것이며, 명백한 증거보다 유령성 spectrality에, 유산보다는 잃어버린 계보에, 명문화銘文化보다는 삭제와 더 관련 있는 새로운 형태의 기억을 촉발시킬 것이다.

저급 이론

> 고차원적 추상으로 작동하도록 고안된 개념들을, 마치 그 개념들이 더 구체적인 '낮은' 차원으로 번역되었을 때도 자동적으로 동일한 이론적 효과를 생산한다는 듯이 '독파'하려고 시도할 때, 우리는 스스로 심각한 오류를 저지르게 된다.
>
> — 스튜어트 홀, 「인종과 민족성 연구에서의 그람시의 적절성」

나는 지성의 해방에 관한 랑시에르의 개념에 기반해 저급 이론을, 다시 말해 여러 차원에서 동시에 작동하는 이론적 지식을, 인식과 혼동을 거쳐 기꺼이 우회와 굽이를 받아들이며, 설명하려 하는 대신 참여시키려 하는 전달 방식의 하나로 제안하고자 한다. 그렇다면 **저급 이론**이란 무엇이며, 그것은 우리를 어디로 데려가는가? 왜 그것을 **고급 이론**의 타자로 위치시키는 이분법을 뒤엎는 대신 승인하는 듯 보이는 일에 관심을 가져야 하는가? 저급 이론은, 이론이란 그 자체로 완결된 것이 아니라 "다른 무언가를 향하는 우회로"라는 스튜어트 홀의 유명한 개념에서 내가 추출해낸 사고 모형이다.[35] 다시금 우리는 길 찾기보다 길 잃기의 유용성을 생각해볼 수 있으며, 그럼으로써 벤야민식 산책 혹은 상황주의자들의 표류dérive처럼 계획되지 않고 기대되지 않은, 즉흥적인 도보 여행을 고안해내야 한다. **저급 이론**이란 용어는 그람시가 사상가로서 갖는 적절성에 대한 스튜어트 홀의 논평에서 가져온 것이다. 그람시의 텍스트가 "불충분한 이론"이라는 알튀세르의 의견에 대한 응답으로 홀은 그람시의 추상적인 원리들이 "역사적 구체성이라는 낮은 차원에서 작동하도록 매우 분명하게 고안된 것"이라고 지적한다.[36] 이어서 홀은 그람시가 "더 높은 차원을 겨냥했음에도 정치적 목표 달성을 놓친 것이 아니"라고 주장한다. 홀 자신과 마찬가지로 그람시는 더 넓은 대상에 가닿기 위해 더 낮은 곳을 겨냥한 것이다. 여기서 우리는 저급 이론을 접근성의 한 양태로 생각해볼 수 있겠으나, 눈에 띄지 않게 작동하며, 기이한

---

35   Stuart Hall, "Old and New Identities, Old and New Ethnicities," 1991,
      p. 43.

36   Hall, "Gramsci's Relevance for the Study of Race and Ethnicity," 1990,
      p. 413.

텍스트와 사례로 조합되고, 고급 이론에서 **고급**을 지탱하는 지식의 위계를 승인하길 거부하는 일종의 이론적 모델로 생각해 볼 필요도 있을 것이다.[37]

비학술적으로 쓰이든 특정한 비판적 사고의 전통을 약칭하는 **고급 이론**이라는 용어가 존재하는 한 저급 이론의 장場은 암시적으로 존재한다. 홀은 「인종과 민족성 연구에서의 그람시의 적절성」에서 이 주제를 다룬다. 홀에 따르면 그람시는 "일반 general 이론가"가 아니라 "이탈리아의 정세에 관한 사회주의 활동가이자 정치적 지성"이다.[38] 홀에게 이것은 중요한데, 어떤 이론은 실제적이고 운동적인 방식으로 목표 지향적이기 때문이다. 그런 이론은 중립적인 철학 기획을 위해 추상적 사고를 형성하는 대신 정치적 실천에 영향을 주기 위해 고안된다. 그람시는 평생 정당에 관여했으며, 오랫동안 여러 차원에서 정치에 참여했다. 종국에 그는 자신의 정치 성향 때문에 교도소에 수감되었고, 파시스트 정부의 감옥에서 풀려난 직후 사망했다.

이처럼 홀은 그람시를 정치사상가로 전제하며 그가 교조

37　데이비드 그레이버(David Graeber)도 아나키즘에 관한 자신의 책에서 '저급 이론'에 대해 논한다. '고급 이론'보다도 아나키즘에 필요한 것은 '저급 이론'이라 불릴 만한 것이다. 변혁의 프로젝트에서 생성되는 실제적이고 즉각적인 질문들을 다루는 한 방식이 그것이다. *Fragments of an Anarchist Anthropology*, 2004, p. 9. 여기서 그레이버와 나는 같은 방식으로 생각하고 있다. [국역본] 데이비드 그레이버, 『아나키스트 인류학의 조각들』, 나현영 옮김(포도밭출판사, 2016).

38　Hall, "Gramsci's Relevance for the Study of Race and Ethnicity," p. 411.

적으로나 정통적으로나 종교적으로나 마르크스주의자였던 적이 없다고 주장한다. 벤야민이나 홀 자신과 마찬가지로, 그람시는 마르크스주의 텍스트를 돌에 새겨진 것처럼 불변의 진리로 받아들여선 안 된다고 이해했다는 것이다. 그는 정치 구조의 역사적 구체성에 주목하며 우리가 마르크스와 마르크스주의가 예견하거나 설명하지 못했던 전개들에 적응해야 한다고 제안한다. 벤야민과 홀, 그람시에게 정통성은, 그것이 정통 좌파적 비전을 가리킬 때조차 우리가 가질 수 없는 사치품이다. 홀에 따르면, 그 대신 그람시는 진정으로 '열린' 마르크스주의를 실천했다고 하는데, 당연히 열린 마르크스주의는 정확히 홀이 「보증 없는 마르크스주의」에서 옹호한 것이기도 하다. 여기서 '열린'이란 의문을 가진다는 것, 예견되지 않은 결과에 열려 있고, 하나의 목적에 고정되지 않고 변용 가능하며, 변화할 수 있고, 유연하고, 조정 가능하다는 의미다. 랑시에르와 프레이리를 따라, '열린' 교수법은 미리 주어진 방법론, 고정된 논리, 에피스테메로부터 멀어지며, 문제를 해결하는 지식 혹은 급진적 정의에 관한 사회적 비전으로 우리를 이끈다.

따라서 그람시가 이론화하고 홀이 해석한 것처럼 **헤게모니**는 지배집단이 강제를 통해서가 아니라 서로 맞물린 사고 체계를 생산함으로써 이미 주어진, 종종 모순되는 생각과 관점의 정당성을 사람들에게 설득하는 식으로 권력을 획득하는 다층적 시스템을 가리키는 이름이다. 그람시에게 **상식**은 스스로를 이데올로기로 제시하지 않거나 동의를 얻으려 애쓰지 않는다는 바로 그 이유로 설득력을 갖는 이러한 일련의 신념 체계를 지칭하는 용어다.

그람시와 홀은 모든 사람이 지성적 활동에 참여한다고 본다. 평범한 사람이 요리사나 재단사가 되지 않고도 식사를 차리고 옷을 수선하는 것처럼 말이다. 전통적 지성과 유기적 지성 사이의 구분은 중요한데, 그것이 헤게모니의 구성에 참여하는(내용뿐 아니라 형식을 통해서도) 지식인과, 자본주의의 모순을 자세히 검토하고 일상에 스며든 억압적 형태의 통치술을 조명하기 위해 다른 이들, 즉 마르크스주의의 용어로는 민중계급과 함께 일하는 지식인 사이의 긴장을 말해주기 때문이다.

오늘날 대학에서는 반헤게모니counterhegemony보다 헤게모니를 생각하는 데 훨씬 더 많은 시간을 쓴다. 그람시가 반헤게모니라는 용어로 의도한 바는 사회를 바꾸기 위한 적극적 투쟁에 참여할 수 있는, 헤게모니와 겨룰 다른 생각들을 생산하고 유통하는 것이었다. 헤게모니에 관한 글들은 헤게모니에 너무 많은 권력을 할당한 나머지 반헤게모니라는 선택지를 상상하기란 불가능한 것처럼 보이게 만들었다. 그러나 그람시처럼 홀은 반헤게모니적인 사고와 시스템을 계발하기 위한 대중적 실천으로서의 교육이라는 개념에 큰 관심을 갖고 있다. 홀은 자신의 직업적 경력의 많은 부분을 개방대학Open University에서 보냈으며, 그람시 덕분에 '다양한 차원의 추상 작업'을 할 수 있었다.

홀과 그람시 모두 경제지상주의를 못마땅해했다. 이러한

경제지상주의는 마르크스주의의 영향을 받아 토대와 상부구조의 관계를 지나치게 엄격하게 이론화하는 통칙이다. 알튀세르가 명확히 하듯 "[따라서] 궁극적 생산 조건은 생산 조건의 재생산"이다. 다시 말해 시스템이 작동하기 위해서는 그것이 기능하게 하는 구조 혹은 구조화된 관계를 계속해서 만들어내고 유지할 필요가 있다는 것이다.[39] 그러나 이는 경제적 토대가 다른 모든 사회적 힘의 형태를 **결정한다**는 말과는 다르다. 그람시와 홀 모두에게 경제주의는 단지 설교와 값싼 통찰을 이끌어낼 뿐이며, 생산양식을 지탱할 수도 그것을 바꿀 수도 있는 사회관계에 관한 복합적 이해를 허용하지 않는다. 저급 이론은 반헤게모니적 형태의 이론화, 규율되지 않은 지식 생산 영역 내 대안들에 관한 이론화의 이름이 될 수도 있을 것이다.

해적 문화

> 열정적으로 대안을 추구하는 것 말고 또 무엇이
> 범죄 행위인가?
> — 디자인 컬렉티브 진, 샤르자드(취리히, 테헤란)

---

39   Louis Althusser, *Lenin and Philosophy and Other Essays*, 2001, p. 85: [국역본] 루이 알튀세르, 『레닌과 철학』, 이진수 옮김(백의, 1997).

저급 이론에 관한 훌륭한 예시는 17–18세기 자본주의에 대항한 역사를 다룬 피터 라인보와 마커스 레디커의 기념비적 저서 『히드라』에서 찾아볼 수 있다. 그 책에서 저자들은 17세기 초반 자본주의의 발생에 따라 그에 대항한 대안적 삶의 방식을 위한 투쟁의 자취를 더듬는다.[40] 해적, 박탈당한 평민들, 반란 등에 관한 이야기를 통해 저자들은 중산층에 대한 도전을 모조리 잔인하게 밟아 뭉갠, 그리고 프롤레타리아의 저항을 체계적이지 못하고 마구잡이이며 탈정치적인 것으로 묘사한 식민주의적, 국가적 폭력의 양태를 자세히 설명한다. 라인보와 레디커는 이런 움직임에 관한 상식, 즉 그것들이 마구잡이이고 어떤 특정한 정치적 목표도 없다는 생각을 거부한다. 그 대신 반자본주의적 집단 내 협력의 힘을 강조하며 이 '머리가 여럿인 히드라'와 같은 저항 집단이 상상하고 추구한 대안들에 신중하게 집중한다.

『히드라』는 모든 대안의 계보학을 통틀어 중심적인 텍스트다. 저자들이 난폭한 무정부 상태라는 여성적 히드라를 굴복시킨 헤라클레스 같은 자본주의 영웅들의 남성적 신화를 거부하고, "자본주의 발전 자체를 더 이해할수록 그것이 전체 이야기의 일부일 뿐임을 알게 된다"라는 홀의 설득력 있는 경고에 주의하며, 그 신화의 초점을 여러 개의 머리로 돌려 "가

---

40   Linebaugh and Rediker, *The Many-Headed Hydra*, 2001, p. 15: [국역본] 마커스 레디커, 피터 라인보우, 『히드라』, 정남영·손지태 옮김(갈무리, 2008).

능성이라는 강력한 유산"에 접근하기 때문이다.[41] 라인보와 레디커에게 자본은 언제나 그것이 촉발한 저항의 서사와 연결된다. 그 저항운동이 결과적으로 자본주의를 저지하는 데 성공하지 못한다 하더라도 말이다. 그래서 그들은 16세기에 자본주의가 맞닥뜨린 광범위한 저항을 자세히 설명한다. 공유지의 엔클로저에 저항했던 디거스,[42] 신세계로 향하는 배 위에서 선장의 권위에 대항해 반란을 일으키고 집단 관계에 관한 다른 이해를 고안해낸 노예들과 선원들, 신 앞에 위계란 없다고 믿은 비국교도들, 상선 반란에 동력을 가하고 세계를 항해하며 여러 항구에 봉기 소식을 실어 나른 다국적 '오합지졸'의 이야기가 등장한다. 이 모든 집단은 저항의 혈통을 표상하는데, 오늘날에도 그 계보는 이어진다. 라인보와 레디커는 이들 저항적 집단들이 삶의 방식, 시공간에 대한 사고방식, 타인과의 공간 공유 방식, 일의 논리와는 별개로서의 시간 활용 방식에 관해 제안한 대안들을 구체적으로 보여준다.

대안적 정치구성체의 역사는 사회관계를 주어진 것으로 파악하는 데 이의를 제기하고, 지배의 맥락에서는 반드시 성

---

41 Hall, "The Global and the Local: Globalization and Ethnicity," 1997, p. 180.

42 [옮긴이] levellers and diggers. '디거스(Diggers)' 혹은 '트루 레벨러스(True Levellers)'는 영국 청교도혁명 당시 평등주의 운동 단체로, 좌익 성향이 강했고, 1649년 황무지를 개간해 토지를 공유하는 경제적 평등 사회를 이루고자 했다. 무정부주의, 사회주의, 공산주의 등의 선구자로 평가받아왔다.

50   실패의 기술과 퀴어 예술

공적이지는 않더라도 정치적 현재를 위한 논쟁과 불화, 불연속성의 모델을 제시하는 정치 행동의 전통에 접근할 수 있게 하기 때문에 중요하다. 또 우리는 이 역사들이 제안하는 강력한 실패의 길을 기반으로 삼아 글로벌 자본주의의 승리가 낳은 성공의 논리에 대항할 수도 있을 것이다. 『히드라』에서 실패는 가지 않은 길에 대한 정치적 지도이지만 완전히 동떨어진 대륙으로 안내하는 것은 아닌데, 실패의 샛길들은 자본의 고속도로 틈새에 존재하는 공간이기 때문이다. 라인보와 레디커는 **새로운** 아카이브에 기반한 저항으로의 새로운 경로를 찾아주지는 않는다. 그들은 해적을 범죄자로, 디거스를 폭력배로 여기는 지배 서사를 지탱해준 것과 동일한 역사적 설명을 활용하며, 교회의 설교 기록과 종교 인사의 회고록이라는 기존의 기록에서 인종과 저항에 관한 다른 서사를 읽어낸다. 핵심은, 지배적 역사에는 대안적 가능성의 잔여물이 가득하며, 전복적 지식인이 할 일은 그들이 만들어내고 남겨둔 세계의 계보를 추적하는 것이라는 점이다.

내가 활용하는 기록들은 노동의 역사나 서발턴 운동에 관한 것이 아니다. 그 대신 나는 대중문화 영역에서, 그리고 퀴어들의 삶과 젠더 및 섹슈얼리티와 관련해, 저급 이론과 대항 지식을 찾아보려 한다. 무엇보다 젠더와 섹슈얼리티는 (라인보와 레디커의 것을 포함해) 대안적 세계에 관한 광범위한 설명에서 너무 자주 누락되곤 한다. 이 책에서 나는 전적으로는 아니지만 반복해서 애니메이션 영화들을 포함하는 '실없는

silly' 아카이브를 참조한다. 거대 기업이 막대한 이윤을 내기 위해 여러 파생 상품을 동반하며 생산하는 장르에서 대안을 찾는다는 생각에 많은 독자가 반대할지도 모르지만, 새로운 형태의 애니메이션, 특히 CGI 기술은 서사의 문을 새롭게 열었고, 유치함, 변혁성, 퀴어성이 예기치 못하게 서로 조우하도록 만들었다. 엘리자베스 프리먼은 픽사의 〈몬스터 주식회사〉(2001)를 참조해 교육의 신자유주의적 전망이 지닌 착취적 현실과 신자유주의적 대학에 대한 급진적 저항과 관련해 젠더와 섹슈얼리티 논의가 부재함을 폭로했다. 〈몬스터 주식회사〉를 욕망과 계급, 학급에 관한 것으로 읽어내는 프리먼은 신자유주의적 대학 개혁에 관한 빌 리딩스의 준열한 고발에 뜻을 함께하며,[43] 그 영화가 노동을 뽑아내는 기업에 대한 알레고리로서 "사회적 생산 관계를 매개하기도 하지만 조명하기도 한다"고 주장한다.[44] 프리먼에 따르면 〈몬스터 주식회사〉는 몬스터와 아이가 침실에서 만나는 장면(영화에서 이 장면은 비명을 자아내며, 비명은 몬스트로폴리스Monstropolis의 에너지원이 된다)을 반복해서 보여주며 성애적 교환을 직접적이지 않은 방식으로 암시한다. 프리먼이 볼 때, 이 조우 장면의 퀴어함이 인정되어야만 영화가 착취의 한 가지 형태(비명 자아내기)를 다른 것(아

43 Bill Readings, *The University in Ruins*, 1997: [국역본] 빌 리딩스, 『폐허의 대학』, 윤지관·김영희 옮김(책과함께, 2015).

44 Elizabeth Freeman, "Monsters, Inc.: Notes on the Neoliberal Arts Education," 2005, p. 90.

이들의 웃음 자아내기)으로 대체하는 인간주의적인 해결책을 넘어설 수 있다. 몬스터와 아이 사이의 교환이 지닌 리비도적 에너지는 교사와 학생 사이의 리비도로 충만한 관계처럼 시스템에 충격을 주어 안주할 수 없게 만들어야 한다. 프리먼은 "인문학은 상식에는 충격이며, 언제나 우리가 하는 행동을 이해할 수 없고 계산할 수 없는 것으로 만들고, 몇몇 제도를 날려버릴 만큼 충분한 에너지를 방출 혹은 매개하는, 낯설게 하는 움직임"이라고 쓴다.[45] 그는 학생들에게서 괴물성을 창조해내고 그 과정에서 "제멋대로인 형태의 관계성"을 지탱하는 교사들을 지지한다.[46]

나는 교사와 학생 간의 리비도 교환에 대해서는 프리먼보다 관심을 덜 갖는데, 그런 리비도 교환이 랑시에르가 비판하는 나르시시즘적 교육 구조에 기여한다고 믿기 때문이다. 하지만 프리먼과 마찬가지로 나 역시 괴물을 창조하는 교육 프로젝트의 가능성을 깊이 신뢰한다. 또한 나 역시 그 방법에 대한 정보를 '실없는' 아카이브에서 찾아보려 한다. 이 책에서 다루는 모든 것이 사소함, 실없음, 우스꽝스러움이라는 주제 아래 분류되지는 않지만, "실없는 대상의 대항정치학counter-politics"이라는 로런 벌랜트의 값진 구절에서 빌려온 '실없는 아카이브'는 고급문화 아카이브와 관련된 것과는 분명히 다른 대안을

---

45 같은 글, p. 94.
46 같은 글, p. 94.

요구한다.[47] 이 책에서 내가 선호하는 텍스트들은 우리를 더 나은 사람으로 만들어주거나 문화산업에서 해방시켜주지는 않지만, 존재와 행위, 인식 면에서 이상하고 반자본주의적인 논리를 제공할지도 모르며, 그 텍스트들은 은밀한 퀴어 세계와 공공연한 퀴어 세계를 모두 품을 것이다. 그렇다. 나는 영화 〈내 차 봤냐?〉(2000)를 천천히, 반복해서, 멀쩡한 정신으로 본다면 아마도 세계의 미스터리가 밝혀질지도 모른다고 믿는다. 나는 또 〈니모를 찾아서〉가 세계적 혁명을 위한 은밀한 계획을 담고 있으며, 〈치킨 런〉이 그 영화에서 닭들의 활약상 이상의 무언가를 볼 수 있는 이들을 위한 페미니스트 유토피아의 개요를 제시하고 있다고도 믿는다. 나는 대중적인 장소에서의 저급 이론, 작고 중요치 않으며 전혀 대단하지 않고 사소하며 논점을 벗어난 것들을 믿는다. 나는 하찮은 생각을 하고 그것을 널리 공유함으로써 변화를 만들어내는 작업을 신뢰한다. 나는 도발하고, 짜증나게 굴고, 괴롭히고, 거슬리게 하고, 즐거움을 추구하며, 작은 프로젝트, 미시정치학, 예감, 변덕, 공상 등을 좇는다. 〈내 차 봤냐?〉의 제시와 체스터처럼 나도 내가 차를 어디에 주차했는지 따위를 기억하든 못 하든 상관 않는다. 그 대신 그들처럼 천왕성이나 어디 다른 곳에서의 삶 같은, 세계를 구원할지도 모르지만 전적으로 실현 불가능한 판타지를

---

47   Lauren Berlant, *The Queen of America Goes to Washington City*, 1997, p. 2.

떠올리고자 할 뿐이다. 어느 지점에서 독자들은 〈브이 포 벤데타〉(2006)의 이베이가 고든에게 하듯 이런 질문을 하고 싶어질지도 모르겠다. "당신에게는 모든 게 농담인가요?" 매우 퀴어하고 전복적인 방송국 피디인 고든은 그 질문에 이렇게 답한다. "중요한 것들만 그렇소."

내 책을 위한 아카이브에서 주된 부분을 차지하는 애니메이션 영화들은 모두 종 다양성에 관한 유머러스하고 정치적으로 정제되지 않은 함의에 의지하며, 닭, 쥐, 펭귄, 숲속 생물, 물고기, 벌, 개, 동물원의 동물들을 등장시킨다. 픽사와 드림웍스 영화들은 특히 정치적 알레고리가 풍부하고, 퀴어성으로 잔뜩 채워져 있으며, 인간과 동물 간 유비로 가득한 애니메이션 세계를 창조해왔다. 이 영화들은 전하려는 메시지를 평범한 클리셰('너 자신이 되라', '꿈을 좇으라', '영혼의 단짝을 찾으라')에 담으려 절실하게 노력하는 한편, 프리먼이 〈몬스터 주식회사〉에 관한 글에서 암시했듯 퀴어한 메시지와 사회주의적인 메시지들을 전하기도 하는데, '함께 일하라', '다양성을 즐기라', '착취에 맞서라', '이데올로기를 해독하라', '저항에 투자하라'와 같이 종종 두 가지가 서로 연관되어 제시되기도 한다.

애니메이션을 연구하는 과정(이는 대중문화, 컴퓨터그래픽스, 애니메이션의 역사와 기술, 세포생물학을 따라 추적하는 지식의 길이다)에서 우리는 벤야민이 잘 알고 있었듯 계급화된 쾌락의 양태와 문화적 전파 기술을 공부하게 된다. 벤야민은 「기술 복제 시대의 예술작품」의 초기 판본에서 디즈니의 새로운 애니메이션 기술에 특별한 자리를 할당한 바 있다. 그에게 디즈니 애니메이션은 관객 대중에게 일종의 마술적 의식을 불러일으키고 유토피아적 공간과 세계를 만들어낸 것이었다. 에스더 레슬리는 『할리우드라는 이차원 세계』의 「미키 마우스와 유토피아」라는 장에서 이렇게 말한다. "발터 벤야민에게 … 만화는 근대의 일상생활을 자연주의적이지는 않지만 현실적으로 표현하는 것이다. 만화는 심지어 우리 몸이 우리에게 속하지 않다는 점을 분명히 한다. 우리는 돈을 받는 대신 몸을 소외시키거나 몸의 일부를 전쟁에 내주어왔다. 만화는 문명처럼 보이는 것이 실은 야만성이라는 사실을 폭로한다. 거기 나오는 동물-인간들과 정령들은 휴머니즘이 그저 이데올로기일 뿐임을 암시한다."[48] 레슬리에 따르면, 벤야민은 만화를 교육적 기회로 여겼다. 즉 아이들에게는 부르주아적 훌륭함이라는 허울 뒤에 놓인 사악함을 확인할 기회이며, 어른들에게는 어린 시절 손에 잡힐 듯 느꼈던 마술적 가능성을 되찾을 기회라는 것이다. "디즈니의 만화 세계는 빈곤과 가학성과 폭력의 세계다. 다시 말해, 그것이 우리의 세계다."[49]

초기 디즈니 만화들은 채플린의 영화같이 엉성하고 우스꽝스러운 캐릭터를 중심으로 한 서사를 만들었고, 모사적 리얼리즘을 피하려 했다. 캐릭터들은 스스로 부서졌다가도 다시

---

48   Esther Leslie, *Hollywood Flatlands*, 2004, p. 83.
49   같은 책, p. 83.

조립되었고, 그들은 가공할 폭력에 휘말렸으며, 관객을 동원하는 매개로서 비극보다는 유머를 택했다. 그러나 벤야민이 알아차리고 레슬리가 강조했듯, 디즈니 만화는 매우 빠르게 부르주아적 매체가 되어갔다. 디즈니 만화는 '교양'의 힘에 굴복했고, 젠더 규범적이고 계급에 어울리는 도덕적 우화를 내놓기 시작했으며, 1930년대에는 나치 선전기관이 애용하는 도구가 되기까지 했다.

CGI로 만들어진 최근의 애니메이션들 역시 전통적인 기승전결을 따르지 않고, 혁명과 변혁의 마술적 세계를 그리며, 어른들과 방종한 기계들에 맞서는 어린이, 동물, 인형을 반직관적으로 엮는다. 벤야민이 매우 매력적이라고 여겼던 초기 디즈니 만화들처럼 픽사와 드림웍스의 초기작들도 무정부적이고 반가족주의적인 서사적 세계를 만드는 집단 예술의 형태를 띠었다. 하지만 디즈니 후기작들처럼 픽사의 후기작들도 〈월-E〉(2008)의 경우에서 보듯 희망의 서사, 그리고 인간성의 서사에 동참하고, 부르주아 휴머니즘을 비판하되, 결국 그것의 귀환을 확인하며 끝난다. 예컨대 아이팟을 닮은 '순종적인 아내' 에바와 월-E의 로맨스라든가 비대해진 인간성을 지구로 다시 가져오려는 여정은 영화 초반에 월-E가 귀중한 것을 찾는다고 지구 위 쓰레기 산을 뒤질 때 다이아몬드 반지 따위는 무심히 던져버리고 의자로 쓸 벨벳 상자를 애지중지하는 데서 확인했던 상품물신주의에 대한 환상적인 거부를 번복하는 것이다.

관객이 많이 드는 성인 대상의 주류 영화들 중에는 혁명적 활동이라는 위험한 영역을 건드릴 배짱이나 대담성을 지닌 경우가 거의 없다. 엉성한 리터럴리즘literalism이 팽배한 요즘에는 사회 풍자도 위험부담이 큰 듯하다. 그리고 로맨틱 코미디와 액션 어드벤처 장르에서는 대안적인 것을 찾아볼 구석이 거의 없다. 숨어 있는 대안을 실제로 발견할 수 있는 영역은 애니메이션뿐이라고 한다면 너무 대담한 주장일까. 〈브이 포 벤데타〉나 〈엑스맨〉(2000)처럼 혁명의 미장센을 다루는 실사영화들은 대개 만화책이나 그래픽 노블을 바탕으로 만들어진 것이다. 새로운 형태의 애니메이션과 오늘날 대안적 정치학은 어떤 관계가 있을까? 벤야민이 애도했듯 과거에는 그럴 수 없었지만, 이제는 애니메이션이 유토피아 기획을 지탱해낼 수 있을까?

삶의 방식으로서의 실패

더 많은 실패를 연습하라!
— LTTR 행사 제목, 2004

실패에 관한 이 책에서 나는 가능성에 관한 유치하고 미성숙한 개념이라고 특징지어져온 것을 물고 늘어지며, 하위문화, 반문화, 대중문화 등 다양한 문화를 두루 살피며 푸코가 "예속된 지식"이라고 부른 것의 형태로 존재하는 대안을 찾으려 한다. 또 나는 실패의 의미를 다른 방향으로 돌려, 실패와 연관되어왔으나 이제는 퀴어 이론에서 새로운 방향을 특징적으로 나타내는 일군의 정동적 양태를 살펴보려 한다. 실패가 떠올리게 하는 부정성의 어두운 심연을 다루는 것으로 시작해, 애니메이션에서 탐구되는 행복하고 생산적인 실패로, 그다음에 무용함, 불모성, 공허함, 상실, 일반적인 부정적 정동, 자발적 퇴행의 양태 등과 연관되는 실패의 더 어두운 영역으로 논의를 이어갈 것이다. 따라서 책의 전반부는 실패의 의미를 이 세계에서의 한 가지 존재 방식으로 제시하며, 후반부는 실패가 비존재unbeing이기도 하다는 사실, 그리고 이러한 비존재와 자발적 퇴행의 양태가 지식과 관계를 달리 맺을 가능성을 제안한다는 사실에 대해 논한다. 4장에서는 피학성과 수동성의 의미를 실패와 여성성과 관련해서 다루며, 5장에서는 필연적으로 성공과 계승이라는 소위 강건해 보이는 개념들에 천착하는, 게이, 레즈비언, 트랜스젠더 역사를 긍지의 역사로 보는 설명을 거부한다. 실패라는 황량한 영역에 살기 위해 우리는 때로 주체가 억압적 체제와 지배 이데올로기에 항상 대립하기보다는 협력해왔던 어둠의 역사를 기술하고 그것을 인정해야만 한다. 그래서 5장에서 나는 동성애와 파시즘의 관계에 관한 복잡한 질문을 탐구하며, 나치즘을 게이 남성의 남성성과 연결하던 설명들을 전부 일축해버릴 수는 없다고 주장한다. 따라서 4장과 5장이 애니메이션, 예술, 어리석음, 망각 등을 다루는 앞선 장들과는 매우 다른 형태의 실패를 논하지만, 상실과 망각을 다루는 2장처럼 앞선 장들 역시 어두운 형태의 실패라는 주제를 건드리며, 부정성에 관한 뒤의 장들은 상실, 피학성, 수동성의 의미에 대안적인 것을 결부시키는 작업을 더 이어간다고 볼 수 있다.

결국 이 책은 인식과 존재의 대안적 방법에 관한 것으로, 지나치게 낙관적이지는 않지만 위태로운 궁지라는 염세주의에 빠져 있지도 않다. 이 책은 잘 실패하기, 자주 실패하고 배우기, 사뮈엘 베케트의 말을 빌리면 더 낫게 실패하기에 관한 책이다. 실천으로서의 실패라는 개념은 전설적인 레즈비언 퍼포먼스 그룹인 LTTR이 내게 소개해준 것이다. 2004년 그들은 내게 "더 많은 실패를 실천하라Practice More Failure"라는 이름의 두 개의 행사에 참여해달라고 요청했다. 하나는 로스앤젤레스, 하나는 뉴욕에서 열린 그 행사는 퀴어/페미니스트 사상가들과 퍼포머들이 모여 실패의 새로운 의미를 익히고 실천하고 유통하는 행사였다. 이 책의 3장인 「실패의 퀴어 예술」은 이 행사를 위한 발제문으로 처음 작성되었으며, 실패와 어리석음이라는 어두운 길로 나를 떠밀어준 LTTR에 나는 여전히 감사하고 있다. 가장 중요한 지적 도약의 일부는 대학의 훈련과는 독립된 곳에서 일어나거나, 혹은 그 여파로서, 아니면 훈육된 사고가 우리에게 할당하는 배움 바깥으로 멀어지며 우회하는 길에서 일어난다는 점을 그 행사는 내게 상기시켜주었다. 또 그 행사는 더 많은 기회를 잡고 더 많은 위험부담을 지며 사고하도록, 학제 안에서는 너무나 중요해 보이는 논쟁으로부터 뒤돌아서도록, 그리고 다른 공동체에서 널리 통용되는 생각에 관여하도록 깨우쳐주었다. 그런 목적에서 나는 이 책이 더 넓은 층의 독자들에게 읽을 만하고 접근 가능한 책이 되기를 바란다. 학계 바깥의 일부 독자에게는 내 정식들이 너무 난해하고, 또 학계의 일부 독자에게는 내 주장들이 너무 뻔해 보일지라도 말이다. 학계의 독자와 대중 독자 양쪽을 다 만족시킬 방법은 없지만, 실패에 관한 많은 사례가 우리가 이제 탐험할 어둡고 음침하고 위험한 실패라는 지역의 지도가 되어주기를 바란다.

탐험하고 지도를 그리는 일은 우회하고 길을 잃는 것을 포함하는 작업이다. 활기찬 방식으로 대안적인 또 다른 드림웍스 영화 〈마다가스카〉(2005)에 나오는 모토에 주목해보는 게 좋겠다. "길을 잃고, 잃은 채 있어라!" 그 후속편이자 "계속 잃어라!"라는 표어가 달린 〈마다가스카 2〉(2008)는, 동물원에서 탈출했던 전편의 캐릭터들이 정신없는 펭귄들과 이상한 여우원숭이들의 도움을 받아 뉴욕에 있는 집으로 돌아오려 하는 이야기다. 동물들이 갇혔던 곳으로 되돌아오고 싶어 하는 이유가 무엇인지는 영화가 제기한 수많은 존재론적 질문 중 그저 첫 번째 질문일 뿐이며, 영화는 영리하게도 여기에 대답하지 않았다. (여우원숭이가 멜먼을 화산 속으로 던져버리고 싶어 하는 이유는 또 다른 존재론적 질문이지만, 우리도 거기엔 대답하지 않을 거다.) 어찌 됐든 동물들은 집으로 향하는 비행기를 타는데, 펭귄들이 조종하는 터라 당연히 비행기는 추락한다. 그렇게 동체착륙을 한 곳은 바로 '아프리카'로, 거기서 그들은 동종의 무리와 재회하고 '야생'의 세계로 힘차게 뛰어 든다. 가족, 동질성, 자연에 관한 아주 짜증나는 우화가 될 뻔 했던 것이 공동성, 종 다양성, 연극성, 집의 불편함에 관한 익 살스러운 사자 이야기가 되는 것이다. 비틀어 보면, 이것은 대 학에서의 반규율적 삶에 관한 알레고리이기도 하다. 우리의 우리cage에서 탈출한 우리 중 누군가가 동물원으로 다시 돌아 갈 방법을 찾을 수 있다면, 누군가는 황야에서 안식처를 다시 건설하려 할 수도 있고, 소수의 도망자 타입들은 실제로 길을 잃은 채 머무르기를 고집할 수도 있을 것이다. 개인적으로 나 는, 연로한 아버지가 최근에 내게 상기시켜줬듯 대학 입학시험 을 통과하지도 못했고, 길을 잃은 채 머무는 기술을 열심히 연 마하느라 지금도 여전히 노력하고 있다. 이어지는 각 장은 '적 절한' 지식 주변의 그러한 우회로를 대신해 실패와 망각, 어리 석음, 부인의 영역에서 길을 잃을 것이다. 우리는 방황하고, 즉 흥적으로 만들어내고, 결핍된 채, 같은 자리를 맴돌며 움직일 것이다. 우리는 길을 잃고, 자동차를 잃고, 어젠다를 잃고, 어 쩌면 정신도 잃겠지만, 잃음으로써 의미를 만들어내는 다른 길을 찾아낼 것이다. 〈미스 리틀 선샤인〉의 낡은 밴을 떠올리 게 하는 그 길에서는 아무도 뒤에 남겨지지 않을 것이다.

1장. 반란을 극화하기, 반란의 애니메이션

닭들이 반란을 일으키고 있다!
— 〈치킨 런〉에서 '미스터 트위디'의 대사

어린이용 애니메이션 영화는 실패라는 영역을 즐겨 다룬다. 애니메이션이 어린이 관객을 사로잡으려면 성공과 승리, 완성의 영역만 다룰 수는 없다. 많은 퀴어가 회상하듯 아동기는 겸손과 거북함, 한계, 그리고 캐스린 본드 스톡턴이 말한 "옆으로 자라기growing sideways" 등을 배우는 기나긴 수업과 같다.[1] 스톡턴은 아동기란 본질적으로 퀴어한 경험의 시간이며, 사회는 어린이들을 위한 다양한 훈련 프로그램을 통해 이성애는 타고

---

1   [옮긴이] 스톡턴(Kathryn Bond Stockton)은 *The Queer Child, or Growing Sideways in the Twentieth Century* (Durham: Duke University Press, 2009)에서 몸집이 다 자라고, 결혼하고, 아이 낳는 식의 선형적이고 일반적인 의미의 성장(growing 'up') 개념에 맞서 이상한 머뭇거림, 가시밭길, 생산성 없는 지연 등을 포함하는 변칙적인 성장을 가리켜 옆으로 자라기(growing sideways)라는 말을 고안했다.

그림1. 〈치킨 런〉, 피터 로드, 닉 파크 연출, 2000.

"닭들이 조직돼 있어!"

나는 것이 아니라 만들어지는 것이라는 사실을 인정한다고 주장한다. 만약 우리 모두가 욕망이나 성향, 존재 양식 면에서 애초부터 이미 규범적이고 이성애적이라면, 결혼과 자녀 양육, 이성애적 재생산 같은 공통의 운명을 따르도록 지도하는 엄격한 부모의 지침 따위는 필요 없다고 가정해도 될 것이다. 아이들에게는 훈련이 필요하다고 믿는다면 그들이 이미 항상 무정부적이고 반항적이며 무질서하고 뒤처져 있는 존재라고 가정하고 인정하는 것이다. 나는 요즘의 애니메이션 영화들이 질서를 모르는 아이, 즉 자신의 가족이나 부모가 바로 문제라고 생각하고, 자신이 가고자 하기만 한다면 가족 너머에 더 큰 세상이 있음을 알고 있는 아이에게 말을 걸 정도로는 성공적이라고 생각한다. 애니메이션은 '사물'(장난감, 비인간 동물, 바위, 스펀지 등)이 인간만큼 살아 있다고 믿으며, 이 세계 아래에 깔려 있거나 이 세계 위에 덧씌워져 있는 다른 세계를 엿볼 수 있는 아이들을 위한 것이다. 물론 다른 세계에 관한 이런 관념은 오랫동안 아동문학의 장치였다. 예컨대 '나니아' 이야기는 옷장 뒤편을 통해 다른 세계로 갈 수 있게 하는 방식으로 아이들을 사로잡았다. 그간 많은 아동문학이 그저 신세계를 구세계와 매우 가깝게 연결돼 있는 것으로 제시했다면, 최근의 애니메이션들은 실제로 혁신에 열중하며, 반란이라는 매우 아이다운 분야를 충분히 활용하고 있다.

클레이메이션의 고전 〈치킨 런〉의 오프닝 장면에서 어리숙한 농부 미스터 트위디는 자신보다 훨씬 더 유능한 아내에

게 닭들이 "조직돼" 있다고 보고한다. 트위디 여사는 그의 생
각이 터무니없다며 무시하고, 자신들이 닭들에게서 얻을 것을
충분히 뽑아내고 있지 못해 달걀 생산업에서 닭고기 파이 산
업으로 옮겨가야 할 듯하니 이윤에나 더 집중하라고 말한다.
트위디 여사가 새로운 생산양식에 대해 고심할 때, 미스터 트
위디는 닭장을 주시하며 그들의 활동과 탈주의 신호를 살핀
다. 이야기는 이제 생산과 노동, 인간과 동물, 경영자와 피고용
자, 감금과 탈주 사이의 각축으로 흘러간다. 〈치킨 런〉을 비롯
한 여타 장편 애니메이션 영화들은 인간과 비인간 생물 간 갈
등에서 대부분의 극적 긴장을 이끌어낸다. 대개의 애니메이션
은 형식상 알레고리적이며, 상당히 공식화된 서사에 충실하
려 한다. 하지만 이 짧은 장면이 알려주듯, 애니메이션의 알레
고리와 공식을 단순히 할리우드 영화의 관례적인 일반 전략과
한데 묶을 수는 없다. 오히려 애니메이션은 그간 '계급투쟁'이
라 불려온 것과 매우 유사하게 두 집단을 적대적으로 설정하
며, 암울하고 기계적인 생산과 소비의 산업적 순환에 대한 수
많은 대안과 반란의 각본을 제공한다. 이 첫 장면에서 농장의
닭들이 "조직돼" 있다는 미스터 트위디의 직관은 미스터 트위
디야말로 닭보다 더 멍청하다는 트위디 여사의 확신과 맞붙는
다. 그의 편집증적 의심은 착취에 혈안이 된 트위디 여사의 열
의에 밀리다가 마침내 둘은 "닭들이 반란을 일으키고 있다"고
합의한다.

어린이용 영화 형식으로 빚어진 이 마르크스주의적 알레

고리에서 우리는 무엇을 도출해내야 할까? 혁명 주체 역할을 하는 클레이메이션 닭을 앞세워 산업화라는 새 물결에 맞서는, 저항과 반란, 유토피아에 관한 이 동물농장 서사에서 말이다. 신무정부주의적 서사 형식은 어떻게 어린이용 오락영화에 이르게 되었으며, 성인 관객은 거기서 무엇을 얻을까? 더 중요하게는, 애니메이션은 혁명과 무슨 관계에 있을까? 그리고 애니메이션 속 혁명에 관한 주제들은 어떻게 퀴어한 관점으로 자기 자신을 보는 것과 연결될까?

나는 표준 선형 애니메이션 기술 대신 CGI[2] 기술을 사용하며 혁명과 변혁이라는 주제를 놀라운 방식으로 전경화하는 새로운 애니메이션 영화 장르에 관한 논지를 한 가지 제시하고자 한다. 테크놀로지와 주제적 초점을 연결해 이 장르를 '픽사반란Pixarvolt'이라고 부르겠다. 이 새로운 애니메이션 장르에서는 성인 대상 영화에는 결코 등장하지 않는 특정 주제가 서사의 성공과 정서적 영향 면에서 매우 중요하다. 게다가 놀랍게도 '픽사반란' 장르의 영화들은 공산주의적 반란과 퀴어적 체현queer embodiment 사이를 분명하면서도 미묘하게 연관시키는데, 그럼으로써 이론이나 대중서사 장르가 하지 못하는 방식

---

2   [옮긴이] 흔히 CG(Computer Graphic) 애니메이션이라고도 하는 CGI (Computer generated imagery) 애니메이션은, 보통 셀룰로이드로 된 플라스틱 시트 위에 수작업으로 여러 장의 그림을 그리고 카메라로 한 프레임씩 촬영한 후 재생하는 방식으로 만드는 전통적 기법인 셀 애니메이션과 달리, 컴퓨터 그래픽 기술을 사용하는 애니메이션이다.

으로 퀴어성queerness과 사회주의적 투쟁의 반反직관적 연결성에 관해 설명해낸다. 많은 마르크시스트 학자가 퀴어 정치학을 '몸 정치학body politics' 내지 단순히 피상적인 것으로 치부해온 반면, 이 영화들은 기업 지배에 맞선 투쟁에서는 대안적 형태의 체현과 욕망이 중요하다고 인정한다. 이 영화들에서 퀴어한 것은 단일한 것으로 재현되지 않고, 집단성과 상상력, 놀라움과 충격을 주는 일종의 상황주의적 책무를 포함하는 저항적 테크놀로지들로 이루어진 아상블라주의 일부로 표현된다.

먼저 애니메이션이 만들어지는 과정과 그것이 일반적으로 갖는 잠재력, 픽사란 장르가 인간과 비인간을 상상하고 체현과 사회관계를 재고하는 방식에 대한 질문으로 시작해보자. 1995년작 〈토이 스토리〉를 필두로 애니메이션은 새 시대에 접어들었다. 잘 알려져 있듯, 픽사의 첫 작품인 〈토이 스토리〉는 전부 컴퓨터로 만든 최초의 애니메이션이다. 이 영화는 애니메이션을 일련의 2차원 이미지에서 3차원 공간으로 옮겨놓았는데, 3차원 공간에서는 시점 쇼트와 원근감이 놀랄 만큼 생동감 있게 표현된다. 아이들이 곁을 떠나면 깨어나는 장난감들의 세계에 관한 원형적 이야기를 들려주는 〈토이 스토리〉는 어린이 관객에게 장난감이 살아 움직일 수 있다는 환상을 불어넣었고, 성인 관객에게는 장난감 왕국에서 '우디'라는 카우보이가 신형 모델인 미래주의적 우주비행사 '버즈'에게 일인자 자리를 도전받는다는 향수 어린 서사를 제공했다. 차이콥스키의 〈호두까기 인형〉을 연상시키는, 생동감 넘치는 장난감

상자의 스펙터클에 아이들이 즐거워한다면, 어른들은 **장난감의 특성**toyness을 스스로 이용하는 장난감들과, 자신들이 인간이 아님을 깨닫지 못하는 다른 장난감들이 펼치는 영리한 드라마를 즐긴다. 과거와 현재, 어른과 아이, 생명과 기계에 관한 이 복잡다단한 서사는 애니메이션의 새로운 물결이 구현해낸 일련의 서사적 가능성에 대한 메타논평이라 할 수 있다. 〈토이 스토리〉는 CGI라는 새로운 장르의 파라미터를 정립하려는 듯 보이기도 한다. 이 영화는 CGI 장르를 여지없이 남성적이고(남자아이가 자신의 남성 장난감 캐릭터들의 보철에 의지한 능력 혹은 남근적 능력과 맺는 관계), 집 안을 중심으로 하며(놀이방), 여지없이 오이디푸스적인(언제나 부자간 역학관계가, 이따금은 〈코렐라인〉[2009]에서처럼 모녀간 경쟁이 동력으로 작용한다) 것으로 규정했다. 그러나 이 새로운 물결은 또한 사회적 위계(부모-아이 관계뿐 아니라 주인-소유물 관계를 포함하는)에 깊이 관심 갖고, 외부 세계와 내부 세계의 관계(현실 세계와 침실 세계)를 궁금해하며, 혁명과 변혁, 반란(장난감 대 아이, 장난감 대 장난감, 아이 대 어른, 아이 대 아이)에 대한 격렬한 욕망을 원동력으로 삼기도 한다. 마침내, 이후의 다른 많은 영화와 마찬가지로 〈토이 스토리〉는 혁신, 변혁, 전통과의 관계에 대한 높은 수준의 자의식을 드러낸다.

〈토이 스토리〉 이후의 CGI 영화는 대부분 매우 유사한 방식으로 드라마의 지도를 그린다. 미장센이 침실에서 바다 속이나 농장으로 옮겨가고, 장난감이 닭이나 쥐, 물고기, 펭귄 등으로 바뀌고, 완구 제조업이 다른 산업으로 대체될 뿐, 대개는 특정한 핵심 주제(오이디푸스적 주제와 같은)를 포함한다. 대부분은 예속으로 시작해 극적인 탈출이 뒤따르며 자유를 향한 유토피아적 열망으로 절정을 이루는 줄거리에 여전히 몰두하고 있다. 냉소적인 비평가라면 이런 서사가 어린이 관객에게 아동기의 예속 상태에서 청소년기의 탈출을 지나면 성인기의 자유가 온다는 걸 보여주면서 인간의 생애주기상 규범적 통과 의례를 위한 청사진을 제시한다고 생각할지도 모른다. 더 급진적으로 독해해본다면, 이런 서사는 아이들이 가능하고 바람직하다고 여전히 믿고 있는 실제적 변화에 대한 이야기를 들려준다는 점에서 유토피아적이다. 퀴어적 독해 역시 애니메이션의 급진적 주제론을 '유치한' 것으로 치부하길 거부하며, 변혁에 대한 희망을 미성년기의 특질로 귀속시키고 제 기능을 못하는 현재를 수용하는 것이 규범적 성인기의 핵심이라고 주장하는 시간적 순서를 문제시한다.

'반란을 일으키는 닭들'에 관한 영화인 〈치킨 런〉은 어떻게 유토피아적 대안을 상상해낼까? 닭장 내 회의에서 우두머리 암탉 진저는 트위디 집안을 위해 앉아서 달걀을 낳거나 달걀을 낳지 않고 도마 위에서 생을 마감하는 것 말고도 선택지가 분명히 있을 거라며 동료 자매들을 향해 제청한다. 그러고는 농장주도 생산 일정도 관리자도 없는 푸른 초원 위에 펼쳐질 유토피아적 미래의 개요를 닭장 안 오렌지 상자에 그림으로 그려 보인다. 진저가 친구들을 위해 그려 보인 미래는 파올로 비르노의 『다중의 문법』이라든가 네그리와 하트의 『다중』에서 고안된 '엑소더스exodus'로서의 탈출이라는 유토피아적 개념에 기대고 있다.[3] 그러나 여기서 탈출은 대부분의 사람이 〈치킨 런〉의 서사에 투영하곤 하는 전쟁포로 수용소에서의 탈출 같은 것이 아니다. 물론 제2차 세계대전을 배경으로 하는 〈대탈주〉(1963), 〈콜디츠〉(1972-1974),[4] 〈제17 포로수용소〉(1961) 같은 영화를 인용하기는 하지만, 이 영화의 미장센은 전쟁이 아니다. 봉기와 탈출, 그리고 이미 주어진 재료에서 탈주 조건을 생성해내는, 목숨을 건 이야기를 틀짓는 것은 오히려 봉건제에서 산업자본주의로의 이행이라는 점이 확연히 두드러진다. 〈치킨 런〉이 〈토이 스토리〉와 다른 점은 오이디푸스적 구도에 대한 참조점이 사라지고, 닭들의 유기적 지성이 가동하는 그람시식의 반헤게모니 구조가 들어선다는 것이다. 이 영화에서 아나키즘적 유토피아는 농장주가 없는 무국적의 공간으로, 주인도 울타리도 없는 영토로, 생존과 쾌락, 노동에 대한 자기 통제를 동력 삼는 다양성을 지닌(닭들이 대부분 암

---

3 Paolo Virno, *A Grammar of the Multitude*, 2004: [국역본] 빠올로 비르노, 『다중』, 김상운 옮김(갈무리, 2004); Hardt and Negri, *Multitude*, 2005: [국역본] 안토니오 네그리, 마이클 하트, 『다중』, 정남영·서창현·조정환 옮김(세종, 2008).

4 [옮긴이] 독일 작센주에 위치한 콜디츠(Colditz) 성은 제2차 세계대전 당시 악명 높은 포로수용소였다. 〈콜디츠 스토리(The Colditz Story)〉(1955), 〈악명의 콜디츠〉(2005) 등 이를 배경으로 한 영화가 많이 제작되었는데, 〈치킨 런〉이 2000년 개봉했음을 감안할 때 여기서 저자가 언급하는 것은 BBC가 제작한 TV 시리즈 *Colditz* (1972-1974)로 추정된다.

그림2. 〈토이 스토리〉, 존 래시터 연출, 1995. 픽사의 첫 CGI 장편 극영화.

닭이긴 하지만) 집단으로서 실현된다. 닭들은 이 유토피아를 생각해내고 그곳에 거주하게 되는데, 우리는 영화의 결말에서 그것을 잠시 엿볼 수 있다. 그리고 그들은 거기서 감금 상태를 해결할 '자연적인' 방법(날개를 사용해 우리를 빠져나간다든지 하는)을 피하고 이데올로기적 해결책을 가동한다(자신들이 만든 비행기를 작동시키기 위해서는 그들 모두가 협력해야 한다). 〈치킨 런〉은 수탉인 '로키'(멜 깁슨의 목소리)가 제안하는 개인주의적 해결책을 거부하고 집단의 논리를 우선시한다. 퀴어적 요소에 대해서 묻는다면, 글쎄, 닭들이 주인공인 〈치킨 런〉에서 유토피아는 (이따금씩 어슬렁대는 수탉도 있겠지만) 암탉들로 가득한 푸른 초원이라고 말할 수밖에. 이 경우 혁명은 페미니즘적이며, 실제로 활성화된다animated.

펭귄 러브

동물을 통해 새로운 형태의 사회성에 접근함으로써 새로운 세계를 건설하는 것은 동물을 인간의 어리석음에 대한 도덕 우화 속 알레고리적 대리물로 만드는 문학(예컨대 조지 오웰의 『동물 농장』) 속 흔한 등식과 다르다. 우리는 자주 동물성이라는 빈 석판을 가정해 거기에 인간 세계를 투사하고선, 우리 자신의 인간적 행동들을 각각 '자연'이나 '야생' 혹은 '문명'으로 분류하는 데 필요한 동물을 만들어낸다. 그러나 〈치킨 런〉의 경우에서 보듯, 우리는 애니메이션 속 동물들에서 인간성, 타자성alterity, 그리고 새로운 재현 방식과 관련한 대안적 상상력을 탐구해볼 수 있다.

그런데 애니메이션에서 '동물'의 지위는 어떠한가? 애니메이션, 동물의 사회성, 생물다양성 등은 세라 프랭클린과 도나 해러웨이가 전개한 트랜스생물학[5] 개념과 관련지어 생각해볼 수 있다. 해러웨이나 프랭클린에게 트랜스생물학은 DNA 복제라든가 세포 재생을 비롯한 기술 진보의 물결 속에서 형성되는 자아, 신체, 자연, 인간에 관한 새로운 개념들을 참조하는 것이다. 프랭클린은 복제 양 돌리의 사례를 이용해 친족, 족보, 재생산이 복제된 개체의 생멸 과정을 통해 다른 상황에서 다시 만들어지는 방식을 탐구한다. 그는 해러웨이가 「사이보그 선언」에서 개진한 사이보그 이론을 토대 삼아 트랜스생물학 분야를 정교화한 후, 신체와 체화 경험의 유전공학적 연장extensions에 관한 해러웨이의 초기 작업으로 되돌아온다. 프랭클린은 다음과 같이 설명한다. "사이보그가 생물학, 기술, 정보과학의 변화된 풍경을 이해하는 법을 배우는 데 유용했던 것과 같은 방식으로, 해러웨이의 '친족화하는kinding' 트랜스 기

---

5   [옮긴이] 트랜스생물학(transbiology)은 2006년 세라 프랭클린(Sarah Franklin)이 논문 "The Cyborg Embryo: Our Path to Transbiology"에서 도나 해러웨이의 「사이보그 선언(Cyborg Manifesto)」과 『겸손한 목격자(Modest Witness)』에서의 '트랜스(trans)' 개념에 기반해 고안한 용어로, 줄기세포 연구, 클로닝, 조직공학, 재생의학 등을 통칭한다.

호학semiotics of trans은 불멸과 재생, 분화전능[6]이라는 용어를 향한 생명과학과 생의학의 후기유전체학적 전회의 특징들을 분별하게 해준다. 그럼에도 '트랜스-'를 (초우라늄transuranic 요소에서처럼) 예외나 변이적 요소로 파악하는 해러웨이의 설명과 반대로 나는 오늘날 **트랜스생물학**─단지 태어나서 길러지거나 태어나서 만들어지는 방식뿐 아니라 **만들어져 태어나는** 방식을 포함하는 생물학─이 예외보다는 규범에 훨씬 더 가깝다고 주장한다."[7] 트랜스생물학은 혼종적 개체 혹은 중간적 존재 상태in-between state of being를 만들어내 우리가 몸과 몸의 변형에 대해 생각하는 방식을 미묘하게, 심지어는 확연하게 바꿔놓는다. 여성 사이보그나 유전자 이식 쥐, 프랭클린이 연구한 재생산 과정이 '재배치되고 재배열된' 복제 양, 셰리 터클이 연구한 다마고치 장난감, 그리고 내가 여기서 다루는 새로운 형식의 애니메이션 등은 모두 인간과 동물, 기계, 삶과 죽음, 생동animation과 소생reanimation, 생활, 진화, 되기becoming와 변형되기를 가르는 인위적 범주의 의미와 용어, 위치를 질문하고 또 바꿔놓는다. 또 그것들은 인간 예외주의를 거부하고, 인간을 다중적 존재 양태의 세계에 단단히 붙들어 맨다.

인간 예외주의는 다양한 형태로 발견된다. 단순히 다른

---

6   [옮긴이] 분화전능(totipotency)은 하나의 세포가 완전한 기관으로 분화할 수 있는 능력을 뜻하는 생물학 용어다.

7   Sarah Franklin, "The Cyborg Embryo: Our Path to Transbiology," p. 171.

생물종들이 공존하는 세계에서 인간의 독특함과 중심성을 믿는 식으로 발현될 수도 있지만, 역겹고 어설픈 의인화anthropomorphism로 발현되기도 한다. 그 경우 인간은 삶과 생명에 관한 자신의 모든 진부하고 검증되지도 않은 개념을 동물에게 투사하는데, 실상은 동물이 훨씬 더 창조적인, 적어도 훨씬 더 놀라운 삶의 방식과 공간 공유 방식을 조성해낼 수 있다. 예컨대 동시대인의 욕망과 로맨스를 그리는 『뉴욕 타임스』의 인기 주간 칼럼인 '근대적 사랑Modern Love'에서 가장 인기 있는 꼭지 중 하나인 「행복한 결혼에 관해 고래가 가르쳐준 것」에서 에이미 서덜랜드는 어떻게 동물원에서 배운 동물 조련 기술을 집에서 남편에게 적용했는지 설명한다.[8] 그 칼럼은 포스트모던 시대의 연인들이 근대적 사랑의 특성에 대해 생각하는 다양한 방식을 제시하는 게 목적이라고 주장하지만, 사실상 성인들을 위한 이성애 지침서에 가깝다. 이따금 게이나 레즈비언이 자신의 규범적인 정사 경험과 그 성쇠에 대해 쓰기도 하고, 결혼을 통해 '성숙'해질 권리를 탄원하기도 하지만, 그 칼럼은 대부분 부르주아적 이성애의 기복과 그것이 지녔다고들 하는 무한한 다종다기함과 탄력성을 세속적이고 진부한 문법으로 복잡하고 자세하게 묘사하는 데 전념한다. 전형적인 '근대적 사랑' 칼럼은 불평으로 시작하는데, 예상할 수 있는 일이지만 대개 여

8   Amy Sutherland, "What Shamu Taught Me about a Happy Marriage," *New York Times*, 25 June 2006, Style section.

성이 남성의 고집스러움에 대해 불평하는 경우다. 글의 결말에 다다르면 해결책은 신성한 비전처럼 하늘에서 뚝 떨어진다. 언짢아하던 주인공이 파트너에 대해 짜증나 했던 바로 그 점이 그 남자를 그 자신으로, 즉 독특하고 모자라지만 인간적이고 사랑스러운 존재로 만들어주는 거라고 금세 이해하게 되는 식이다.

서덜랜드의 글은 예상을 벗어나지 않는다. 사랑하는 남편이 집 안에서 형편없는 습관을 갖고 행동하는 것에 불평한 다음 그는 수컷들의 분류 체계에 의거한 일련의 훈련 기술을 사용하기로 한다. "스콧이라고 알려진 외래 동물exotic animal은 단독생활을 선호하는 자이지만 알파메일[9]이다. 따라서 그에게 서열은 중요한 문제이나, 집단에 속하는 건 별로 중요하지 않다. 그는 체조선수와 같은 균형 감각을 가지고 있지만 움직임은 느린데, 특히 옷을 입을 때는 더욱 그러하다. 스키 타기는 그에게 아주 쉬운 일이지만, 시간 약속을 지키는 건 그렇지 않다. 그는 잡식성이며, 훈련사라면 그를 먹이 보상에 반응하는 동물이라고 부를 것이다." 서덜랜드는 동물 훈련 기술을 집 안으로 가져와 다루기 힘든 동거인에게 적용하는 유쾌한 시나리오를 따라 스콧의 문제를 해결하려 한다. 서덜랜드는 외래 동물에게 효과적인 방법으로, 좋은 행동에 대해 보상을 주고 나

---

9   [옮긴이] 알파메일(alpha male)은 사회적 동물 중 집단에서 가장 서열이 높은 수컷을 뜻한다.

뻔 행동에 대해서는 계획된 무관심을 보여주는 등의 기술을 활용해 남편을 다룬다. 놀랍게도 이 기술들은 먹혔고, 더 놀랍게도 그 과정에서 서덜랜드는 자신만 남편을 훈련시킨 게 아니라 남편 역시 자신을 대상으로 동물 훈련 기술을 적용하기 시작했다는 사실을 깨닫게 되었다. 그는 적응력이 있고 영향을 잘 받을 뿐 아니라 지성과 학습 능력을 가지고 있기 때문이다. 서덜랜드는 '근대적 사랑' 이데올로기와 밀접한 연관을 갖는 근대적 결혼이 각자가 파트너의 약점과 별난 점에 조금씩 적응하면서 결코 구조를 문제 삼지 않고, 서로를 공격하지 않으려 노력하면서 궁극적으로는 어떤 비용을 치르더라도 서로 붙어 있음으로써 승리를 확인하는 식으로 행하는, 동시적 진화를 위한 훈련이라고 하며 글을 맺는다.

서덜랜드의 글은 즐거움을 주는 만큼, 로라 키프니스가 『사랑에 반대하며』에서 말하듯, 우리가 "우리 시대 사랑의 진원지에서 곪아가는 거대한 모순" 주변에서 책략을 쓰는 과정을 보여주는 충격적인 사례이기도 하다.[10] 키프니스는 우리를 둘러싼 사회 구조의 결함에 대해 그 구조(결혼제도 같은) 자체를 비판하기보다 서로를 혹은 자기 자신을 비난하는 경향이 있다고 주장한다. 이런 거추장스러운 구조에 너무나 열심히 헌신한 나머지, 그리고 대안을 생각해내는 데 너무나 게으른 나머지, 우리는 동물 서사를 끌어와 스스로를 원시적이고 '자연

10   Laura Kipnis, *Against Love*, 2004, p. 13.

적인' 세계에 위치시키면서까지 이성애 규범적 부부 생활의 정당성에 대한 감각을 강화하게 된다. 예컨대 서덜랜드는 기꺼이 자신과 남편을 동물 훈련의 세계 속 외래 동물로 소환한다. 물론 관광산업과 오리엔탈리즘에 대한 다양한 탈식민주의 이론에서 배워 알고 있듯, 이국적exotic이라는 개념은 자국 내, 익숙한 것, 알려진 것이라는 낡은 개념에 의존하는데, 그것들은 모두 국외의 것, 이방의 것, 불가해한 것과의 관계에서만 성립한다. 서덜랜드는 자신이 연구하는 동물들을 동원해 그 동물들이 지닌 엄청난 다양성을 집 안의 맥락에서 해석하려 하는 것도 모자라, 이루 말할 수 없이 진부한 자신의 가정사를 독특한 것으로 착각하며, 그 과정에서 인간과 비인간의 경계를 다시 공고하게 만들고 있다. 동물 사육animal husbandry을 유머러스하게도 남편 훈련에 적용하는 그녀의 작업에는 이제 주석을 달 필요가 있을 것 같다. 2010년 한 동물원 소속 훈련사가 자신이 수년간 훈련시키던 고래에게 끌려 물속으로 들어가 익사한 사건이 있었기 때문이다. 서덜랜드가 점잖고 상호적인 훈련 기술의 은유에 대한 관심을 아낌없이 보여줬다면, 앞서 말한 훈련사의 죽음은 다른 존재의 행동을 교정하려는 모든 시도에 내재된 폭력성을 일깨워준다.

전반적으로 서덜랜드의 칼럼은 끝없이 이성애를 자연화하고 남녀 관계를 안정화하려는 광적인 기획에 기여한다. 그럼에도 인간에게 몰두하며 유머까지 챙기는 그 글은 지적 상상력이 풍부한 도나 해러웨이의 『영장류의 시각』에 빚지고 있다.

해러웨이는 영장류학자들과 그들이 연구하는 동물들 간의 눈빛 교환 관계를 거꾸로 뒤집어 첫째, 영장류들이 눈을 마주 본다look back는 점, 둘째, 우리가 서술하는 이야기는 동물보다는 인간에 관한 이야기라는 점을 주장했다. "특히 서구인들은 영장류에 관한 이야기를 생산하면서 자연과 문명, 동물과 인간, 신체와 정신, 기원과 미래의 관계에 대한 이야기를 동시에 하곤 한다."[11] 로맨스를 다루는, 자기 나름의 인류학자라 할 수 있는 '근대적 사랑' 칼럼 필자들도 그와 비슷하게 동물 이야기를 하면서 이성애를 자연스러운 것으로 설정하고 있다. 여성과 남성을 각각 훈련사와 동물의 위치에 배정하는 서덜랜드의 글은 『반려종 선언』[12]에서 해러웨이가 인간과 개의 관계를 재개념화한 부분을 간접적으로 참조하고 있다. 그보다 앞선 「사이보그 선언」에서는 인간이 이상적으로 구성되는 데 부드럽고 신체적이고 반反기술적인 '여성성womanhood' 개념이 중심적이라는 점에 생산적인 의문을 제기한다면, 『반려종 선언』은 개와 인간의 관계에 대한 설명에서 인간 자체를 탈중심화하며, 개와 인간의 관계를 둘러싸고 이야기되는 흔한 지혜를 거부한다. 해러웨이에게 개는 인간에 관해 뭔가를 이야기해주는 존재가 아니라 진화라는 드라마 속 동등한 행위자이며 '중요한 타자성'의 자리를 점하는 존재다. 개의 관점에서 진화 과정을 선명하고

11   Donna Haraway, *Primate Visions*, 1990, p. 5.

12   Haraway, *The Companion Species Manifesto*, 2003.

독창적인 방식으로 다시 쓰는 해러웨이의 문제점은 자연 그 자체라는 개념을 강화하고 진화에 관한 몇 가지 신화는 건드리지 않는다는 것이다.

실로 해러웨이는 동물을 인간이 연장된 존재 혹은 인간보다 도덕적으로 우월한 존재로 보는 '근대적 사랑'의 패러다임에 힘을 실어주는 듯 보이기도 한다. 하이디 J. 내스트가 비판적 반려동물 연구의 필요성을 강력히 요청하듯, '반려동물 사랑'을 지향하는 새로운 성향은 대개 사회 이론에서 주목되지 않았다. "반려동물의 생활이 직접 언급되면, 대부분의 연구는 비판적인 국제적 관점을 피하고, 대신 반려동물과 인간의 관계에 대한 문화사를 서술하거나 해러웨이처럼 진정한 동물 사랑이 어떻게 윤리적으로 우월한 태도를 이끌어내는지를 보여줄 뿐이다."[13] 내스트는 우리가 반려동물과 21세기의 그 관련 산업에 기여하는 방식을 검토해보자고 제안하며, 누가 반려동물을 소유하고, 그들이 어디에 살며, 그들이 반려동물을 사랑하는 데 어떤 종류의 애정과 재정을 쏟고 있는지, 그리고 누가 반려동물 사랑의 궤도 바깥에 있는지 등에 관한 "학술적, 지리학적 설명"이 필요하다고 주장한다. "동물에 대한 친근감이 없거나 동물을 무서워하는 이들은 오늘날 사회 부적응자로 혹은 심리적으로 문제 있는 괴짜라고 여겨지는 반면, 동물을 사랑하는 이들은 도덕적으로, 심지어 정신적으로도 우월하다고

13　Heidi J. Nast, "Critical Pet Studies?," 2006, p. 896.

여겨진다. 지난 20년 동안 이런 생각이 지배적이었다."[14] 재생산하지 않기를 선택하는 성인들과 마찬가지로, 반려동물에 별 관심 없는 사람들은 오늘날 성적 위계에서 매우 특정한 자리를 차지한다. 내스트는 반려동물을 향한 애정을 해부하며 다음과 같은 질문을 던진다. "어째서 여성과 퀴어가 반려동물 사랑의 언어와 제도를 조달하는 데 중심적인 역할을 하는가? 그리고 어째서 상품화된 형태의 반려동물 사랑이나 조직된 동물권 운동은 일차적으로 (북미와 유럽의) '백인' 엘리트의 맥락에서 나오는가?"[15] 반려동물 사랑에 관한 그의 설명은 성적 억압과 특권의 위계를 나타내는 새로운 도표와, 20여 년 전에 게일 루빈이 「성을 사유하기」에서 이성애적 특권과 동성애 억압 사이의 복잡한 관계를 설명하며 제시한 모형을 대체할 새로운 모형을 요청한다. 백인 가족의 규모가 급격히 줄어들고 핵가족이란 형태조차 시대착오적 관습이 된 데다 대다수 여성이 전통적 결혼제도 바깥에서 살아가는 후기산업사회에서 반려동물의 지위가 애정의 대상으로 상승했다는 것은 분명 주목할 만한 사실이다. 미국의 급진적인 래퍼 커먼은 자신의 노래에서 다음과 같이 묻는다. "어째서 백인들은 개와 요가에 몰두하는 거지? / 밑바닥에 있는 사람들은 서로 뭉쳐 이겨내려 하는데." 과연 왜 그럴까? 전부 근대적 사랑을 위해서다.

14   같은 글, p. 896.
15   같은 글, p. 898.

섹슈얼리티와 재생산의 관계는 신학적 환상의 수준을 벗어난 적이 없지만, 한편으로 새로운 재생산 테크놀로지와 비재생산적 행위를 위한 새로운 근거는 욕망과 체현, 재생산하는 몸과 재생산하지 않는 몸 사이의 사회관계에 대한 새로운 언어를 필요로 하고 있다. 요 근래 대중적 인기를 얻고 있지만 머잖아 변별점은 없어질 듯한 동물 다큐멘터리들은 생식적 이성애의 지도를 온 우주에 그려 보이고자, 대단히 창조적인 동물 사회에 관한 이야기를 들려주며 자연에서 생식적 이성애를 '발견'해내는 데 특히 골몰한다. 그러나 강력한 퀴어 대항담론이 진화생물학이나 아방가르드 예술, 애니메이션, 공포영화 등 다양한 영역에서 끈질긴 이성애를 지워내고, 집요하게 그것을 퀴어 세계에 다시 배치하고 있다.

그러니 이제 동물들의 극적인 이상함을 다루는 대중적 텍스트로 돌아가서 다큐멘터리 스타일의 영화들이 동물의 삶을 인간화하는 방식을 들여다보자. 동물 다큐멘터리가 보이스오버와 숨겨진 카메라를 이용해 전지적 시점으로 '자연'을 보여주고 동물을 유사인간으로 환원시키는 식으로 그들의 모든 행동을 설명하려는 행태를 드러낸다면, 우리는 애니메이션을 동물 사회의 동물성을 유지하는 한 가지 방식으로 생각해볼 수도 있을 것이다. 애니메이션이라는 문제에 관해서는 이 장의 후반부에서 다시 다룰 텐데, 여기서는 〈펭귄―위대한 모험〉(2005)이라는 다큐멘터리를 들어 한편으로는 지독한 의인화의 사례인 동시에 다른 한편으로는 가족, 양육, 사회성에 대한 대안의 원천으로 논하려 한다.

남극 황제펭귄의 경이로운 생애주기를 담은 이 흡인력 있는 다큐멘터리에서 뤽 자케 감독은 대대로 내려오는 번식지를 향한 펭귄의 길고 혹독한 여정을 스펙터클한 화면에 사랑과 생존, 회복력, 투지, 이성애적 재생산을 행하는 가족 단위에 관한 이야기로 담았다. 영화를 못 본 (혹은 이 영화에 대한 우파 기독교계의 변태적 독해법을 모르는) 이들을 위해 이야기하자면, 황제펭귄은 한때는 신록으로 뒤덮였으나 지금은 얼음뿐인 황량한 남극이라는 극한의 환경에서 유일하게 남아 있는 동물이다. 그런데 지구온난화 때문에 얼음이 녹고 있고, 펭귄들은 매년 3월, 번식기 동안 그들을 떠받쳐줄 만큼 얼음이 두껍고 단단한 내륙으로 해안에서부터 70마일을 걸어가는 긴 여정을 수행해야만 생존할 수 있다. 번식지로의 여행은 걷기보다 수영이 훨씬 빠른 펭귄들에게 어색한 일이지만, 그 길은 그들이 이후 몇 달 동안 내륙의 둥지와 먹이를 얻을 해변을 오가며 겪을 고난의 첫 관문일 뿐이다. 별로 매력적인 이야기가 아닌 것으로 들리겠지만, 영화는 세계적인 성공을 거두었다.

이 영화가 성공을 거둔 데에는 몇 가지 요인이 있다. 우선, 펭귄들이 그토록 혹독한 순례를 하는 이유와 그 방법에 대한 인간의 근본적인 호기심에 부응한다. 둘째, 남극이라는 무자비한 환경을 생각하면 거의 마술 같을 만큼, 또한 감독이 이들에게 허용하는 접근 범위를 생각하면 감질날 만큼 펭귄들을 가까이서 찍은 영상이다. 셋째, 시각 자료와 자연을 접합하며, 펭권들이 적대적인 환경 조건에서도 생식을 추구하는 동기로 작용한 초월적 사랑과 가족의 힘에 대해 끈적하고 감상적인 목소리(미국판에서는 모건 프리먼의 목소리)로 해설한다. 남극이라는 환경과 펭귄들 자체가 지닌 장엄한 아름다움을 담은 눈부신 영상임에도 〈펭귄―위대한 모험〉은 '짝the couple'이나 '가족 단위', '사랑', '상실' 따위의 편안한 스펙터클과 이성애적 생식, 그리고 감동적인 요소들을 한데 뭉쳐놓은 듯한 정서적 구조물에 고집스레 주목하며, 결국 펭귄 공동체의 이야기 중 극히 일부에만 집중하게 만든다. 그러나 이성애적 생식에 집중하는 건 잘못된 판단이며, 궁극적으로 협력과 집단성, 비이성애적, 비생식적 행위에 관한 훨씬 더 설득력 있는 이야기를 지워버리는 일이다.

회의적인 몇몇 비평가는 이야기가 경이로울 순 있어도 그점이 펭귄들의 낭만적 사랑의 증거가 되는 건 아니라고 지적했으며, '사랑'은 영화의 성가신 의인화가 가장 두드러지는 징후로서 비판의 대상이 되었다.[16] 그러나 영화가 구조적 장치로서 가장 끈질기게 사용하는 이성애적 생식에 대해서는 영화 제작

---

16 예컨대 다음을 참조하라. Roger Ebert, "March of the Penguins," *Chicago Sun-Times*, 8 July 2005; Stephen Holden, "The Lives and Loves (Perhaps) of Emperor Penguins," *New York Times*, 24 June 2005. 홀든은 다음과 같이 쓴다. 〈펭귄―위대한 모험〉이 비록 한 펭귄 가족이 극복한 고난과 우리가 동일시하도록 만들기 직전에 가까스로 멈추기는 하지만, 황제펭귄의 삶을 매우 친밀하게 전달해주기는 한다. 그런데 사랑? 그건 해당되지 않는 것 같다.

진뿐 아니라 비평가들도 문제 삼은 적이 없다. 실로 기독교 근본주의자들은 이 영화를 일부일처제, 희생, 아이 양육에 관한 감동적인 텍스트로 홍보했다. 이는 펭귄들이 오직 한 해 동안만 일부일처제로 지내며, 새끼들이 생후 몇 달만 남극 생활을 견뎌내면 펭귄들은 새끼들을 위한 모든 책임을 즉시 벗어던진다는 사실에 비추어보면 적절치 않은 해석이다. 이런 유의 관습적인 동물 다큐멘터리가 자연의 이성애 성향을 끈질기게 고수하는 상황에서, 진화생물학자 조앤 러프가든은 우리가 자연을 다시 살펴 대부분의 동물들 삶에서 나타나는 이상하고 비생식적이며 비이성애적이고 비젠더 고정적non-gender-stable인 현상의 증거를 찾아볼 필요가 있다고 주장한다. 진화의 다양성에 관한 러프가든의 놀라운 연구를 담은 『진화의 무지개』는 대부분의 생물학자가 '자연'을 사회 규범성이라는 협소하고 편향된 관점으로 관찰하는 탓에 여러 가지 생물다양성을 오독하게 된다고 설명한다.[17] 그래서 트랜스섹슈얼한 물고기, 양성구유적 하이에나, 일부일처제를 따르지 않는 조류, 동성애 성향의 도마뱀 등이 생존과 종 진화에서 각자의 역할을 담당하는데도, 그들의 활동은 오해되어 대체로 이성애 가족적 재생산 열망을 담은 기획이자 적자생존이라는 고정되고 틀에 박힌 행

---

[17] Joan Roughgarden, *Evolution's Rainbow*, 2004: [국역본] 조안 러프가든, 『변이의 축제』, 노태복 옮김(갈라파고스, 2021); 조안 러프가든, 『진화의 무지개』, 노태복 옮김(뿌리와이파리, 2010).

위로 축소되어왔다. 러프가든은 인간 관찰자들이 (비금전적인) 협력적 동물들의 사회 및 활동에서 (자본주의적) 경쟁을 오독해내며, 강함과 지배의 관계를 오해하고, 생식 역학의 우세를 과대평가한다고 주장한다.

『뉴욕 타임스』에 "감히 그 이름을 꽥꽥거릴 수 없는 사랑"[18]이라는 유머러스한 제목으로 실린 글에서 존 무얼럼은 "동물도 게이일 수 있는가?"라는 질문을 던진다.[19] 무얼럼은 짝짓기를 암수 조합으로 할 것 같지만 실제로는 대부분 암컷끼리 하곤 하는 알바트로스의 사례를 들며 이 현상에 대해 몇몇 생물학자와 행한 인터뷰를 공개한다. 그는 말린 주크와 린지 C. 영 등의 생물학자가 자신들이 연구하는 조류에 대해 의인화하는 언어를 애써 피하는 점에 주목하며, 영이 실수로 알바트로스 집단을 두고 "세계에서 가장 큰 규모의—정확한 용어일지 모르겠지만—동성애적인 동물이랄까요?"라고 말했을 때 미디어의 반응은 굉장했다고 적는다. 본의 아니게 영은 동물들의 동성애가 인간들이 지닌 게이, 레즈비언 성향의 정당성과 자연스러움을 증명하는지 여부에 관한 전국적 논쟁의 한가운데 서게 된 것이다. 예상대로 북미의 기독교계는 그 연구가 자신들의 '혈세'를 재원으로 이루어졌다는 사실에 분개했

18 [옮긴이] 동성애를 지칭하는 관용구인 'the love that dare not speak its name(감히 그 이름을 말할 수 없는 사랑)'에서 'speak'를 'squawk'로 바꾼 말.
19 Jon Mooallem, "The Love That Dare Not Squawk Its Name: Can Animals Be Gay," *New York Times*, 31 March 2010, Magazine section.

다. 다른 미디어들의 경우에는 이 이야기가 매우 유혹적이었는지, 일례로 케이블 채널 코미디 센트럴Comedy Central에서 스티븐 콜버트는 "알바트로스-레즈비언albatresbian들이 사포-조류Sappho-avian 어젠다로 미국의 가정이라는 가치를 위협하고 있다"라고 풍자하기도 했다.

그러나 이 글이 시사하는, 동물들의 동성 간 짝짓기를 뭐라고 부를지에 관한 논의보다 더 흥미로운 이야기는 동물 연구자들이 지닌 맹점에 관한 것이다. 무얼럼은 연구자들이 끊임없이 자신들이 관찰한 동성 간 성적 행동에 대한 변명과 알리바이를 만들어낸다고 옳게 지적하는 한편, 대부분의 연구자가 자신들이 관찰하는 동물의 성별을 실제로 모르며, 그렇기에 행동과 관계에 근거해 성별을 추론한다는 점 또한 발견해낸다. 해당 동물의 성별이 실제로 조사되지 않은 점은 이성애적 구애에 관한 온갖 오도를 낳았는데, 알바트로스나 펭귄의 경우처럼 혼성 짝짓기는 매우 빈번하게 동성 짝짓기로 판명 나곤 한다. 알바트로스의 경우, 연구자들은 한 둥지 안에서 하나가 아닌 두 개의 알이 발견되자 '비정상적 두 알 품기'의 증거라고 생각했다. 두 마리의 새가 각자의 알을 품고 있었으리라고는 생각할 수 없었던 모양이다. 수컷의 생식력이 우수하다는 서사가 더 편안하고 호소력이 있었던 것이다. 이성애라는 '인간의' 관점으로 모든 동물 행동이 연구되는 탓에, 과학자들이 만들어낸 왜곡된 서사를 반박하는 직관적 증거들은 무시된다.

우리는 동물들 사이의 소위 동성애적 행동을 어떻게 생각해야 할까? 조앤 러프가든의 논지를 따르는 『뉴욕 타임스』의 이 글처럼 이성애적 행동에 포함되지 않는 모든 것이 반드시 동성애적 행동은 아니며, 이성애적 행동에 대한 인간의 이해에 들어맞는 그 어떤 것도 이성애적이지 않을 수 있다. 실제로 러프가든은 동물이 자신의 생식기로 '멀티태스킹'을 할 수 있는 존재라고 생각한다. 우리가 동물들 간 성적 접촉이라고 부르는 행위의 일부는 기본적인 의사소통일 수 있으며, 일부는 상황에 따라 달라질 수 있고, 일부는 생존을 위한 행동이며, 일부는 생식적이고, 대개는 즉흥적인 것일 수 있다.

이제 눈과 얼음으로 뒤덮인 남극의 혹독한 풍경으로 향하는 펭귄들의 긴 행진 이야기로 되돌아가보자. 이 영화를 보면 특히 보이스오버 내레이션 때문에, 자연스럽고 선천적인 생식 욕구에 부응하려 제각기 애쓰는 영웅적인 가족들이 펭귄들의 세계를 구성하고 있다고 여기기 쉽다. 보이스오버로 들려주는 아름답지만 터무니없는 서사는 고집스럽게도 인간적이어서 그 엄혹한 탐색 여정을 구조화하는 '펭귄들의 논리'는 결코 들여다볼 생각을 하지 않는다. 펭귄들이 빙판 위에 운집해 짝을 찾으려 할 때, 우리는 고등학교 축제에서 퇴짜 맞은 무리가 무도장 가장자리로 빠지고 진정한 로맨스와 소울메이트를 찾은 이들이 중앙에 자리 잡는 모습을 떠올리도록 요구받는다. 짝짓기 의례가 시작되면 우아한 발레 같은 춤에 대한 이야기를 듣지만, 실제로 눈에 보이는 건 어색하고 힘들고 채신없어 보이는 교미 장면일 뿐이다. 마침내 소중한 알을 낳은 암컷 펭권은 먹이를 구하러 떠나고자 알을 자기 발치에서 수컷의 발치로 넘겨주려 하는데, 패스가 성공하지 못할 때마다 내레이션은 히스테리컬한 톤으로 슬픔과 상처를 표현한다. 알을 건네주는 데 성공하는 경우가 얼마나 되는지, 혹독한 겨울에 스스로 에너지를 아끼고자 그 일에 성공하지 않기로 결정하는 경우는 얼마나 되는지, 알 건네주기 의례가 어느 정도로 우발적인지 등에 대해서 우리는 알지 못한다. 이 내레이션은 생식하지 않는 펭귄들에게 낙인과 질시를, 생식하는 펭귄들에게는 희생과 청교도적 노동 윤리를 할당하고, 자본주의적 이성애-재생산을 하는 가족만 볼 뿐 더 큰 집단은 보지 않는다.

결국 이 영화의 내레이션, 그리고 펭귄들의 활동이 '지적 설계론'[20]의 근거를 보여준다고 하는 기독교계의 주장은 여러 가지 불편한 사실을 무시할 수밖에 없다. 펭귄은 일부일처제를 고수하는 동물이 아니며, 한 해 동안 짝짓기를 하고 떠난다. 먹이를 구하러 갔다가 돌아온 펭귄들은 타고난 신비로운 교미 본능 때문이 아니라 서로의 부름을 알아듣고서 짝을 찾는 것이다. 어쩌면 가장 중요한 것은, 생식을 하지 않는 펭귄들이 이성애적 생식에 관한 드라마에서 단지 엑스트라 역할만 하는 것은 아니라는 사실이다. 실제로 동성애적 혹은 비생식적 퀴어

---

20   [옮긴이] 지적 설계론(intelligent design)은 탐구 대상의 기원이 의도에 따라 설계된 것인지 아무런 의도가 없는 자연 발생인지를 밝히고자 하는 반과학적 주장이다.

펭귄들은 일시적인 생식 단위에 아주 필수적인 존재다. 그들은 무리지어 웅크릴 때 온기를 제공하고, 아마 여분의 음식도 제공할 것이며, 더 온화한 기후를 찾아 떠나는 대신 생식을 가능케 하고 자신 역시 생존하기 위해 펭귄 무리의 일부로서의 역할을 맡는다. 펭귄 세계에서 생존은 적자適者와는 거의 관계없고, 오로지 집단적 의지가 중요할 뿐이다. 생식 주기가 끝에 다다르면 무슨 일이 벌어질까? 양육자 펭귄들은 체온을 지켜주는 방식으로 새끼들을 보호하지만, 조류 포식자들의 공격에 대비해서는 아무것도 해주지 않는다. 그런 점에서 새끼들은 스스로 살아남아야 한다. 아기 펭귄들이 물가로 갈 만한 나이가 되면, 양육자 펭귄들은 후세대가 따라오든 말든 뒤도 돌아보지 않고 기꺼이 다른 무리들에게 가버린다. 어린 펭귄들은 그 후 5년간 자유롭고 영예롭고 생식이나 가족과는 무관한 시기를 보내다가 역시 긴 행진에 오르게 된다. 펭귄들의 긴 행진은 이성애의 자연성에 대한 증거도, 생식 의무의 증거도, 지적 설계론의 증거도 아니다. 이것은 단언컨대 협력과 연대, 동성애-이성애 구분의 시대착오성에 관한 동물 서사다. 비생식적인 모든 행동에 관한 영화의 무관심은 펭귄들의 삶이 지닌 더 복합적인 서사를 흐린다. 영화가 시작한 지 5분 이내에 우리는 암컷의 수가 수컷의 수보다 훨씬 많음을 알게 되지만, 이 성비의 파급력은 탐구되지 않는다. 소수의 펭귄만이 알을 품은 채 겨울을 나지만, 영화는 알을 품지 않는 펭귄에 대해서는 전혀 설명하지 않는다. 생존의 기회를 갖기 위한 온갖 이상하고 변형

적인 행동(예컨대 고아가 된 새끼 펭귄을 입양한다든지 하는)
이 있으리라 추정되지만, 영화는 이에 관해 우리에게 아무것도
알려주지 않는다. 사실상 영화의 시각적 서사가 비인간 친족
체계와 연대를 포함하는 야생의 세계를 시각적으로 보여준다
면, 내레이션을 통해서는 이 세계를 상상할 수 없고 부자연스
러운 영역으로 좌천시킨다.

〈펭귄―위대한 모험〉은 워너 브라더스의 〈해피 피트〉
(2006)부터 시작해 소니 픽쳐스의 〈서핑 업〉(2007), 밥 사젯
이 연출한 싱크필름Thinkfilms의 풍자 애니메이션 〈펭귄 소극〉
(2007)으로 이어지는 펭귄 애니메이션 장르를 만들어냈다. 〈해
피 피트〉가 어쨌거나 거둔 성공에 비추어보면, 펭귄들이 지닌
호소력은 일차적으로 오늘날 관객들이 이 이상한 조류 동물
이 지닌 소박한 이미지에 투사한 가족과 생존에 관한 가슴 시
린 서사 덕분인 듯하다. 그러나 〈펭귄―위대한 모험〉은 보이스
오버 때문에 이미 애니메이션으로 만들어진 극영화라고 할 수
있으며, 실제로 프랑스판과 독일판에서는 '전지적 시점'의 목소
리라는 장치로 내레이션을 하는 대신 펭귄들에게 각각의 목소
리를 부여한 바 있다. 여기서 이 애니메이션은 여러 픽사 영화
처럼 인간과 비인간의 차이를 강조하지 않는 대신, 펭귄들을
영화가 그토록 관심 갖는 근대적 사랑이라는 인간의 드라마
속 꼭두각시와 다를 바 없이 만든다.

퀴어한 피조물, 괴물 같은 애니메이션

> 가장 무서운 괴물이 이기기를!
> — 〈몬스터 주식회사〉에서 설리의 대사

'픽사반란'류의 영화들은 종종 동물을 새로운 존재와 연관짓고, 존재라든가 관계, 재생산, 이데올로기에 관한 다른 사고방식을 제안한다. 애니메이션이라는 실험실에서는 인간을 닮은 이상한 피조물을 키워내 인간을 동물animal이 아닌 애니메이션animation으로, 즉 단지 시각적 인식 장치가 아니라 목소리 신호와 얼굴 표정, 행동을 통해 인간과의 동일시 모드에 호소하는 일련의 자아로 재해석한다. 일례로 〈월리스와 그로밋〉에서 그로밋은 입이 없어 말을 할 수 없지만, 아주 작은 눈짓으로 두 눈에 담긴 무궁무진한 지략과 지성을 표현한다. (A. O. 스콧은 『뉴욕 타임스』 기고 글에서 그 모습을 그레타 가르보의 얼굴과 비교한 바 있다.) 〈니모를 찾아서〉의 도리는 기억력을 갖고 있지 않지만 독특한 형태의 인식 능력을 보유하고 있어서, 과묵하고 보수적인 말린을 훨씬 능가할 수 있다. 애니메이션 속 피조물과의 동일시 모드는 어떻게 가능할까? 실제로 어린이 관객이 역사를 갖고 있지 않은 도리나 말없는 그로밋에게서, 그리고 그러한 서사 전부를 특징짓는 반복에서 동질감을 느낄까? 관객(예컨대 보수적인 부모들)은 어째서 급진적인 메시지를 담은 이러한 퀴어하고 괴물 같은 서사를 승인하

그림3. 〈몬스터 주식회사〉, 피트 닥터, 데이비드 실버먼 연출, 2001.

"가장 무서운 괴물이 이기기를!"

는 것이며, 애니메이션 세계의 엉뚱함은 어떻게 우정, 신의, 가족적 가치에 관한 상투적 상호작용 안에 급진적 서사를 은밀히 집어넣는 것을 용인할까?

〈토이 스토리〉에서 보았듯, '픽사반란'류 영화는 종종 자동화된 혁신 과정에 맞선 개인적 투쟁에 관한 관습적인 서사를 경유하며, 종종 독립적이고 고유성을 지닌 개인이 대중의 순응주의와 겨루게 된다. 하지만 이런 요약은 다소 오해의 소지가 있는데, 대개 개별 캐릭터는 실제로 집단 행동, 반자본주의적 비판, 집단적 유대의 복잡한 이야기의 관문, 그리고 공동체, 공간, 체현, 책임에 관한 대안적 상상의 관문 역할을 한다. 때때로 공동체에서 떨어져 나온 동물이나 피조물은 영웅이 아니라 집단적으로 생각하는 법을 배워야 하는 이기주의의 상징이기도 하다. 드림웍스의 〈헷지〉(2006) 같은 경우, 숲의 생물들과, 정크푸드를 소비하고 오염원을 배출하고 자동차를 몰고 쓰레기를 생산하고 수자원을 낭비하며 환경을 오염하는 인간들 사이의 극적인 교착 상태를 극화한다. 동면에서 깨어난 숲의 생물들은 그동안 무자비한 교외 개발로 자신들의 숲이 파괴됐으며 인간들이 거대한 울타리를 쳐 자신들을 격리했음을 알게 된다. 영화가 처음에는 RJ라 불리는 용맹한 한 너구리에게 관심을 주목시키며 서사를 추동하지만, 결국 RJ는 다람쥐, 고슴도치, 스컹크, 거북이, 곰 등 여러 동물로 이루어진 다종 생물 연대에 합류해 식민 지배자들을 무찌르고, 울타리를 부수고, 자신들을 '해로운 짐승'으로 묘사하는 교외 거주자들을 패배시키는 데 힘을 모은다. 비슷하게 〈니모를 찾아서〉에서도 니모가 깨닫는 가장 중요한 교훈은 '자기 자신이 되기'나 '꿈을 좇기'가 아니라, 〈치킨 런〉의 진저처럼 다른 이들과 함께 생각하고 집단의 미래를 위해 노력하는 것이다. 〈몬스터 주식회사〉에서 아이들을 겁주도록 고용된 괴물들은 비명 공장을 운영하는 어른들과의 기업적 동맹을 저버리고 아이들에게 친연성을 느끼게 된다.

요정 이야기는 언제나 어린 시절과 성인기 사이, 집 안과 집 밖 사이, 위해와 안전 사이의 모호한 영역에 자리하고 있다. 그 이야기들에는 '정상적'이거나 심지어 이상적인 사람들만큼 괴물도 많이 등장하곤 한다. 실로 괴물과 공주, 드래곤과 기사, 무시무시한 짐승과 인간의 관계는 대안적 세계의 문을 열어주며, 어린이들이 원형적 공포를 직면하고 사춘기 이전의 환상 속으로 들어가 겁에 질리고, 먹히고 쫓기고 파괴되고 싶어 하는 유아기적 욕망을 마음껏 충족시켜보게 한다. 〈몬스터 주식회사〉는 괴물성을 상품으로 만들어놓고, 괴물에게 피해를 당한 아이가 되받아칠 때 벌어지는 일에 관해 상상한다. 그 과정에서 서로를 겁먹게 한 둘 사이에 애정과 친근감, 동일시, 각자 지닌 욕망의 유대가 형성된다. 다른 텍스트에 비추어보아 알듯이 아이와 괴물 간 유대는 특이한데, 그 이유는 서로 분리되어 있는 환상 세계와 인간 세계의 경계를 가로지를 수 있게 하기 때문이기도 하지만, 또한 경계를 넘는 이로 여자아이를 내세우기 때문이기도 하다. 인간과 괴물의 유대는 가족과 친밀감을 재조직한다는 점에서 퀴어하며, 영화에 나오는 더 관습적인 낭만적 유대를 방해하는 것을 봐도 퀴어하다 하겠다.

픽사반란 장르의 반인간주의적 담론은 영화 속 인간을 이분법적으로 묘사하는 점에서 확인된다. 우리는 그 인간들을 애니메이션화된 피조물들의 눈으로만 보게 되는데, 〈헷지〉, 〈니모를 찾아서〉, 〈치킨 런〉에서처럼 인간은 공허하고 생기 없고 무기력하고, 사실상 활기 잃은unanimated 존재나 마찬가지다. 픽사반란 장르는 애니메이션 자체를 그저 정교한 인형극이라기보다는 운동성을 지닌 정치적 행동을 담은 영화로 만든다. 인간과 비인간은 활기 있는 이와 활기 없는 이의 역할뿐 아니라 잘 조립된 이와 개조되지 않은 이의 역할을 나눠 맡는다. 〈로봇〉(2005)을 보면, 결정적인 장면에서 남성 로봇은 세계를 향해 자신이 곧 아버지가 된다고 공표한다. 이어서 조립되었다는 점을 이 애니메이션화된 자아의 중심에 두는 매혹적인 기원 설화가 뒤따른다. 귀가한 그에게 아내는 '부재 중 소포'가 왔다고 알려주고, 카메라는 아기 로봇 부품이 담긴 포장된 상자를 비춘다. 이 부모는 새 부품과 일부 재활용 부품(예컨대 할아버지의 안구 등)을 가지고 아이를 조립하기 시작한다. 아이를 생산하는 이 노동은 자연보다는 문화를 통해 공유되고 자구책으로 만들어진다는 점에서 퀴어하다. 유쾌한 결말부에서 어머니 로봇은 아버지 로봇에게 키트와 함께 배달돼 온 '예비용 부품'이 무엇인 것 같냐고 묻는다. 아버지 로봇은 우리가 사내아이를 원했잖아?라고 대답하고, 남근을 제자리에 망치질

그림4. 〈헷지〉, 팀 존슨 연출, 2006.

"집단적 사고."

해 박는다. 사회적 구성에 대한 어떤 패러디처럼 이 어린이용 영화 역시 체현embodiment을 부분들의 아상블라주로 상상하며, 일부는 선택적이고 일부는 교체 가능한 것으로 여긴다. 실제로 영화 뒷부분에서 어린 소년 로봇은 누이의 옷을 입고 있기도 하다.

애니메이션화된 자아는 영구적이고 자연적인 인간성이라는 개념을 해체할 수 있게 해준다. 인간이라는 개념은 이야기가 전개되며 이런저런 형식으로, 대개는 고유성에 대한 욕망, 노동이나 타자와 맺는 관계에서 소외되지 않는 특성, 자유롭다는 환상 등으로 되돌아오는 경향이 있다. 그러나 조립된 로봇 자아라는 개념은 이 영화를 해러웨이식 사이보그의 계보 속으로 데려간다. 〈로봇〉에서 사이보그 메타포는 재활용과 변형에 관한 훌륭한 정치적 알레고리로 확장된다. 지배적인 어머니, 못된 아들, 무능한 아버지로 이루어진 사악한 오이디푸스 삼각관계(옛날이야기와 애니메이션에서 흔하게 나타난다)로 작동되는 거대 기업이 일부 로봇을 단종시키고 새 모델을 도입하려 하자, 로드니는 로봇시티로 가서 구형 모델이 재활용 가능하고 변형 가능하다고 주장한다. 로드니 역시 오이디푸스 삼각관계(선한 어머니, 용감한 아들, 임종이 가까운 아버지)에 속해 있지만, 니모처럼 가족을 포기하고 더 큰 집단과 힘을 모을 때 그는 비로소 강해진다. 이처럼 조립된 자아라는 관념, 그리고 그것이 다중과 늘 변화하며 즉흥적인 관계를 맺는다는 생각은 궁극적으로 사회성sociality에 관한 반인간주의적 이해에

그림5. 〈로봇〉, 크리스 웨지 연출, 2005.

"아기 만들기!"

의지하며, 또 그것을 유통시킨다.

　모든 애니메이션이 다 휴머니즘의 덫에 저항하는 건 아니며, 따라서 모든 애니메이션이 내가 픽사반란이라고 부르는 장르에 편안하게 들어맞는 것도 아니다. 픽사반란류 영화가 단순히 화소화된 것과 구별되는 점은 무엇일까? 한 가지 설명은 혁명적 자아들의 집합과, 충분히 실현된 개인성이라는 더 관습적인 개념 간의 차이에 기반한다. 픽사반란 장르가 아닌 애니메이션 영화들은 집단보다 가족을, 사회적 유대보다 인간의 개성을, 다양한 공동체보다 비범한 개인들을 선호한다. 예를 들어 〈인크레더블〉(2004)은 소위 중년 남성의 위기에 관한 영웅적 드라마의 틀 안에서 이야기를 쌓아올리며, 초라한 대중의 일원에 걸맞도록 자신이 지닌 슈퍼파워를 억누르려는 사회적 압력에 저항해야만 하는 특별한 이들에 대한 아인 랜드[21]식 혹은 사이언톨로지교[22]식 관점에 몰두한다. 비슷하게 〈해피 피트〉도 개인주의와 운명을 같이하며, 공동체와 어울리지 못하는 듯했던 펭귄의 모습에서 영웅적 주인공을 만들어낸다. 종국에는 공동체가 당연히 그를 포함하도록 확장되지만, 그 과정에서 슬프게도, 서로 구별될 바 없던 펭귄들은 '자기 자신이 되는' 법

21　[옮긴이] 아인 랜드(Ayn Rand, 1905-1982). 러시아 태생의 미국 소설가이자 시나리오 작가. 1917년 볼셰비키혁명으로 재산을 당에 몰수당했고, 미국의 개인주의에 매료되어 1926년 미국으로 건너갔다.

22　[옮긴이] 사이언톨로지교(Scientology)는 1953년 미국에서 창시된 신흥 종교로, 인간이 영적 존재라고 믿으며 과학기술을 통한 정신 치료를 믿는다.

을 배워가며 각자의 중요성에 관해 귀중한 깨달음을 얻는다. 물론 펭귄들이 정말로 자기 자신, 즉 펭귄으로 있었다면 영화에서처럼 검은 얼굴로 [미국의 펑크 밴드] 어스 윈드 앤드 파이어의 노래를 부르거나 영혼의 단짝을 찾아다니는 일 따위는 없었을 것이다. 그러는 대신 이상한 소리로 꽥꽥거리며 한 해 동안 짝 하나와 함께 지내고는 홀쩍 떠나버렸을 터.

〈헷지〉, 〈로봇〉, 〈니모를 찾아서〉 등의 픽사반란 영화에서 다름에 대한 욕망은 '자신이 되어라'라는 신자유주의적 정서라든가 '놀라운' 능력을 가진 이들을 위한 특별한 개인주의와 연결되지 않는다. 오히려 그 영화들은 개인주의를 이기주의, 속박되지 않는 소비와 연결하고, 집단적 감수성으로 그것에 반대한다. 픽사반란 장르가 될 수도 있었을 영화를 길들여진, 관습적인 만화로 만드는 두 가지 주제가 있다. 바로 과도한 핵가족 강조, 그리고 커플 간 로맨스 규범에의 몰두가 그것이다. 저항성 없는 관습적 애니메이션과 달리 픽사반란 영화들은 주된 관객이 어린이라는 점, 그리고 어린이는 어른이 몰두하는 것에 별로 관심 두지 않는다는 점을 잘 알고 있는 듯하다. 어린이들은 커플을 이루지도 로맨스를 품지도 않고, 종교적 도덕성을 갖고 있지 않으며, 죽음이나 실패를 겁내지 않고, 다만 집단적 존재이며, 지속적으로 부모에게 맞선 반란 상태에 있고, 자신들의 영역에서 주인이 아니다. 아이들은 실수하고 갈팡질팡하고 실패하고 넘어지고 다친다. 아이들 주변엔 온통 다름이 있으며, 아이들은 자신의 몸을 통제하거나 삶을 책임지지 못하고, 자신이 직접 만든 것이 아닌 스케줄에 따라 살아간다. 픽사반란 영화는 꼬마들을 위한 승리의 애니메이션 세계를 선사하는데, 그것은 아버지의 비즈니스 세계와 어머니의 가사 영역에 맞서는 혁명이다. 사실 〈로봇〉, 〈몬스터 주식회사〉, 〈니모를 찾아서〉, 〈헷지〉에서처럼 대개의 경우 어머니는 이미 죽어 있고 아버지는 쇠약해져 있긴 하지만 말이다. 이런 영화에서 젠더는 유동적이거나 모호하고(〈니모를 찾아서〉의 트랜스섹슈얼 물고기, 〈꼬마 돼지 베이브〉[1995]의 다른 종으로 정체화된 돼지 등), 섹슈얼리티는 무정형적이고 다형적이며(스펀지밥이나 패트릭의 동성애적 관계, 월리스나 그로밋의 가정 내 동성애 성향 등), 노동과 종 다양성에 측면에서 계급이 분명하게 표시되며, 신체적 능력은 자주 이슈가 된다(니모의 작은 지느러미, 슈렉의 거대한 체구 등). 오직 인종만이 너무 자주 익숙하고 전형적인 방식으로 형상화된다(〈헷지〉에서 과도하게 성적으로 묘사되는 '아프리카계 미국' 스컹크, 〈슈렉〉[2001]의 '아프리카계 미국' 당나귀 등). 인종을 다른 방식으로 생각할 수 없는 한계가 있긴 해도, 나는 이런 영화들이 대안을 상상하는 새로운 공간을 애니메이션으로 만들어냈다고 생각한다.

시앤 나이가 『못난 감정들』의 인종과 '생동성animatedness'에 관한 장에서 지적했듯, '생동성'은 특히 인종에 관해서는 더욱 양가적인 재현 양식이다. 왜냐하면 그것은 '발화'와 복화술의 이데올로기적 조건을 드러내기도 하지만, 비인간 주체들에게 생기를 부여하려고 희화화caricature와 과잉excess에 붙박인 채 그로테스크한 스테레오타입을 재천명하겠다고 위협하기 때문이다. 나이는 흑인 비중산층 공동체를 다루는, 에디 머피가 만든 TV 애니메이션 시리즈 〈피제이스〉(1999)의 모순을 논한다. 그는 이 프로그램의 기획 배경과 변천사, 시청자 반응을 꼼꼼하게 분석하며 이 인형들이 불러일으킨 일련의 반응, 대개 부정적인 반응, 비평가들이 이 프로그램이 부활시켰다고들 비판한 인종적 희화화와 인형극의 조악함에 집중되어 있는 반응을 소개한다. 나이는 이미지가 추하다는 비난에 대한 응답으로, 실제로 이 프로그램이 "그로테스크하거나 추한 것을 과장, 조야함, 왜곡의 강력한 미학으로서 되찾으려는 야심찬 시도를 통해 텔레비전이라는 매체에서 인종을 재현하는 새로운 가능성을 보여주었다"라고 평한다.[23] 그는 〈피제이스〉의 준열한 사회 비판과 그것이 지닌 흑인 대중문화에 관한 상호텍스트적 참조 체계를 문자적으로나 비유적으로나 엄격함과 유연함의 관계를 이용하는 스톱모션 기법과 관련해 검토한다. "〈피제이스〉는 사회적 역할에 거주하는 여러 방식이 있음을 일깨워준다. 그에 따라 실제로 역할의 경계를 비틀고, '역할'의 지위를 그저 제한하고 제약하는 것에서 인간의 행위주체성을 위한 새로운 가능성이 탐구될 여지가 있는 장소로 바꿔낼 수 있다."[24] 〈해피 피트〉가 나이가 독해하는 〈피제이스〉와 같은 방식으로

<hr />

23   Sianne Ngai, *Ugly Feelings*, 2005, p. 105.
24   같은 책, p. 117.

엄격함과 유연함 간의 긴장을 이용하지는 않는다는 것은 명백하다.

픽사반란 영화들은 다른 애니메이션 세계뿐 아니라 다른 동물들의 세계에서 몸과 섹슈얼리티, 젠더의 이상함을 인식하는 것이 얼마나 중요한지를 보여준다. 〈니모를 찾아서〉의 물고기와 〈치킨 런〉의 닭들은 남성과 여성을 둘러싼 새로운 의미를 생산해낸다. 예컨대 전자에서 말린은 양육자이지만 아버지는 아니며, 후자에서 진저는 로맨스를 추구하지만 그것을 위해 정치를 희생시키지는 않으려 한다. 닭들의 사회가 전부 여성으로 구성되어 있기에, 이 유토피아적 환상에는 예견되지 않은 페미니즘적 함의가 있을 수 있다. 그러나 〈치킨 런〉은 그 영화 속 동물계의 상징들을 탐구하는 몇 안 되는 애니메이션 중 하나다. 역시 여성으로만 구성된 개미와 벌을 등장시키는 다른 영화들은 이러한 사회적 곤충계를 이용해 인간의 이야기를 하려 하며 기대에 못 미친다.

제리 사인펠드를 주연 목소리로 등장시키는 픽사의 〈꿀벌 대소동〉(2007)을 보자. 분명히 영화는 자본주의적 착취에 맞선 집단적 저항의 서사를 발견하려는 우리의 기대에는 부응한다. 로저 이버트 같은 자유주의적 비평가마저도 이 영화가 좀 이상한 마르크스주의적 요소를 품고 있다고 쓴 바 있다. "배리 (사인펠드의 목소리가 연기하는 벌)가 인간 사회에서 발견하는 것은 대부분, 놀랍게도, 인간들이 벌에게서 꿀을 훔쳐 가 자기들이 먹는다는 사실이다. 배리와 그의 절친 애덤은 최악의

그림6. 〈꿀벌 대소동〉, 스티브 히크너, 사이먼 J. 스미스 연출, 2007.

"드론과 여왕들."

강제노동수용소처럼 보이는 양봉장을 방문한다. 그들이 즉각적으로 분석한 인간과 벌 사이의 경제적 관계는, 그들이 그 용어를 알기만 했더라면 다른 말이 필요 없는, 즉 마르크스주의다." 그리고 실상이 그러하다. 배리는 벌집에서 매일 같은 일을 하는 데 만족하지 않고 일벌 대신 수분 매개자가 되기로 결심한다. 그러나 바깥 세계에 나간 그가 알게 된 것은 벌들이 만드는 꿀이 인간에 의해 수확되고 포장되고 판매되는 한 벌집에서의 모든 노동은 무가치하다는 사실이었다. 배리는 이 착취적 상황을 바로잡을 매우 비마르크스주의적 접근법의 하나로, 인간을 상대로 소송을 제기하고 그 과정에서 인간과 낭만적 관계를 맺고 친구가 된다. 트랜스생물학적 종간 섹스 시나리오가 만들어질 수도 있을 찰나, 배리와 인간의 로맨스는 동성성애 성향을 지닌 벌떼가 이성애화되는 수단이 되고 만다.

의도치 않게 노동과 이윤, 노동 소외에 대한 공산주의적 비판을 피해 가면서도, 〈꿀벌 대소동〉은 효과적으로, 또 의도적으로 벌이 지닌 퀴어한 젠더적 특성을 마초적인 수분 매개자, 집요한 남성 노동자, 여성 가사노동자로 구성되는 남성적 플롯으로 대체한다. 그러나 나탈리 앤지어는 『뉴욕 타임스』 과학 섹션에서 다음과 같이 지적한다.

사인펠드의 '꿀벌 영화'는 곤충 사회의 기초적인 복잡성을 걸러냄으로써 〈개미〉에서 우디 앨런의 목소리가 연기하는 투덜이 일개미 혹은 〈벅스 라이프〉에서 데이브 폴리의 목소리가 연기하는 서투른 수탈자 개미처럼 페로몬을 한껏 풍기는 방식을 따른다. 곤충들이 크리스 록처럼 말하고 필리스 딜러의 모자 같은 걸 쓰고 나오는 만화영화에 대해 생물학적 부정확성을 거론하는 게 웃기는 일일 수도 있겠다. 하지만 자연적 성비가 대충 50 대 50인 마당에 할리우드의 쥐나 흰동가리, 펭귄, 사자, 하이에나, 그 밖의 비교적 몸집 큰 짐승에 관한 가족용 애니메이션에서 캐릭터의 압도적 다수가 남성인 것은 너무하지 않은가? 심지어 일벌이나 병정개미같이 암컷일 수밖에 없는 개체들조차 성전환 수술을 받았단 말인가? 게다가 실제 수컷 사회적 곤충의 삶도 충분히 스릴 넘치고 감동적이고 만화 같아 꾸며낼 필요가 없는데 말이다.[25]

앤지어는 이어서 벌들 중 5퍼센트만이 수컷이라는 점을 들며 수벌의 터무니없는 생애주기를 자세히 설명한다.

수컷 꿀벌의 형체는 그가 가진 유일한 기능에 대해 말해준다. 수벌은 여왕벌을 찾는 데 도움이 되는 커다란 눈과 여왕벌의 냄새를 맡게 해주는 더듬이를 가지고 있지만, 그 외에는 생존에 불리한 몸을 갖고 있다. 수벌은 성체기가 되면

---

25   Natalie Angier, "In Hollywood Hives, the Males Rule," *New York Times*, 13 November 2007, Science section.

며칠간 벌집에 남아 외골격이 벗겨지고 날개 근육이 성장할 때까지 기다려야 하는데, 그러는 동안 누이들에게 먹이를 구걸하고, 따라서 게으름뱅이drone[26]라는 자신의 오명에 어울리는 삶을 산다. … 수벌이 여왕벌에게 정자를 전하면 그의 작은 '내음경endophallus'은 떨어져나가고 수벌 자신은 땅으로 추락한다. 한 번의 혼인비행으로 여왕벌은 20마리의 수벌에게서 정자를 받아 자기 몸속에 저장하는데, 긴 수명 동안 충분히 산란하고도 남을 정도다.

앤지어는 극적으로 글을 맺는다. "교미에 성공한 수컷은 죽은 수컷이고, 패자는 비틀거리며 집으로 와 먹이를 구걸하고 다음날 다시 시도한다." 곤충들의 삶에 대한 대중과학의 성찰이라기보다는 사회 변혁에 관한 밸러리 솔래너스의 선언문[27]처럼 들리는 앤지어의 글은 젠더, 성, 노동, 쾌락과 관련해 다른 동물계가 가진 본질적으로 이상한 변이 형태를 포착하고 있다. 픽사반란 장르 애니메이션에는 그런 변이 형태가 종종 등장하지만, 〈꿀벌 대소동〉처럼 반란 성향이 덜한 영화에서는 그렇지

---

26 [옮긴이] 꿀벌 중 수벌을 뜻하는 영어 단어 'drone'에는 '게으름뱅이'라는 뜻도 있다.

27 [옮긴이] 미국의 급진적 페미니스트인 밸러리 솔래너스(Valerie Solanas, 1936–1988)는 "SCUM Manifesto"라는 선언문을 통해 정부를 전복하고, 화폐제도를 제거하고, 완전 자동화를 도입하고, 남성을 제거할 것을 주장했으며, 앤디 워홀 살인 미수 사건의 범인으로 알려져 있다.

않다.

　나는 벌들의 퀴어함과 동물의 사회성에 관한 모든 알레고리적 서사가 지닌 잠재적 퀴어함이라는 주제로 돌아가, 끝없는 인간 예외주의 서사 대신 '창의적 의인화'를 옹호하면서(훨씬 더 창의적인 방식의 의인화라면 우리를 예상치 못한 방향으로 이끌 수 있음에도 인간 예외주의는 일상적이고 진부한 형태로만 의인화를 사용한다) 이 장을 끝맺고 싶다.『히드라』에서 라인보와 레디커가 제시한 히드라의 모델처럼,『다중』에서 하트와 네그리는 떼swarm 개념을 통해 통제 불능의 대중이라는 다수성으로 인간의 특이성을 전복하려 봉기하는 실제의 혹은 상상된 괴수로서의 반대 집단을 상상해낸다. 창의적 의인화를 실천하려면 우리는 동물과 괴물을 비롯한 다른 생명계를 참조 삼아 우리가 갖지 못한 저항 모델을 만들어내야 한다. 수년간 많은 정치평론가가 주목한 것처럼 벌들은 집단 행동의 한 가지 모델[28]이자 탁월한 사회적 동물을 표상한다. '한 마리의 벌은 벌이 아니다Ulla apis, nulla apis'라는 속담은 본질적으로 '정치적'이고 '집단적'인 벌의 정체성을 특징짓는다. 오랫동안 벌은 국가권력의 박애정신(베르길리우스), 군주국의 권력(셰익스피어), 청교도적 노동 윤리의 효능, 정부의 질서 정연함 등[29]의 본보기로 재현되며 정치적 공동체를 나타내는 데 사용되어왔다.

28　　Claire Preston, *Bee*, 2005.
29　　같은 책.

그러나 벌은 또한 군중이 지닌 위력, 무정부주의적 괴물, 파시즘적 순응성, 공산주의가 제시한 영혼 없는, 조직된 노동 구조, 가모장적 권력의 잠재적 무자비함(암컷인 일벌들에 의한 수벌 축출)을 재현해오기도 했다. 최근에는 벌들이 글로벌 자본주의에 반대하는 몇몇 운동에 대한 유비로 사용되었다. 네그리와 하트도 벌이나 개미의 유비를 사용해 유기체와 무기체를 결합하고 "치안 주권국"의 체제에 맞서 저항하는 "네트워크를 이룬 떼" 개념을 제시한다. 떼는 일원화된 적이라기보다 대중mass으로 나타나며 명확한 목표를 제시하지 않는다. 단일한 초개체superorganism로 생각할 때, 그것은 정확히 포착하기 힘들고, 수명이 짧으며, 예측을 비껴간다. 개미처럼 사회적 곤충인 벌은 정치적 삶에 관한 고도로 세련된 다기능적 모형을 제공해준다. 영화에서도 벌은 친구 혹은 적으로 등장하는데, 몇몇에서는 공격적인 아프리카계로(〈치명적인 무리〉[2003]), 공산주의자이자 무리짓는 존재로(〈스웜〉[1978]), 지성적이자 치명적인 존재로(〈벌〉[1978]) 등장한다. 벌들은 전투적 환경운동가로서 인간을 공격하고 뉴욕의 유엔사무국 건물에 운집했다가 자신들을 동성애자로, 여성으로, 위험한 자로 만드는, 인간이 만든 바이러스 때문에 결국 흩어진다(〈여왕벌〉[1955]). 〈벌 여인들의 습격〉(1973)에서는 '벌 여인'이 섹스 후 상대 남자를 죽인다. 무엇보다, 벌은 대개 여성이고 퀴어하며, 아기가 아닌 중독성 강한 꿀을 생산하는 데 여념이 없다. 생물학이 재생산과 가부장제에 복무하지 않을 때, 여기서 발견되는 트랜스생물학적 요소는 젠더에 관한 대안적 의미를 갖는다.

대안적 존재 방식에 관한 꿈은 종종 유토피아적 사고와 혼동된 다음, 근대 권력의 속성을 나이브하거나 단순하게 혹은 뻔하게 오해한 것으로 치부되곤 한다. 하지만 다른 존재 방식, 다른 인식 양태, 정의와 불의가 다르게 배치되는 세계, 돈과 노동, 경쟁 대신 협력과 교역, 공유를 더 중시하는 존재 양태가 가능하리라는 믿음은 모든 종류의 지식 프로젝트를 활성화하며, 이는 불필요하거나 나이브한 것으로 치부되어서는 안 된다. 예컨대 〈몬스터 주식회사〉에서 공포는 재벌들에게 수익을 내주며, 아이들의 비명은 실제로 몬스트로폴리스시의 전력 공급원이 된다. 엘리트 통치자들이 몬스터를 생산해 사람들에게 겁을 주어 조용히 있게 만드는 한편 악랄한 계획에 따라 이윤을 창출하는 내용의 이 영화는 9·11 이후의 삶에 관한 일종의 예언적 비전을 제시한다. 공포와 이윤을 이처럼 직결시키는 시도는 불안한 포스트모던 시대에 만들어지는 성인 대상 영화보다 어린이용 영화에서 더 잘 시사된다. 애니메이션을 냉소적으로 독해하는 일은 언제나 다음과 같은 생각으로 돌아오기 쉽다. 즉, 까다로운 주제가 어린이용 영화에서 제기되는 까닭은 그것이 다른 곳에서 논의될 필요가 없도록, 그리고 반란의 정치학이 미성숙하고, 전오이디푸스적이고, 유치하고, 바보 같으며, 환상에 가깝고, 실패에 기반하는 것으로 여겨지도록 하기 위한 것이다. 그러나 우리가 더 역동적이고 더 근본적으로 애니메이션을 다룬다면, 반란이 현재 진행 중이며 아이들의 환상을 구현하는 새로운 테크놀로지가 반란의 애니메이션을 제작하는 것 이상의 일을 해낸다는 사실을 잘 이해할수 있다. 새로운 테크놀로지는 반란을 애니메이션으로 만드는혹은 반란을 고무하는 강력하고도 실질적인 가능성을 우리에게 제공해준다.

2장. 야, 내 팔루스 봤냐?
─ 잊기, 잃기, 반복하기

망각 없이는 행복도, 명랑함도, 희망도, 자긍심
도, 현재도 없다는 점이 곧장 분명해질 것이다.
─ 니체, 『도덕의 계보』

어리석음은 물질성을 초과하고 능가하며, 제멋대
로 돌아다니고, 몇 판 이기고, 물러나고, 부인否認
의 손아귀에 들려 집으로 보내지고, 그러고는 되
돌아온다. 본질적으로 고갈되지 않는 성질과 연
결되어 있는 어리석음은 지식을 지치게 하고 역
사를 마모시키는 것이기도 하다.
─ 아비탈 로넬, 『어리석음』

패트릭: 지식은 절대 우정을 대체할 수 없어! 난
차라리 얼간이가 될래!
스펀지밥: 너는 그냥 얼간이가 아니야, 패트릭.

년 내 친구야!

— 〈스펀지밥〉, 시즌 4, 에피소드 68, '패트릭 스마트 팬츠'

〈니모를 찾아서〉에서 다소 히스테리컬한 물고기 말린은 아들인 니모를 찾아 미친 듯이 헤엄치다가 자신에게 도움이 될 법해 보이는 도리라는 이름의 푸른색 물고기를 마주친다. 엘런 드제너러스의 목소리가 연기하는 도리는 말린에게 니모가 어디 있는지 안다고 말하곤 앞장서 헤엄쳐 간다. 하지만 몇 분뒤 도리는 기력을 잃고 빙글빙글 돌며 이따금씩 의아하다는 표정으로 어깨 너머 말린을 돌아보기 시작한다. 마침내 도리는 말린 앞에 멈춰 서서 왜 자신을 따라오냐고 묻는다. 당황하고 화가 난 말린은 니모가 있는 곳으로 데려다주기로 하지 않았느냐고 도리에게 되묻는다. 그러나 도리는 아무것도 기억하지 못한 채 자신이 단기 기억상실을 겪고 있다고 이야기한다. 이때부터 도리와 말린은 덧없고, 일시적이고, 규정하기 힘든 성질의 퀴어한 시간 양태를 형성하는데, 그것은 기억의 가장자리에 있는 인식 유형이다. 최근의 경험이 항상 먼 그림자처럼 느껴지는 도리는 사건을 과거에서 현재로 이어지는 연속적 서사로서 상기하지 못하고, 순간적이거나 단편적인 형태로만 기억한다. 그런 순간적이고 단편적인 기억을 가졌음에도 도리는 히스테리컬한 말린을 데리고 해파리, 상어, 거북 떼를 헤치고 바다를 가로질러 시드니항으로, 그리고 니모가 생포되어 있는 치과까지 간다. 도리는 일관성이라든가 선형적 서사 혹은 연속적 진행과는 달리 독립적으로 작동하는, 퀴어하고 유동적인 인식 유형을 재현한다. 어떤 기준에서는 어리석거나 무지하고 바보 같거나 우스꽝스럽다고 여겨질 수 있지만, 궁극적으로 그 우스꽝스러움은 도리를 새롭고 다른 관계와 행동으로 이끈다. 이 장에서 나는 망각과 연관되는 이상하고 어리석은 행동과, 종종 어리석음으로 오해되는 능동적, 수동적 망각에 대해 이야기하려 한다. 각 시나리오에서 특정한 종류의 부재—기억의 부재 혹은 지혜의 부재—는 새로운 인식 유형을 도출해낸다.

어리석음은 관습적으로 주체의 자리에 따라 각기 다른 것을 의미해왔다. 예컨대 백인 남성의 어리석음은 새로운 지배 양태를 의미할 수 있지만, 인종을 막론하고 여성의 어리석음은 그들이 '거세된' 혹은 장애가 있는 상태임을 나타내기 마련이다. 생산적인 실패라는 주제의 측면에서 보면, 어리석음과 망각은 서로 밀접하게 연관되어 시간, 진실, 존재, 삶, 죽음과 관련한 새로운 존재 방식을 열어준다. 뒤에 도리의 망각에 관한 이야기로 되돌아갈 텐데, 우선은 어리석음에 관한 기본 전제부터 짚어보려 한다.

멍청함

멍청함stupidity은 일반적인 지식 형성만큼이나 깊이 젠더화되

그림7. 〈니모를 찾아서〉, 앤드루 스탠턴 연출, 2003.

"퀴어 물고기."

어 있다. 그래서 남성의 무지가 때로 남성적 매력의 일부로 여겨지는 반면 여성의 무지는 결핍을 나타내고, 그에 따라 어쨌거나 남성에게 특권을 부여하는 사회질서가 정당화된다. 사회는 여성의 멍청함을 처벌하는 한편으로 그것을 자연화하지만, 백인 남성의 멍청함은 용서할 뿐 아니라 잘 알아차리지도 못하게 한다. 백인 남성성은 지배, 지혜, 거대서사와 가장 자주 연관되는 정체성이기 때문이다. 다시 말해, 영화나 소설에서 백인 남성 인물이 어리석거나 무지하게 그려지더라도 이내 그것은 취약함이라는 유리한 형태로 바뀌어 전반적으로는 그가 매력을 가진 것으로 반전된다. (제임스 L. 브룩스가 연출한 1997년작 〈이보다 더 좋을 순 없다〉에 나오는 잭 니컬슨의 캐릭터를 떠올려보라.) 우리가 지식을 백인 남성과 연관지어 자연화하는 방식을 보여주는 제이디 스미스의 유쾌한 소설 『온 뷰티』에서도 무지한 백인 남성에 관한 구체적인 사례를 확인할 수 있다. 이 소설은 결코 인종적 비판을 하지는 않지만 확실히 자신이 지배권을 쥐는 것을 당연시하는 백인 남성 영웅을 처벌한다. 이 소설은 거의 대놓고 하버드를 연상시키는 웰링턴이라는 이름의 뉴잉글랜드 소재 대학에서의 생활에 관한 드라마를 그리며 삶과 인종, 정치학에 관한 질문을 도출한다. 소설은 무지하지만 통제권을 쥔 백인 남성 주인공 하워드가 결정적인 순간에 수치스러운 결말을 맞게 한다. 평자들은 제이디 스미스가 일레인 스캐리의 『아름다움과 정의로움에 대하여』에서 제목을, E. M. 포스터의 『하워즈 엔드』에서 줄거리를 차용했음과 함께, 스미스의 소설이 아름다움과 정의는 연관돼 있으며 하나가 다른 하나를 도출한다는 스캐리의 믿음, 그리고 인간이 진실과 맺는 다소 모호한 관계에 대한 포스터의 찬양 저변에 깔린 인문학적 주제에 바치는 헌정 소설이라는 점을 지적한 바 있다. 그럼에도 『온 뷰티』는 스캐리와 포스터가 암시하는 바에 대한 긍정과는 완전히 다른 방향으로 독자를 이끈다. 실제로 『온 뷰티』는 지배 집단(웰링턴 대학의 경우 백인 남성 학자들)이 학계와 그 밖의 곳에서 자신들이 시대착오적 지식에 몰두하는 걸 정당화하고자 스스로 대는 뻔한 알리바이를 전부 뒤집는다. 따라서 렘브란트를 참조하며 천재성이라는 개념을 해체하는 책을 쓰면서도 하워드는 계속해서 천재성이란 게 실제로, 특히 자기 자신 안에 존재한다는 듯이 군다. 하워드는 자신의 지성이 너무나 자명하고 그 자체로 권한을 가지기 때문에 자신은 그것을 돋보이게 할 책을 쓸 필요가 없다고 믿는다.

스미스는 서사를 전개시키면서 하워드에게 일련의 희극적인 굴욕을 주는데, 그중 어느 것도 그를 겸손하게 만들거나 자신의 대단함과 매력에 대한 그의 굳건한 믿음을 흔들지는 못한다. 결말부에서 그는 자신의 학문적 삶에서 가장 중요한 저작이자 죽지 않는 천재성의 증거인 '대작'을 청중 앞에 내보인다. 아프리카계 미국인이자 별거 중인 자신의 아내 키키와 아이들을 포함한 청중은 하워드가 말할 거리를 별로 갖고 있지 않다는 점이 분명해짐에 따라 점점 더 마음이 불편해진다. 사실 짤막한 미완의 연설 대본을 차 뒷자리에 두고 내린 그는 발표할 것이 없으며, 자신을 쳐다보며 앉아 있는 청중 앞에서 그저 파워포인트 슬라이드를 넘기면서 렘브란트의 그림을 보여줄 뿐이다. 청중 몇몇은 당황해서 앉은 자세를 뒤척였지만, 나머지는 하워드가 보여주는 슬라이드의 단순한 '배열'에서 기어이 그의 명석함을 읽어내려 애쓴다. 결국 하워드의 말로末路는 이런 식이다. 이는 천재성에 관한 백인 남성의 기준을 중심으로 조직된, 그리고 아름다움과 정의가 직접적으로 연결돼 있다고 믿는 인종 특정적인 대학 모델 안에서 제도화된, 특정한 인식 및 존재 방식의 종언을 의미한다. 하워드의 말로는 취향과 가치를 승인하는 제스처의 끝이며, 사실상 규율 그 자체의 종말이자, 이미, 그간 계속해서, 확정적으로 규율을 대체해온 다양한 형태의 예속된 지식이 시작되는 지점이다.

하워드가 별 내용 없이 슬라이드를 딸깍거리며 넘기는 와중에도 여전히 청중 가운데 몇몇 팬을 꾀는 광경은 지난 천 년간의 수많은 여타 얼간이를 떠올리게 한다. 짧게 잡아 조지 W. 부시가 대통령으로 당선된 2000년도부터 미국인들은 남성과 어리석음의 영웅적인 조합에 점점 더 현혹되고 있음을 내보여 왔다. 2004년의 대선이 증명했듯, 멍청하다는 것은 지적 엄밀성을 과도한 교육 수준, 엘리트주의, 워싱턴 내부자 지위를 가리키는 기호라고 여기는 '사람들'에게 동조한다는 뜻이다. 많은 비평가가 지적한바, 누구도 전직 대통령의 아들이자 플로리다 주지사의 형인 조지 W. 부시보다 더 워싱턴 내부자일 수는 없다. 그렇다 해도, 두 번의 선거운동에서 부시는 포퓰리즘적 버전의 멍청함을 트레이드마크로 내세우고 자신을 소박한 사내이자 함께 바비큐 파티하기 좋은 유쾌한 이웃, 남자들의 친구, 예일대에 입학할 만큼 특권을 가졌음에도 C학점밖에 못 받을 정도로 '현실적인' 학생으로 팔았다. 다시 말해 자기표현에 서툴고, 외국어도 못 하는 바보여서, 점점 더 교육률이 떨어지는 대중들에게 팩트나 숫자, 어림없는 개념들로 혼란을 주려 하지 않으므로 백악관에 앉히기에 가장 확실하게 안전한 사람이라고 여겨졌던 것이다. 선거에서 그의 맞수였던 존 케리는 프랑스어에도 능하고 교육을 많이 받았으며 언변도 좋아서, 모든 면에서 매우 의심스러웠다.

알다시피 남성지배적 문화에서 여성은 멍청할 것으로 기대될 때가 많고, 골디 혼부터 제시카 심슨까지 유명인들이 백치미 덕분에 보상받는 경우를 흔히 보기 때문에, 일부는 멍청함을 계발하기도 한다. 멍청한 여성들은 남성들이 더 크고 낫고 똑똑하다고 느끼게 해준다. 그런데 대체 북미에서 멍청한 남자의 매력이란 무엇이며, 어째서 남성의 멍청함은 권력 상실로 이어지지 않는 것인가? 남성의 멍청함은 상대를 무장 해제시키거나(애덤 샌들러), 매력적이거나(제리 루이스), 편안하거나(조지 W. 부시), 순수한(〈엘프〉[2003]에서의 윌 페럴, 여타 영화에서의 톰 행크스) 성품을 표현한다고 여겨진다. 남성의 멍청함은 바보 같은 웃음 뒤에 놓인 권력 의지를 가리며, 페미니즘적 비판을 내면화하기라도 한 것처럼 위장한다. 영화에 등장하는 대책 없이 멍청한 남자들은 대개 자신을 이끌어주고 가르치고 개화시켜줄 당차고 지적인 여자를 필요로 하는데, 이 점은 그들의 관계를 구조화하는 젠더 불평등을 가린다.

남성의 멍청함은 사실상 새로운 형태의 마초성이며, 그것은 대안적 남성성이 어느 정도 그 가치를 인정받게 되면서 나타난다. 아방가르드 영화냐 대중적인 영화냐는 별로 중요치 않은데, 어느 쪽이더라도 남성의 무지는 그들의 권력을 떠받치기 때문이다. 평단의 찬사를 받은 페드로 알모도바르의 여성 혐오적 걸작 〈그녀에게〉(2004)는 남성의 멍청함이 두 명의 재능 있는 여성을 완전히 죽여버린, 미학적으로 복잡한 작품이다. 우선, 한 발레 무용수와 한 여성 투우사가 각자의 사고로 혼수상태에 빠진다. 그다음, 매력 없고 눈에 띄지도 않는 두 명의 남성 구애자가 말없이 누워 있는 그들의 몸에다 구애하는 동안 그들의 혼수상태인 몸은 배경이 된다. 남주인공들이 결점이 있고 심지어 범죄자이며 기만적이고 음흉하다는 점이 드러나지만, 영화는 여성들을 무력하고 단순하며 말 없는 존재로 둔 채 여전히 그 남성들에게 집중한다. 즉 멍청함은 복잡함으로 통하고, 남성의 복잡함은 또다시 여성의 단순함을 필요로 하는 셈이다.

혹자는 〈그녀에게〉가 멍청함을 여성에게 투사해 남성의 멍청함을 구원하는 여성 혐오에 몰두하는 게 아니라 그것을 기록하는 것이라고 주장할 수도 있지만, 비슷한 주제를 다룬 다른 영화들은 '너무 많이 사랑하는' 여성들의 심금을 울리도록 고안된 남성적 파토스의 양식(가련한 멍청함)과 남성 간 유대가 치명적으로 연결돼 있음을 분명히 보여준다. 이런 '남성의 멍청함'을 보여주는 아주 적절한 예로, 세계적 찬사를 받은 오스카상 후보 〈사이드웨이〉(2004)를 들 수 있다. 영화는 소심하고 지나치게 똑똑한 루저인 '마일스'와 틀림없이 멍청한, 시들어버린 마초 배우 '잭'을 짝짓고, 시골 와인농장으로 떠난 그들의 여행을 와인, 여자, 지혜를 탐색하는 여정으로 그리는데, 여자들은 그들을 우선 와인으로, 그다음 지혜로 접근하게 해준다. 영화는 남성의 취약함을 폭로하거나 남성의 멍청함을 조롱하거나 남성의 오만을 해부하는 듯 보이지만, 결국에는 코미디 듀오 딘 마틴과 제리 루이스, [〈내일을 향해 쏴라〉의] 부치 캐시디와 선댄스 키드, 〈내 차 봤냐?〉의 제시와 체스터처럼 멍청하고 잘생긴 남자와 똑똑하고 못생긴 남자의 조합을 상기시키며 다른 버디 무비와의 차별성을 잃는다. 그러면서도 〈사이드웨이〉는 남성의 멍청함이 남성의 취약함을 대체하게 하고, 남성의 취약함이 똑똑한 여성들에게 거부할 수 없는 매력인 듯 그려냄으로써 대안적 남성성에 관한 영화인 양 위장한다.

실로 〈내 차 봤냐?〉(2000)처럼 인기 있는 '얼간이' 영화들은 남성의 멍청함과 사회적 권력, 인종, 계급, 젠더의 관계에 대해 지적인 영화들보다 훨씬 더 정교한 이해를 보여준다. 〈내 차 봤냐?〉나 〈미 마이셀프 앤드 아이린〉(2000), 〈엑설런트 어드벤처〉(1989), 〈오스틴 파워〉(1997), 〈덤 앤 더머〉(1994), 〈덤 앤

더머: 해리가 로이드를 만났을 때〉(2003), 〈주랜더〉(2001), 그리고 짐 캐리나 애덤 샌들러가 나오는 여러 영화(특히 짐 캐리 영화들은 남성의 멍청함을 구제하려 애쓰지 않는다) 등 남성의 멍청함에 관한 영화들은 남성의 무지를 새로운 형태의 권력으로 연결하는 사회적 그물망에 관한 제법 정교한 지도를 제공해준다. 이런 방식으로 멍청함의 지도를 그림으로써 우리는 그것을 유용하고 도발적인 것으로, 그리고 〈니모를 찾아서〉의 도리가 덧없는 학습 회로 속에서 겪는 것과 같은 일시적 인지 부조화를 시사하는 것으로 제시한다. 이어서 〈내 차 봤냐?〉를 꼼꼼히(너무 꼼꼼할지도?) 분석하며 멍청함을 그 자체의 방식을 따라 파악해 변혁적 인식에 이르는 다른 경로를 탐색해보려 한다. 여기서 나는 남성의 멍청함을 앞에서와 같은 방식으로 진단하지는 않을 테지만, 멍청함의 논리가 남성 권력의 지도임을 드러낼 것이다.

나는 덜 진지하면서도 복잡한 타임루프 서사 구조로 백인 남성의 멍청함과 그것이 가로막기도 하고 가능케 하기도 하는 사회관계들을 까발리는 〈내 차 봤냐?〉를 〈그녀에게〉나 〈사이드웨이〉처럼 예술입네 하는 '남성의 멍청함'에 관한 영화들의 반례로 골랐다. 이 영화에서 일어나는 일들은 보기보다 더 이해하기 힘들기 때문에 줄거리 요약으로 시작하려 한다. 실제로 '일어나는 일'과 '일어나지 않는 일'은 이 영화가 개진하는 멍청함과 망각에 관한 이론에서 큰 부분을 차지한다. 줄거리 요약은 문학 연구에서 보통 거부하는 방법론이지만, 반복과 순환, 요약, 망각, 재인식의 중요성을 드러내준다. 나는 〈내 차 봤냐?〉의 장르, 어휘, 그리고 이 영화에 나오는 영감을 주는 표현 등에 관심을 기울이려 한다. 이 영화가 알지 못하는 것이 무엇인지 알지 않기 위해, 이 영화가 잊어버리는 것이 무엇인지 잊기 위해, 매력적인 무지와 스펙터클한 유치함이라는 길 위에서 길을 잃기 위해.

막간극: 농담이 아니라 진짜로, 내 차 봤냐고?

'위트 없는 백인 남성'에 관한 고전인 〈내 차 봤냐?〉에서 제시와 체스터는 MTF 트랜스여성과 그녀의 드랙킹 남자친구에게 위협당하고, 가슴 큰 여성 외계인 무리에게 쫓기며, 에어캡으로 된 우주복을 입은 사이비 종교 집단에 유괴되었다가 결정적인 장면에서 한 쌍의 우주여행자 앞에서 우주에 관한 질문을 던진다. '알고 싶은 게 무엇이냐'라고 스웨덴의 게이처럼 가장한 외계인들이 묻는다. 제시와 체스터는 히죽거리며 말한다. "천왕성Uranus에 가봤어요?"[1] 〈웨인즈 월드〉(1992) 이후 이토록 항문기 농담이 많이 나오는 영화는 처음이지만, 좌충우돌하는 남성들이 서로 나체를 드러내고 심지어 입 벌리고 키스

---

1   [옮긴이] '천왕성'을 뜻하는 영어 Uranus가 '너의 항문'을 뜻하는 your anus와 발음이 비슷한 데서 착안한 농담.

까지 하는 코미디 우정 영화에서 '천왕성/항문' 농담은 동성사회성과 동성애가 서로 뚜렷하게 구분되지 않고 스며들 수 있는 새로운 가능성을 보여준다. 또 멍청한 백인 남성 친구지간을 일련의 복잡한(?) 타임루프를 통해 인종, 장소, 우주, 젠더가 모두 뒤죽박죽되고 재배열되는 등 (모든 게 그대로인 한에서는) '뭐든지 허용되는' 세계의 중심에 위치시킨다. 스웨덴 게이 행색의 외계인들은 천왕성을 한 바퀴 도는 여행을 하러 할리우드 행성을 떠나기 전에 그동안의 일들을 제시와 체스터의 기억에서 지워 본래의 망각 상태로 되돌려놓는다. 집으로 돌아온 제시와 체스터는 다음날 아침에도 여전히 전날처럼 기억이 몽롱하고 어리둥절한 채, 냉장고가 초콜릿 푸딩으로 가득 차 있는 이유를 몰라 혼란스러워한다. 쇼핑몰과 미니골프장을 배경으로 악당이 등장하는 그 문제의 여정을 촉발한 언쟁('야, 내 차 봤냐?' '네 차가 어디 있는데?' '야, 내 차 어디 있냐고?')이 다시 시작되며, 두 친구가 전날 밤 얻은 교훈은 상실되고 다시 배워야만 하는 것으로 남는다. 서사의 반복을 만들어내는 망각이라는 니체식 행동 혹은 비행동act or nonact은 이성애 규범에 관한 발전과 진보의 서사를 가로막고, 지식이 상실되고 화장실 유머만 존재하는 중간 지대에 우리의 무기력한 영웅들의 발을 묶는다. 조지 W. 부시식의 고의적인 망각이 세계의 존망을 위협할 수 있고 실제로 위협하기도 하는 반면, 이 친구들의 경우 같은 유순한 망각은 다르게 거듭날 수 있는 공간을 허용하고, 자아와 타자에 관한 새로운 서사를 가능하게 하며,

제시와 체스터에게는 간밤에 만난 섹시한 여자들과 마치 처음 보는 것처럼 다시 만날 기회를 제공한다.

잃어버린 차를 찾고 빚진 돈을 갚고 데이트하던 쌍둥이의 사랑을 다시 얻기 위해 간밤의 사건을 재구성하는 동시에, 모종의 파괴로부터 우주를 구하고, 그 과정에서 바보 같은 사내들을 한 방 먹이고, 파비오를 열받게 하고, '50피트 우먼'을 닮은 섹시한 외계 여성으로부터 달아나고, 외계인에게서 선물로 목걸이를 받지만 그 목걸이가 여자친구의 가슴을 키워주면서도 돌아오는 건 섹스가 아니라 자신들의 이름이 수놓인 우스운 베레모일 뿐인, 두 얼간이에 관한 이 영화가 망각과 멍청함, 남성성, 시간성의 관계에 대해 무엇을 말해줄 수 있을까? 더 정확히 말해, 이 영화는 몇 가지 웃음 포인트와 다량의 항문 농담, 미약한 이성애적 해결책을 포함하면서도 어떤 식으로든 정치 의식은 없는 저급한 사춘기 코미디를 퀴어링하려는 우스꽝스러운 시도일 뿐인가? 이 장에서 뒤이어 첫 번째 질문에 대한 답이 이루어질 것이고, 어쩌면 두 번째 질문에 대해서도 그러할 것이다.

이상에서 〈내 차 봤냐?〉의 줄거리를 간단히 요약했지만, 그렇다고 곧장 이 영화가 전반적으로 '잃어버린 세대'를 위한 구원의 서사로 진행된다는 뜻은 아니다. 그럼에도 만약 우리가 백인 남성의 멍청함이 만든 논리와 함께 살아야 한다면, 그리고 그럴 수밖에 없을 듯한데, 그것의 형식과 유혹, 그것이 지닌 권력을 이해하는 일은 필수적이다. 〈내 차 봤냐?〉는 레이먼드 윌리엄스가 "삶 속의 헤게모니lived hegemony"라고 부른 것에 대한 놀랄 만큼 완성된 알레고리적 지도를 제시한다. 윌리엄스는 헤게모니의 정의가 그것을 단일한 계급 지배 양식으로 축소하는 경향에 대해 논평하면서 다음과 같이 말한다. "삶 속의 헤게모니는 언제나 과정이다. … 그것은 경험과 관계, 활동의 복합체가 현실화한 것이다."[2] 헤게모니의 변화, 그것의 '압박과 한계'를 파악하는 데에는, 진부해 보여도 대중적으로 공유된 가정과 직접 연결되는 대중문화 텍스트가 식자연하는 진지한 텍스트보다 훨씬 더 지배 권력의 핵심적 조건들을 잘 드러내주는 듯하다. (여기서 우리는 〈내 차 봤냐?〉를 알모도바르 영화나 앞서 언급한 진지한 영화들에 더해 닐 라뷰트 감독의 〈남성 전용 회사〉(1997)류의 영화들과 나란히 놓아볼 수 있다.) 페기 펠런이 썼듯, "재현은 두 가지 법칙을 따른다. 항상 의도한 것 이상을 전달하고, 결코 총체화하지 않는다."[3] 여기에 제시와 체스터는 '끝내주게 멋지다'를 더할 테지만.

〈내 차 봤냐?〉의 구조를 짜는 타임루프는 표면적으로 꽤 간단해 보이지만, 실제로 끝없이 나선을 그리며 반복되는 그 형식을 생각하면 자아가 수행, 드랙drag, 타자, 기억의 반복된 조합이라는 점에 대한 제법 복잡한 이해를 보여준다. 영화의

---

2   Raymond Williams, *Marxism and Literature*, 1977, p. 112: [국역본] 레이먼드 윌리엄스, 『마르크스주의와 문학』, 박만준 옮김(지만지, 2013).

3   Peggy Phelan, *Unmarked*, 1993, p. 2.

결말에서 제시와 체스터는 간밤에 무슨 일이 있었는지 전혀 기억 못 한 채 매일 아침을 새롭게 맞으며, 매일 반복되는 그들의 추적 행위는 망각을 새로이 수행하는 일이자 발전하고 나아가고 지식을 축적하려는(그러나 실패하는) 새로운 시도임이 암시된다. 반영웅적이지만 행복한 루저들을 매일 하루의 끝에 같은 지점으로 되돌려놓는 이런 타임루프에서 백인 남성성은 스웨덴 게이 같은 천왕성에서 온 외계인들 덕분에 세계를 구하는 미션에, 그리고 대마초를 피우는 구루와 그의 강아지 덕분에 자기 자신의 세계를 해체하는 일에 관여한다. 외견상 서사와 무관해 보이는 타임루프는 인과관계가 서사 진행을 위한 논리를 더는 생산하지 않을 때까지 끊임없이 원인과 결과가 자리를 바꾸는 고도로 장전된 서사를 슬쩍 가린다. 바보 같은 제시와 체스터가 세계를 구한다면 그건 그들이 영웅적인 행동을 해서가 아니다. 그들의 서투름이 일단 세계를 위험에 빠뜨리고, 그다음에 다시 구해내는 것이라 할 수 있다. 세계를 구했지만 아무도 기억하지 않는다면 과연 영웅이라고 할 수 있겠는가?

조지프 로치는 『죽은 자들의 도시』라는 멋진 책에서 망각을 "백인들의 기회주의적 전략"이라고 부르며 요루바어 속담 하나를 인용한다. "연필을 만든 백인 남성은 지우개도 만들었다."[4] 〈내 차 봤냐?〉는 백인과 노동, 기억상실이 정확히 어떤 관

---

4   Joseph Roach, *Cities of the Dead*, 1996, p. 6.

계를 맺고 있는지에 관해 폭넓게 고찰한다. 영화의 결말에 새로운 하루가 시작되면서 전날의 편린들이 기억상실에 걸린 두 친구 사이의 언쟁으로 터져 나오는데, 중요한 점은 새로운 형태로 터져 나온다는 사실이다. 중식당의 드라이브 스루에서 '중국 음식'을 하나씩 주문할 때마다 입구의 얼굴 없는 목소리가 "그다음… 그다음… 그다음…"이라고 말한다는 인종주의적 농담이 이제 오프닝과 엔딩에서 제시와 체스터가 나누는 대화의 수사적 형식이 된다. 그들은 전날 밤을 재구성하려 다시 노력하지만, 다시 실패하고 만다. 제시가 기억의 저편에서 편린들을 찾아오려 할 때, 체스터는 "그다음… 그다음… 그다음…" 하는 중식당 여자의 목소리를 따라 할 뿐이다. 이것이 타자와의 합일로 읽힐 수 있는 동시에 백인들의 기회주의적 전략의 명백한 증거라면, 우리는 영화의 결말에서 중식당의 테이크아웃 담당 직원의 "그다음… 그다음… 그다음…"이라는 말이 이 영화의 서사 형식을 결정하는 원리임을 깨닫게 된다. 즉, 발전적인 논리보다는 반복해서 이어지는, 혹은 단순히 광적인 논리를 지닌 길고 따분한 이야기라는 말이다. 따라서 백인성은 연필과 지우개이며, 이 영화가 말해놓고선 지워버리는 이야기는 인종화된 노동이다.

이 영화에서 타자성은 백인 퀴어와 유색인 노동계급에 걸쳐 골고루 분포되어 있다. 불성실한 직업의식 때문에 제시와 체스터를 질책하는 피자 가게의 흑인 점주, 중식당에서 테이크아웃 업무를 담당하는 여자, 두 친구의 아디다스 옷을 수선하는 아시아계 미국인 재단사, 인종적으로 모호한 운동부 무리, 트랜스 스트리퍼, 스웨덴 게이, 전직 모델 게이 등이 등장한다. 명백히 두 친구가 누리는 한가한 삶의 낙은 자신들을 고용하고, 옷 입히고, 먹이고, 성적으로 봉사하는 사람들의 고된 노동으로 유지되지만, 그럼에도 시시한 금발머리와 멍청한 운동부원들의 세계에서 타자성은 머물기 그리 나쁜 곳이 아니다. 체스터가 다음날 중식당 여자의 말을 복화술로 따라 하면서도 자기 말이 인용구임을 잊는다는 사실은 그 여자가 체스터를 통해 말한다는 뜻이며, 체스터는 그 여자의 서사 논리의 효과인 셈이다. 체스터와 제시는 서던캘리포니아의 인종화된 공간들을 누볐다는 사실을 잊을지도 모르지만, 그들이 억압하고 망각한 서사는 그들이 뒤늦게 재구성하면서 들려주는 이야기를 통해 되돌아온다. 기억상실 때문에 참패해 무너진 두 친구는 뒤죽박죽인 사건들을 계속해서 다시 재생해야 하는 운명으로, 그럼에도 점점 더 알 수 없게 되고, 알 수 없는 가운데 잠재적으로 다른 곳에서 오는 지식에는 더 열려 있게 된다.

어리석음에 관한 훌륭한 책에서 아비탈 로넬은 이렇게 적는다. "어리석음은 물질성을 초과하고 능가하며, 제멋대로 돌아다니고, 몇 판 이기고, 물러나고, 부인denial의 손아귀에 들려 집으로 보내지고, 그러고는 되돌아온다. 본질적으로 고갈되지 않는 성질과 연결되어 있는 어리석음은 지식을 지치게 하고 역사를 마모시키는 것이기도 하다."[5] 로넬은 어리석음에 단순히 반대한다거나 그 파괴적인 행로를 분석하길 거부하고, 어리석음을 무지unknowing의 형식이되 "지혜를 방해"하지는 않는 것으로서 진지하게 다루며, 생산적인 범주로 바꿔놓는다.[6] 그는 어리석음이 "아버지로부터 유래하는 정치적 문제"이며, 안정성, 안락함, 진본성에 대한 보수적 욕망과 결합하면서도 다른 인식의 공간을 열어놓는다고 말한다.[7] 〈내 차 봤냐?〉 같은 영화에서 백인 남성들은 때때로 지배 권력을 반영하고 강화하는 무지의 양태를 수행하지만, 때로는 백인 남성들 간, 백인 남성들과 그들이 사랑하는 백인 여성들 간, 그리고 백인 남녀와 '그 밖의 모든 이' 간 새로운 형태의 관계를 가능하게 만든다. 여기서 '그 밖의 모든 이'의 집합이 끔찍하게도 비정형적이며 모호하다는 사실은 우리가 백인 남성의 지배 영역을 떠나는 것이 오래가지는 않으며, 그럼에도 백인 남성의 무식함이 마련한 작은 틈새는 반드시 활용되어야 한다는 것을 알려준다.

내 생각에(바라건대?) 〈내 차 봤냐?〉는 유별나게 명청한 두 친구를 지구의 악인 동시에 구원자로 그린다는 점에서 관객들에게 오늘날의 지정학적 사건들을 이해할 알레고리적 틀을 제공한다. 외계인이 제시와 체스터에게 먹인 기억상실은

---

5   Avital Ronell, *Stupidity*, 2002, p. 3: [국역본] 아비탈 로넬, 『어리석음』, 강우성 옮김(문학동네, 2015).

6   같은 책, p. 5.

7   같은 책, p. 16.

그 둘이 애초에 왜 공격을 받았는지 스스로 이해할 수 없게 만들며("야, 쟤네는 우리를 왜 싫어하냐?") 자신들의 '자유'가 다른 이들의 부자유를 전제로 한다는 사실을 잊고 무시할 수 있게 만들 뿐 아니라, 혐오도 판단도 없이 도착perversion과 환상에 몰두할 수 있게 만들기도 한다. 그들의 관용은 자신들의 멍청함의 핵심적인 부분이고, 그들의 멍청함은 비판적 사고가 부재하다는 장점으로 재현되는데, 그것은 이들이 정치적으로 민감(자신들의 편견을 인지하기)하지 않아도 되게 하는 동시에 정치적으로 편견을 가지는 것(호모포비아)도 면하게 해준다. 기억상실이 두 친구를 순환하면서 주변의 다른 이들이 너무나 잘 기억하는 것을 그들은 잊을 수밖에 없는 운명에 처한다.

〈내 차 봤냐?〉에 등장하는 멍청함은 인식과 맺는 일종의 느슨한 관계라 할 수 있다. 이는 제시와 체스터의 이야기가 너무 불확실하고 수습 불가능하다는 바로 그 이유 때문에 역설적으로 이들은 다루기 쉬운 존재, 타인의 서사에 스며들고 반응할 수 있는 존재가 된다. 또 다른 인종화된 노동 장면에서는 아시아계 미국인 재단사가 이 영화에서 가장 지속적이고 짜증 나는 반복 순환 중 하나에 출구를 제공하는데, 여기서 백인 남성의 멍청함을 재현하는 것이 얼마나 다른 인식 양태를 제시해줄 수 있는지가 드러난다. 제시와 체스터는 자신들이 간밤에 구입한 사실도 더는 기억 못 하는 아디다스 운동복으로 갈아입으면서 서로 상대방 등에 문신이 새겨져 있음을 발견한다.

체스터의 등에는 '멋진sweet'이라는 문구가, 제시의 등에는 '녀석dude'이라는 문구가 쓰여 있는 것이다. 제시가 "야, 너 문신 있어"라고 말하면, 체스터는 "너도야"라고 답한다. 제시가 "내 건 뭐라고 쓰여 있는데?"라고 묻자 체스터는 "'녀석.' 내 건?"이라고 말한다. 제시는 "'멋진.' 내 건?"이라고 한다. 체스터는 "'녀석.' 내 건?"이라고 하고, 제시는 "'멋진.' 내 건?"이라고 하고. "내 건?"이라고 되물으며 각자 자기 등을 상대방에게 보여주면서 둘은 이 대화의 반복 순환에 점점 더 짜증이 난다. 대화가 주먹다짐이 될 무렵 마침내 재단사가 개입해 "바보들아! 얘 건 '멋진', 네 건 '녀석'" 하고 소리친다. 재단사는 전모를 다 알지만 두 친구 각자는 상대방의 등만 볼 수 있을 뿐이다. 재단사는 봉합하는 위치에 있다고 할 수 있다. 그는 서사에 의미를 꿰매 넣고, 멍청한 백인 남성이 채울 수 없으며 영화가 거부하는 듯 보이는 이성과 감각이라는 가부장적 목소리를 대신한다. 잠시 동안 모든 것이 말이 된다. 두 친구는 서로 껴안고, 아시아계 미국인 재단사는 젠더와 백인성, 멍청함으로 특징지어진 그들을 바라보며 다 안다는 듯 미소 짓는다. 그러나 자동차처럼(야, 내 차 어디 있지?), 프로이트가 말하는 잃어버린 대상처럼(야, 우리 엄마 가슴 어디 있지?), 언쟁의 맥락처럼(야, 내가 무슨 말을 하고 있었지?), 지식은 빠르게 오는 만큼 빠르게 사라진다.

그다음? 그다음엔, 인종적으로 전복되는 이 장면이 빠르게 도착하는 것만큼 다시 빠르게 백인 남성의 응시 속으로 해소되어버린다. 그런 백인 남성의 응시가 재단사인 미스터 리에게 옮겨 가자마자 제시는 아디다스 운동복 안주머니에서 만화경을 찾아내고는 다시 재단사를 쳐다본다. 상을 굴절시키며 반복될 때마다 의미를 변경시키는 만화경은 이 모든 우여곡절의 메타포가 된다. 하지만 이것은 또한 백인 남성의 응시 아래 결집된 영화적 장치를 정말 문자 그대로 재현하는 것이기도 하다. 이 장면은 제시와 체스터가 못 보는 것(자기 등, 자신의 젠더 및 인종 표지)을 드러내는 동시에 백인 남성의 응시를 만화경에 연결하면서 그것의 마력을 빠르게 재천명한다. 영화에서 이 만화경은 아무런 다른 기능을 하지 않은 채 그저 제시의 손상된 시력을 보완하는 기능과 더불어, 백인 남성을 가시권 안에 위치시키고 아시아계 미국인 남성을 시력, 권력, 지식의 자리에 두는 식으로 권력과 시력을 위태롭게 배치한 데 대한 타개책이 될 뿐이다.

앞서 살핀 중식당 여자의 발화 양식인 "그다음… 그다음… 그다음…"은 타자성에 관한 대개의 연구에서 쓰이는 추가의 논리를 모방하며(인종… 그다음?… 계급… 그다음?… 섹슈얼리티… 그다음?), 동시에 드라이브스루 방식의 음식 주문 시스템이 지워버리는 신체 노동에 관심을 환기시켰다. 아시아계 미국인 재단사를 재현하는 이 장면은 아시아계 타자를 전지적인 존재로 재현하는 오리엔탈리즘을 모방하는 동시에, 백인 남성들에게 이름을 부여하고("바보들아!") 그들의 응시가 뻔뻔하게도 인공적이고 마술적인 '특수효과'를 통해서만 중심에 자리 잡을 수 있음을 보여줌으로써 장면 자체가 지닌 인종주의적 프레임을 넘어선다. 중식당 여자는 제시가 주문을 반복해서 말하게 하면서 그의 요구 뒤에 숨겨진 노동을 느끼게 만들었다. 미스터 리는 두 친구의 멍청한 짓에 개입하면서 자신이 그들의 무지를 알고 있음을 그들이 알게 만든다. 두 경우 모두에서 제시는 타자의 응시를 맞받아치려 한다. 제시는 "그다음?"이라고 묻는 끝없는 목소리에 절망하면서 기계를 후려친다. 미스터 리의 시선이 자신을 혼낸다고 느낀 제시는 만화경을 들어 그를 마주 보며 그의 웃는 얼굴을 증식시키고 분할한다. 호세 무뇨스는 흑인 드랙퀸 버자이널 크렘 데이비스가 백인성을 연기하는 퍼포먼스를 분석하며 "유색인들에게 잠재적으로 위협적일 수 있는 형상이 농담으로 드러나는" 방식에 대해 언급한다.[8] 〈내 차 봤냐?〉는 백인 남성의 멍청함을 그들에 대한 조롱을 이끌어내는 방식으로 이야기를 풀어내며, 우리는 웃음으로써 그들을 무장 해제시키고 마침내 우리는 그들이 아무것도 모른다는 사실을 알게 된다.

체스터는 트랜스 스트리퍼가 트랜스 남자친구에게 키스하는 걸 보면서 제시에게 묻는다. "우리 이걸 보면서 역겨워해야 해, 아니면 꼴려야 해?" 유일하게 이 장면은 이 영화가 퀴어 서사인지, 그리고 우리가 그걸 신경 써야 하는 이유가 무엇인지 질문을 제기한다. DVD판에 실린 인터뷰에서 두 주연 배우인

---

8   José Esteban Muñoz, *Disidentifications*, 1999, p. 109.

애슈턴 커처와 션 윌리엄 스콧, 그리고 연출자인 대니 라이너는 이 영화가 얼마나 '게이한지'에 관해 입을 모은다. 인터뷰 중 어느 대목에서 두 배우는 서로에게 "야, 우리 이 영화에서 **엄청 게이했어. 엄청** 게이했다고!"라고 말한다. 두 친구가 자신들이 퀴어한 세계에 참여하고 있었음을 이해하고 있다는 것이 위안을 주는 한편, DVD는 이것이 임시 상황이었으며 둘 다 안전하게 이성애 매트릭스를 지켜내는 동시에 그 안에서 보호받는다는 점을 분명히 한다. 따라서 영화의 퀴어함이 정체성의 수준으로 이야기될 수는 없지만, 영화가 백인 남성의 멍청함, 즉 시공간적 '방향감각 상실' 때문에 생긴 일련의 공간화된 관계로서의 퀴어성을 갖는다고는 주장할 수 있다.[9] 물론 이것은 전혀 새로운 이야기가 아니다. 이브 세지윅이 『벽장의 인식론』에서 지적했듯, "벽장 주변의 관계에서 … 무지는 지식만큼 잠재적이고 다중적인 것이다."[10]

조지프 로치는 장소에 들러붙어 "그것이 처음 번성했던 공간의 변형과 재위치relocation"를 견뎌내는 종류의 기억을 설명하고 이론화하려 하며 "운동성 상상력kinesthetic imagination"과 "행동의 소용돌이"라는 용어를 사용한다. 그는 장소들에 기억이 있으며, 시간과 공간의 연결을 만들어내기 위해 그 기억

---

9   방향상실(disorientation)로서의 퀴어성에 관해서는 다음을 참조하라. Ahmed,
     Queer Phenomenology, 2007.

10   Eve Kosofsky Sedgwick, *Epistemology of the Closet*, 1990, p. 4.

들이 특정한 수행을 통해 "유도된다"고 주장한다. "롤랑 바르트의 적절한 용어로는 '유희의 공간ludic space'이라 할 법한, 도시 경관 속 행동의 소용돌이는 '가장masquerade이 가장 강력한 자기표현의 형태'라는 집단적, 사회적 버전의 심리적 역설을 구성해낸다."[11] 영원히 잊어버리고 또다시 기억해내야 하는 전날 밤의 무의미한 행동들을 추적하는 두 친구의 일종의 의례는 장소에 붙박인 기억들이 진실을 찾아 방황하는 기억상실자들의 신체 안팎에 틈입할 수 있게 해준다. 기억과 상실 사이의 유희 공간에서 특정한 퀴어 정동이 만들어져 백인 이성애자 남성 몸의 방어체계를 순간적으로 무너뜨리고, 다른 형태의 욕망을 향해 그 몸을 열어젖힌다.

트랜스섹슈얼리즘은 백인 남성 얼간이 영화에 종종 등장한다. 〈핫 칙〉(2002)을 예로 들면, 트랜스섹슈얼리즘이 영화의 전체적인 틀이다. (더는 묻지 마시라.) MTF 트랜스와 섹시한 생물학적 여성을 구별하는 능력의 유무가 그 사람의 멍청함을 판별하는 리트머스 시험지일 때가 종종 있다. 〈내 차 봤냐?〉는 제시가 자신이 트랜스와 랩댄스를 추었음을 알게 함으로써, 하지만 또한 그런 지식이 불러일으키곤 하는 필수적인 공포와 혐오는 포기함으로써 한층 나은 비유를 도입한다. 제시는 그저 너무 멍청해서 자신 같은 백인 이성애자 녀석에게 금지된 영역이 어디인지 모른다. 그러나 각자 자기이해를 결여하

---

11   Roach, *Cities of the Dead*, 1996, p. 28.

고 있고 자신의 주체 위치에 맞는 사회적 편견을 내면화하지 못하는 한편으로, 그들은 스스로가 타자에 반영되고 또 타자에 의해 완성된다는 사실을 깨닫게 된다. 이 영화에서는 백인 남성성의 요새가 붕괴되는 사태를 피하기 위해 반복해서 더블링doubling이 일어난다. 여러 남녀 경찰관에 의해, 그리고 나중에는 어떤 못된 타조들의 부리 때문에 거세와 굴욕을 당할 위기를 맞은 제시와 체스터는 한 팀, 하나의 조직 혹은 집단으로서 위협적인 장애물들을 맞닥뜨리고, 각자는 상대방의 팔루스 혹은 거시기weenie로 기능한다. 이 둘이 서로의 거울상이라는 사실은 그들이 데이트하는 쌍둥이, 그들에게 충고하는 스웨덴 게이 외계인들, 그들을 추격하는 트랜스 커플, 그들이 동성애적 행위를 하게 만드는 이성애자 커플 등을 통해 그들 주변 사방에 반영된다. 이 영화와 다른 모든 얼간이 영화에서 멍청한 백인 남성의 더블링은 백인 남성 주체성을 강력하게 독보적인 것으로 그리는데, 그 주체성은 남성들 간 보통의 관계에 반영되어 있으므로 두 명으로 재현될 때조차 그러하다. 어떤 면에서 가부장적 권력은 둘을 필요로 한다. 한 명은 가장으로서, 다른 한 명은 그가 가장임을 반영하는 존재로서. 그러나 이런 더블링은 이성애적 가부장제가 필연적으로 뒤에 남겨놓는 동성애적 끌림의 소용돌이 속으로 두 친구를 끌어들이기도 한다. 이 영화에서 백인 가부장제는 파비오라는 인물이 표상하는 상당히 미심쩍은 형태로 등장한다.

말끔하고 근육질인 파비오가 여자친구와 함께 있는 곳 옆에 새 차를 세운 제시와 체스터는 자크 라캉이 각본을 쓰고 주디스 버틀러가 편집했을 법한 퀴어한 거울 장면을 상연한다. 게이이며 대안적 영화제작자이자 평론가인 브루스 라브루스가 이 악명 높은 키스 장면에서 무슨 일이 일어나는지 설명하는 부분을 일단 인용해보겠다. 토론토의 주간지 『디 아이The Eye』에서 그는 〈내 차 봤냐?〉를 자신의 인생 영화 10위 안에 추가하며 그가 이 영화에 매긴 순위에 대해 설명하는 식으로 문제의 장면을 묘사한다.

> 파비오는 경멸하듯 쳐다보고서 시동을 건다. 운전대 앞에 앉은 애슈턴 커처[제시]가 그를 따라 한다. 그러자 파비오는 자신의 여자친구에게 팔을 두른다. 커처가 힘차게 션 윌리엄 스콧[체스터]의 어깨에 팔을 두르며 맞선다. 파비오는 몸을 기울여 여자친구에게 혀를 사용해 길고 진한 키스를 한다. 영화는 이때부터 온갖 방향으로 달리 나아갈 수도 있었으나, 놀랍게도 커처는 몸을 기울여 조심스럽지만 확실하게 혀를 스콧에게 가져간다. 배우들은 그 순간을 넘치지도 모자라지도 않게 연기하며 혐오하거나 후회하는 기색을 보이지 않는다. 나는 눈물까지 흘릴 뻔했다. 이 장면 하나가 25년간의 동성애자 인권운동보다 동성애의 명분을 증진하는 데 더 많은 걸 한다.[12]

12   Bruce LaBruce, "Dudes' Smooch Leads the Way," *Eye Weekly*, 1

이 장면이 어떻게 "동성애의 명분을 증진"한단 말인가? 동성애를 이성애의 가짜 재현으로 보여주는 것이 아니고? 명백한 게이들의 만남에서도 백인 남성 이성애의 회복력과 지배력이 더 우세함을 드러내고 있지 않은가? 아니면, 동성애적 모방의 결과가 경쟁적 남성 이성애임을 보여주는 것인가? 누가 리드하고 누가 따라가며, 누가 물고 누가 빨며, 누가 받고 누가 주며, 누가 보고 누가 배우며, 누가 신경 쓴단 말인가? 이 키스 장면에 대한 라브루스의 과한 반응은 수많은 게이 및 레즈비언 텍스트의 진정성에 반하는 것이다. 확고하게 스트레이트인 두 친구의 놀랍게도 퀴어하고 섹시한 조우라는 탄약으로 무장한 라브루스는 녀석들의 태연함과 친구 사이의 성적 규약에 무관심한 당당함, 남자다운 게이 섹스에 뛰어드는 우둔함, 파비오가 수행하는 이성애적 행위를 모방하는 것이 아니라 (《주랜더》[2001]를 인용하자면) "정말 정말 정말 잘생긴 남자 모델들"의 감추지도 않는 동성애를 고의적으로 모방하는 것에 거의 울면서까지 흐뭇해한다.

〈내 차 봤냐?〉의 오프닝은 체스터가 유인원에 관한 디스커버리 채널 프로그램을 보면서 넋을 놓고 화면에 보이는 침팬지의 동작을 따라 하는 장면으로 시작한다. 도나 해러웨이는 『영장류의 시각』에서 인간의 유인원 연구가 인간 행동을 유인원에 투사하고선 우리가 상상하고 창조해낸 유인원 문화로

February 2001, online.

부터 그것을 다시 배우는 방식을 통해 인간들이 스스로를 진화론의 중심에 세울 수 있게 만든다고 말한다. 체스터와 제시는 결코 문화적 전승이라는 복잡한 질서를 따르는 것이 아니라, 지배문화의 메커니즘대로 보이는 것은 무엇이든 흡수해 자신들의 일부로 만든다. 그러나 이 영화의 미덕은 백인 남성 주체성의 형식이 빌려온 것이자 모방적인 것임을 인정하고, 빌린 것을 잊고 절대로 갚지 않는 지배문화의 시간적 질서를 추적하는 데 있다. 또 이 영화는 역사가 반복되지만 우리가 반복으로부터 배우는 데 실패한다는 진부한 결론을 인정한다. 우리는 아버지 부시의 시대를 버텨냈지만 결국 아들 부시의 시대를 맞닥뜨리고 말았으며, 걸프전을 겪었지만 결국 같은 참상이 이라크에서 치명적으로 재현되는 것을 보고 말았다. 미국의 헤게모니를 공고히 하고 제국의 시대를 퍼뜨리며, 멍청한 백인 남성의 귀환을 인가하는 기억상실의 사이클이 〈내 차 봤냐?〉에서는 소수의 승리, 용감한 자들의 승리, "가차 없이 멍청한" 이들의 승리로 그려진다.

〈내 차 봤냐?〉는 일반적 한계(우스꽝스러운 전제, 멍청한 백인 남자 주인공들, 활개 치는 인종주의, 성차별주의, 호모포비아)를 실제로 넘어서며, 그 미장센(다수의 트랜스젠더 캐릭터와 영화 속 속어로 말하자면 커다란 '가슴'을 가진 예쁜 여자들)이 지닌 잠재력을 활용한다. 그러면서 기억을 잊고 기억해내고 다시 잊기라는 강력한 알레고리를 제시한다. 굳이 알고 싶지 않아 하는 대중에게 명백히 '부정적인' 비판적 의식을 제공하는 것과, 관심 가져야 하는 이유를 알지 못하는 사람들을 끌어들이기 위해 평범한 언어를 사용하는 것 사이를 선택할 수밖에 없는 이 시대 대학이 맞닥뜨린 순간을 설명하는 데 이 알레고리를 사용해볼 수 있다. 사실 내가 〈내 차 봤냐?〉의 줄거리를 요약한 의도는 오늘날 백인 남성의 멍청함이라는 주제를 부연하고, 지식 생산이 처한 위기가 악화하는 사태와 연결해 멍청함과 망각의 관계에 대한 논점을 발전시키기위한 것이었다. 그런데 영화를 다시 보면서 나는 아주 특별한 종류의 무지만이 백인 이성애자 남성성의 위험('야, 사담 후세인의 대량살상무기 봤냐?')과 그들이 휘두르는 모든 전문적 지식 및 기술, 안보 계획, 고도 경계 태세, 매파 프로파간다에 맞설 수 있다는 사실을 깨달았다. 실로 이 영화는 서던캘리포니아라는 새로운 인종주의적 환경에서 멍청한 백인 남성들이 차지하는 장소에 관해, 젠더 유동성과 백인 남성 이성애자의 몸, 성적 개방성과 버디 무비buddy movie, 소도미sodomy의 그림자와 자본의 정치학에 관한 교훈을 담고 있다. 하지만 그에 대한 이야기는 나중으로 미루고, 여기서는 이 모든 망각, 무지, 상실, 결핍, 갈팡질팡, 휘청임 등이 백인 남성이라는 위치에 놓일 때 희망적인 특징으로 보인다는 것을 다루겠다. 아들 부시가 슬프고 무섭고 유머 없는 시나리오, 말하자면 서부영화 판타지와 〈탑 건〉(1986)류의 현실을 연출해내는 걸 보면서 우리는 일말의 유머, 약간의 아이러니, 멍청이에서 더 멍청이로 가는 길을 밝혀주는 미약한 자의식이나마 있기를 간절히 바랐다. 〈내 차 봤냐?)가 북미의 엄혹한 군사 계획에 대한 대안으로 적합하다는 뜻은 아니지만, 우리가 좀 덜 거만하고 좀 더 멍청했으면 하는 바람이다. 우리 모두가 영원한 햇살과 치어리더들로 가득한 풍경에서 한 줄기 희망을 찾으려는 제시와 체스터 같다면, 즉 외계인들의 무기인 '컨티뉴엄 트랜스펑셔너continuum transfunctioner'를 찾고, 멋쟁이 MTF와 그녀의 FTM 남자친구와 친구가 되고, 근육질들에게 본때를 보여주고, 키가 50피트인 섹시한 외계 침입자의 스커트를 올려다보고, 결국 냉장고 한가득 초콜릿 푸딩을 갖게 되고, 우주가 완전히 파괴되는 걸 막을 수 있게 된다면, 멍청함은 신권정치적이고 기업국가적인 광기의 황야를 헤쳐 나가는 합리적인 길처럼 보일 수도 있을 것이다.

잊기

> 나는 단기 기억상실증을 앓고 있어. 집안 내력이지….
>
> 적어도 난 그렇게 생각해…. 그들은 어디 있지?
> — 〈니모를 찾아서〉에서 도리의 대사

제시와 체스터는 차를 어디에 주차했는지 잊어버렸고, 세계의 파국을 막은 사실을 기억하지 못한 채 초콜릿 푸딩이 가득한 냉장고와 함께 다시 둘만 남게 되었다. 망각에는 분명히 장점이 있다. 망각에는 세계를 구원할 잠재력이 있는데, 어쩌면 〈내 차 봤냐?〉의 핵심은, 영웅들이 자신들의 메시아적 임무를 잊은 채 일상으로 돌아왔다는 점에서 망각이 구원의 영웅 서사를 지연시킨다는 점일 것이다. 그러나 우리가 제시와 체스터에게 배운 점이 있다면(그러지 않았길 정말로 바라지만), 대단한 제스처를 기대하지 않아야 한다는 점과 무지가 축복이라는 점, 그리고 저항은 바로 망각의 퍼포먼스 속에 도사린 채 새로운 시작을 불러일으킬 또 한 번의 소거를 기다리고 있다는 점일 것이다. 모든 얼간이 영화가 다 〈내 차 봤냐?〉처럼 끝없는 정체 상태에서 반복 순환을 하는 건 아니다. 슬프게도 너무 많은 덤 앤 더머류의 코미디들이 멍청한 백인 주인공들에게 더 나은 남자가 되어 도덕적으로 우월한 여성 파트너들에게 걸맞게 되라고 가르치기는 한다. 그리하여 우리는 〈내 차 봤냐?〉가 생산하는 무지의 실천에 열중하는 한편으로, 여자들의 경우에 망각이 갖는 기능 또한 살펴야 한다. 여성들의 망각도 사랑이나 결혼, 로맨스로부터 비껴 서서 매일 새로운 망각의 서사가 쓰이길 기다리는 빈 석판처럼 새로운 하루를 여는 등 영웅적 서사를 지연시키는 동일한 긍정적인 효과를 낳을까? 예상 가능하게도 대답은 그렇기도 하고 아니기도 하다. 〈내 차 봤냐?〉에서는 망각과 멍청함이 결합해 대안적 인식 양태를 생산하는데, 그것은 기억 프로젝트의 실증주의에 저항하고, 생각의 전승을 이해하기 위한 이성애적, 오이디푸스적 논리를 거부한다.

영화의 두 녀석은 (아무 데나 똥오줌을 싸고, 누군가가 먹이고 돌봐주어야 한다는 점에서) 유아적이지만 양육자가 없고, 아버지나 어머니(하지만 아마도 아버지)로부터 아들로 전해 내려오는 지혜가 부재한 탓에, 발전과 진보, 학습을 가로막으리라 예상되는 또래 관계에서 배운다. 녀석들은 종종 TV 속 이미지를 모방함으로써 배우고(체스터가 자연 다큐멘터리에 등장하는 유인원을 흉내 내며 막대기를 도구로 사용하는 법을 배우듯), 일관성 있게 혹은 시간 순서에 따라 정돈하지도 않고 정보를 축적한다. 이 시퀀스의 부재로 지식은 지연되고 발견은 우연과 임의적 타이밍의 작용이 되어버리며, 이로써 영화에서 다른 많은 시간적 논리, 일차적으로 세대에 관한 시간 논리가 무너지며 청소년기라는 중간 지대에 두 녀석의 발이 묶인다.

여성과 퀴어에게 망각은 정상적이고 평범한 것의 매끄러운 작동을 방해하는 데 유용한 도구일 수 있다. 일반적으로 이런 작동들은 단순히 한 세대에서 다른 세대로 전해짐으로써 그것이 불가피하고 자연스러운 일이라는 분위기를 풍기게된다. 여성들은 자주 존재being와 되기becoming에 관한 세대 논리의 저장소가 되고, 그 논리를 다음 세대에 전수하는 자가된다. 몇 가지 줄거리 요약과 애니메이션을 좀 더 살펴보며 어떻게 망각이 영원한 자기생성적 현재를 파열시키고, 그 자체로 권한을 가지는 과거와 단절하고, 비이성애-재생산적 미래를 모색할 수 있는지 확인해보려 한다. 그런데 어째서 여성과 퀴어는 망각을 배워야 했을까? 세대 논리는 기억과 망각의 변증법에 대한 우리의 탐구를 뒷받침해준다.[13] 다시 말해, 우리는 역사적 전환이라는 혼돈의 과정을 세대 전환(아버지에서 아들로)에 기반해 구조화하려는 경향을 갖고 있으며, 진보와 승계라는 불가항력이 있다는 생각에 기대어 기억의 자의성과 망각의 필요성에 관한 질문을 흐려왔다. 세대의 이어짐을 역사를 추동하는 힘과 별개의 것으로 분리하는 일은 퀴어한 프로젝트라고 할 수 있다. 퀴어한 삶은 변화를 가족이나 유전이라는 유기체적이고 불변하다고 가정되는 형태와 분리하고자 하며, 성적 타자의 본질적 속성으로서가 아니라 이성애적 삶의 서사와 단절하는 데 내재된 가능성으로서의 퀴어 집단성에 숨어 있는 **형태상 차이**의 잠재력을 개발한다. 어쩌면 우리는 가족, 혈통, 전통 따위를 잊고, 옛것이 새것을 만들어내거나 옛것이 새것을 위해 자리를 마련해주는 곳이 아니라 기억, 전통, 활용 가능한 과거에 얽매이지 않고 새것이 처음부터 다시 시작되는 곳에서 새롭게 시작하고 싶을 수도 있다.

기억과 망각에 관해 다르게 생각해보고 싶다는 말은 사실상 우리가 진보와 성과를 표시하는 데 사용하곤 하는 불가피하고 유기체적인 듯 보이는 모델에 대한 대안을 찾아야 한다는 뜻이며, 변화가 어떻게 일어나는지, 일어난 적은 있는지

---

13 비슷한 주장으로 국가적 테러가 촉발한 기억의 정치학을 성찰하는 마카레나 고메스바리스의 연구를 들 수 있다. Macarena Gomez-Barris, *Where Memory Dwells*, 2009.

주의 깊게 봐야 한다는 뜻이다. 우리는 어떻게 변화를 확인하고 알아차리는가? 변화가 모든 것을 끝장냈다거나(죽음) 변화가 아무 의미 없는 것이었다고(근본적으로 바뀌지 않음) 말하지 않고서 그것을 알아차리는 게 가능할까? 옛것을 버리지 않고서 새것을 알아차릴 수 있을까? 시간과 변혁의 여러 구조를 동시에 고수할 수 있을까? 이런 질문들에 대한 내 대답은 '그렇다'인데, 그럼에도 퀴어 문화 안에는 우리가 이 문화의 무질서를 통제하기 위해 오이디푸스적 발달 양태의 리듬을 용인하고 있다는 증거가 많이 있다. 이성애적 맥락에서든 동성애적 맥락에서든 **가족**이라는 개념은 거의 항상 시간과 전승에 대한 규범적 이해를 도입한다. 개념으로서의 가족은 인간의 상호작용에 관한 아주 반동적인 이해에 대해 설명하는 학계뿐 아니라 오늘날 대중문화에서도 전개된다. 우리가 젠더, 섹슈얼리티, 공동체, 정치를 이론화할 때 가족을 **잊어야** 하며, 망각을 오이디푸스적 전승의 규칙성을 파괴하기 위한 전략으로 삼아야 한다는 점은 아마도 사실일 것이다.

가족은 연속성이라는 거짓 서사의 일종이자 연결과 계승을 유기체적이고 자연적으로 보이게 만드는 구조로서, 모든 종류의 다른 동맹과 연합에 방해가 되기도 한다. 가족 이데올로기는 게이·레즈비언을 혼인의 정치학으로 몰아가고, 그러면서 다른 종류의 친족관계는 지워버린다. 리사 두건과 리처드 킴은 『네이션The Nation』지에 게재한 글에서 동시대의 혼인 정치학이 동성혼인권 인정 여부에 대한 불안과 갈등을 만들어 진보적인 이들을 분열시키는 한편 결혼 지원 정책들을 마련하고 서약혼인[14]을 부활시키는 등 부부 중심 핵가족 지원을 강화함으로써 보수를 결집시키고 있다고 주장한다. 두건과 킴에 따르면, 혼인과 가족을 옹호하는 운동은 미국 내 치솟는 이혼율과 다양한 가구 형태가 존재하는 현실에 대응해야 했고, 그들의 대응은 복지국가의 부재 속에서 전통적인 가족에게 재정적 안전을 담보하는 방식으로 이루어졌다.

최근 몇십 년간의 신자유주의적 경제정책은 사용자와 정부가 경제적, 사회적 책임을 면제받고 개별 가정이 그 책임을 지게 하는 효과를 가져왔다. 모두가 더 적은 자원으로 더 많은 이득을 꾀하는 상황에서 각 가정이 지는 부담은 더욱 강화되고 있다. 아이와 노인, 아픈 사람과 장애인에 대한 돌봄 의무는 가정 내에서 무급노동을 하는 여성이나 적은 보수를 받고 사적으로 가정에 고용되는 여성 노동자가 지게 된다. 이런 맥락에서 가정의 안정성은 생사를 좌지우지하는 문제가 된다. 자신을 스스로 돌볼 수 없을 때 우리는 누

14　[옮긴이] 서약혼인(covenant marriage)은 미국 애리조나주, 아칸소주, 루이지애나주에서 특징적인 결혼 형태로, 결혼 당사자들은 혼전에 상담을 받으며 '서약혼인은 영구적임'을 선언하고, 차후 이혼할 때 이혼의 근거를 더욱 제한하기로 합의한다. 이혼 시 쌍방의 책임을 묻지 않는 무과실 이혼(no-fault divorce)을 할 수 없고, 이혼을 원할 경우 상대방이 간통, 중죄, 약물중독, 배우자나 자녀에 대한 신체적·성적 학대를 저질렀거나, 주법으로 정한 최소 별거 기간을 넘겼음을 입증해야 한다.

구에게 의탁해야 할까? 사회보장제도가 축소되거나 사라지고 직장이 연금 기금을 삭감한다면, 더는 일하지 못하게 됐을 때 우리는 어떻게 될까? 많은 경우 우리에게 남은 유일한 자원은 협동적이고 상호부조적인 가정 내지 친족 네트워크이며, 점점 더 그렇게 되어가고 있다.[15]

이런 각본에서 가족은 경제적 안정이 공공에서 사적 네트워크로 이동하는 가운데 유일한 자원이 되면서 새롭게 중요성을 갖게 된다. 두건과 킴은 게이·레즈비언 활동가들이 혼인권 요구에 매달리기보다 가구 구성의 다양성을 인정하는 다른 진보적 가치들을 주장해야 한다고 제언한다.

대안적 친족관계는 오랫동안 게이·레즈비언 그룹과 퀴어 연구자들 사이에서 뜨거운 쟁점이었다. 캐스 웨스턴, 게일 루빈, 에스터 뉴턴 같은 인류학자들이 퀴어 커뮤니티가 새로운 친족관계의 유대를 만드는 데 들인 노력과 창의력을 칭송했다면, 다른 학자들, 즉 주디스 버틀러, 데이비드 엥 등 주로 정신분석 이론가들은 규율적 매트릭스로서의 가족을 연구하며 그것이 가진 특정한 형태의 사회 통제를 식민주의나 글로벌화와 연결했다.[16] 이 중 많은 학자가 현실에서는 사람들이 다중적이

---

15   Lisa Duggan and Richard Kim, "Beyond Gay Marriage," *The Nation*, 18 July 2005, 25.

16   다음을 참조하라. Esther Newton, "My Best Informant's Dress," 1996; Kath Weston, "Forever Is a Long Time," 1998; Gayle Rubin, "The Traffic

고 복합적인 관계의 시스템에 얽혀 있는데도 왜 핵가족이 계속해서 친족관계의 지배적인 형태가 되는지 질문했다. 캐스 웨스턴은 친족 담론이 일시성보다 지속성에, 우연성보다 영속성에 특권을 부여하는 규범적 시간성에 투자하는 방식을 탐구한다. 시간과 관계에 대한 이런 규범적 이해는 (소원할지라도) 영속적인 연결을 (강렬할지라도) 임의적인 연합보다 우선시하게 한다. 진본을 입증하는 지속성이라는 개념은 다른 모든 관계를 무의미하고 피상적인 것으로 만들며, 가족의 유대가 더 먼저 만들어진 것이라는 이유로 우정보다 더 중요한 것으로 보이게 한다. 친족관계의 영역에서 **캐주얼한**casual 같은 어휘는 태도뿐 아니라 시간성을 의미하기도 하며, **오래가는**enduring 같은 어휘는 적절성relevance이 시간성의 효과임을 의미한다.

친족 연구에는 여러 가지 형태의 퀴어적 접근이 행해져 왔다. 몇몇은 새로운 가족 모형이 필요하다고 했고(오이디푸스를 대체하는 버틀러의 안티고네, 혈연관계를 대체하는 웨스턴의 선택한 가족chosen families 등), 몇몇은 친우를 친족관계로 인정해야 한다고 했고, 몇몇은 게이·레즈비언 양육자가 가족의 의미를 변화시킨다는 사실을 인정해야 한다고 주장한다. 그러나 가족을 덜 강조하자고 하거나 가족이 탁월한 사회조직의 유일한 형태라는 인식을 거부하자고 하는 학자는 거의 없다.

in Women," 1975; David Eng, "Transnational Adoption and Queer Diaspora," 2003; Judith Butler, *Anitgones' Claim*, 2002.

이어지는 내용에서 도리 같은 캐릭터가 자신의 가족을 잊어버리고 그 과정에서 다른 양태의 관련 맺기, 소속되기, 돌보기에 접근하게 되면 무슨 일이 벌어지는지 살펴보겠다.

가족이 약속하는 바와 혼인권을 추구하는 게이·레즈비언이 욕망하는 것은 단순히 수용되고 소속되는 것이 아니라, 리 에델먼이 "이성애 미래성heterofuturity"이라 부른 것을 아이의 존재를 통해 담보함으로써 과거를 현재에, 현재를 미래에 연결하는 소속의 형태다. 에델먼이 『미래는 없다』에서, 캐스린 본드 스톡턴이 퀴어들의 아이에 관한 책 『옆으로 자라기』에서 주장하고 설명했듯, 아이는 이미 항상 퀴어하며, 따라서 재빨리 이성애 원형proto-heterosexual으로 전환되어야 하기에 아이를 미래로, 미래를 이성애적인 것으로 그리는 일련의 성장 모형 안으로 떠밀린다. 반복(버틀러), 수평성(무뇨스, 스톡턴), 미성숙 혹은 성인됨의 거부(나)를 강조하면서 성인됨을 이성애적 양육과 동일시하는 퀴어 문화는 대체substitution라는 발달 모형에 저항하며, 그 대신 스톡턴이 "옆으로sideways"라 부른 관계들, 즉 '위로'나 '앞으로'가 아니라 평행선을 그리며 자라는 관계에 집중한다. 이 퀴어한 반反발달은 건강한 정도의 망각과 부정을 요하며, 일련의 대체 과정을 거쳐 진행된다. 물론 조지프 로치의 주장처럼 모든 문화는 운동성에서 출현하며, 심지어 그가 "대리surrogation"라고 부르는 광기의 과정에서도 출현한다. '대리'란 여기서 제스처를 취하고 저기서 언어를 사용하는 식으로 끊임없이 서로를 대체하면서 그것들이 대체하는 퍼포먼스의 흔적에 의존하는 방식을 뜻한다. 『죽은 자들의 도시』에서 로치는 우리에게 정석적canonical 문화 내에 남겨진 자취를 더듬어 사라진 지 오래인 지하 문화의 증거를 찾으라고 말한다. 타자는 언제나 지배문화 내에 묻혀 있다는 것이다. 퀴어한 아이가 이성애 생산 라인 밖으로 걸어 나와 새로운 프로젝트로 향하면서, 퀴어 문화는 파열을 대체물로서 상연한다. 새 프로젝트는 옛것의 자취를 고수하지만 그것의 원형을 알아볼 수 없을 만큼 비튼다. 예컨대 이성애 문화에서 사회 안정에 기여하는 아버지와의 관계는 퀴어의 맥락에서 대디-보이[17] 관계가 되며 세대 차이를 성애화하는 데 기여한다.

이브 세지윅은 퀴어 문화가 오이디푸스적 시간성에 내재한 숨 막히는 재생산 논리를 비껴가는 한 가지 방법을 제안한다. 편집증적인 지식 생산의 위험에 관한 글에서 세지윅은 편집증적 이성이 작동하는 시간적 프레임에 주목하면서, 편집증은 예측 가능한 것이며, "불가피한 것이라는 관념에 딱 붙어 있는" 독해 실천이라고 주장한다. 세지윅은 편집증적 독해 및 관계를 다음과 같이 설명한다. 그것들은 "뚜렷한 오이디푸스적 규칙성과 반복성을 특징으로 한다. 그 일은 내 아버지의 아버지에게도 일어났고, 내 아버지에게도 일어났고, 내 아들에게

---

17   [옮긴이] 대디-보이(daddy-boy) 관계는 BDSM에서 한 사람이 아버지처럼 권위적인 역할을 맡고, 다른 사람은 순종적이고 의존적이며 어린아이 같은 역할을 맡는 관계 역학을 뜻한다.

도 일어날 것이며, 내 아들의 아들에게도 일어날 일이라는 식으로."[18] 그러나 세지윅은 퀴어한 삶이라면 그와 다르게 전개된다고 주장한다. "우리의 세대 간 관계가 항상 이와 정확히 같은 방식으로 진행되지는 않는다는 점이야말로 퀴어한 가능성이 가진 특질 아닐까?"[19] 분명 이성애적인 관계들이 본질적으로 규칙성과 반복성에 매여 있는 건 아니지만, 혈통과 유전, 세대 등의 가치를 강조하는 부르주아 가족 매트릭스는 단절 없는 연속성이냐 완전한 결렬이냐를 결정하는 시간의 흐름을 주조하는 경향이 있다.

시간과 변화에 관한 이성애 규범적 모형의 안정성은 수많은 다양한 사회 변화 모형에 영향을 준다. J. K. 깁슨그레이엄이 페미니즘적 관점에서 정치경제를 비판하며 지적했듯, 만약 우리가 자본주의, 이성애적 가부장제, 인종주의적 경제를 총체적이고 불가피한 것으로, 연속적이고 침투 불가능한 것으로 재현한다면, 우리는 그런 시스템에서 "탈출할 가능성"도, "비자본주의적 상상력"에 접근할 방법도 거의 갖지 못할 것이다.[20] 또로더릭 퍼거슨이 『흑인의 일탈』[21]에서 주장했듯, 역사유물론에

---

18   Sedgwick, "Paranoid Reading, Reparative Reading," 2003, p. 147.

19   같은 글, p. 26.

20   J. K. Gibson-Graham, *The End of Capitalism (As We Knew It)*, 1996, p. 21:
      [국역본] J. K. 깁슨-그레이엄, 『그따위 자본주의는 벌써 끝났다』, 이현재·엄은희
      옮김(알트, 2013).

21   Roderick Ferguson, *Aberrations in Black*, 2005.

서의 시공간에 대한 규범적 프레임은 아이러니하게도 **문명**에 대한 마르크스주의적 정의와 부르주아적 정의가 일치되게 만들었고, 두 정의 모두 인종화된 비규범적 섹슈얼리티를 [문명에] 선행하는 것으로, 원래대로라면 안정적이었을 사회 시스템 안에 남아 있는 무질서와 사회적 혼돈의 기호로 여긴다. 퀴어한 관계들이 지닌 우발성, 불확실성, 비규칙성, 그리고 심지어 변태성은 기억과 미래성 간의 이른바 자연적 결합natural bonds이라는 생각을 폐기하며, 비록 기억과 망각에 관한 주류 텍스트에는 잘 반영되어 있지 않더라도 망각을 지지한다.

물론 망각이 언제나 퀴어한 것은 아니다. 21세기 초에는 망각이 주류 영화의 주요 테마가 된 것도 사실이다. 하지만 주류 영화가 대개 단순히 기억을 정체성에, 기억상실을 역사와 장소성, 정치의 상실에 연결하는 데 그치는 가운데, 몇몇 영화는 종종 의도치 않게 지배적인 역사화 양식의 기반을 약화시키는 방식으로 망각을 작동시킨다. 21세기 초반 〈메멘토〉(2000), 〈이터널 선샤인〉(2004), 리메이크작 〈맨추리안 켄디데이트〉(2004), 〈코드 46〉(2003) 등 수많은 영화가 전부 기억 조작을 세뇌, 인간성 상실, 국가에 의한 사생활 침해와 등치하는 와중에, 같은 시기에 나온 일부 코미디 영화는 동일한 주제를 다루면서도 다르게, 몹시 예상치 못한 결과로 이끌어간다. 이런 영화들이야말로 기억상실에 대한 퀴어한 독해에 열려 있다. 〈니모를 찾아서〉와 〈첫 키스만 50번째〉(2004) 같은 영화가 그 예로, 둘 다 망각을 통해 사회적 유대의 무질서함을 재현하고,

둘 다 트랜스젠더 모티프를 통해 정상성의 논리를 퀴어하게 파열시키며, 둘 다 퀴어한 시간을 이성애 가족적 발전에 적합한 승계, 진보, 발전, 전통의 논리에 대항해 작동하는 것으로 이해한다. 이 영화들은 자신의 가족을 잊어버리는 캐릭터를 중심으로 하며, 급진적으로 다른 결과를 낳는다.

〈니모를 찾아서〉는 일반적으로 성인과 어린이를 위한 획기적이고 혁신적인 영화라고 여겨지지만, 〈첫 키스만 50번째〉는 그저 바보 같은 애덤 샌들러 영화라고 치부되기 쉽다(특히 하와이 원주민을 그리는 인종주의적 묘사라든가 섬 문화에 대한 식민주의적 묘사, 퀴어 캐릭터들을 활용하는 트랜스혐오적 방식 등을 보건대). 그럼에도 이 영화가 하와이를 배경으로 기억상실을 상연하고 트랜스젠더리즘의 소위 변태성을 배경으로 이성애 규범적 서사를 상연하는 까닭에, 영화가 다루는 망각이라는 주제는 흥미로워지며 지배 서사를 파열시킬 가능성도 갖게 된다. 줄거리 요약을 조금 더 해보자. 드루 배리모어가 연기하는 루시는 측두엽 손상으로 단기 기억상실증에 걸린 여성이다. 애덤 샌들러가 연기하는 헨리 로스는 낮에는 동물원 수의사로 일하고 밤에는 관광객들에게 작업을 걸곤 한다. 하와이라는 배경은 헨리의 문란함을 위한 것으로, 이 섬은 며칠 밤의 즐거움을 추구하는 싱글 여성들을 끝없이 공급해주는 듯 보인다. 따라서 하와이는 천국이라고 할 법한, 책임감이 필요 없는 쾌락의 장소로 선택된 곳이지만, 그곳은 백인 남성이 책임감 있는 성인 되기 여정에서 거쳐 가야만 하는 장소이기도 하다. 헨리의 위대한 데이트를 처자식이 있는 현지인 친구 울라(얼굴을 갈색으로 칠한 로드 슈나이더가 연기)가 즐겁게 관음증적 시선으로 지켜본다. 대안적 하와이라든가 대안적 친족관계 모델을 보여주는 것과는 거리가 멀게, 울라는 결혼 탓에 일종의 유아기 상태로 돌아간 어릿광대로 등장한다. 다른 현지인들은 이 백인의 로맨스 장면에서 우호적인 구경꾼 역할을 하면서도, 모두 이 진공상태에서 벌어지는 로맨스 스펙터클에 미묘하게 적대적이고 경멸 어린 시선을 던진다. 예컨대 현지 식당의 미치광이로 등장하는 한 중국인 이민자 남성은 헨리와 루시의 로맨스를 보고 헨리에 대해 몇 마디 비꼬며 날카롭게 비난한다(주로는 "멍청한 얼간이"). 하와이 역시 야생의 스펙터클이 전시되는 통제된 환경으로서 동물원에 비유되고 있으며, 동물원 소속 수의사이자 첫 데이트 상대에게 강렬한 인상을 남기지 못해 다음날 새로 시작해야 하는 헨리라는 남자의 로맨틱 코미디에서 실제 동물원은 단역에 머무를 뿐이다.

누구도 무언가를 배우거나 앞으로 나아가거나 기본적이고 평범한 관계들을 이해할 수 없게 만드는 기억상실의 반복순환이 〈내 차 봤냐?〉를 추동한 것처럼, 〈첫 키스만 50번째〉 역시 여주인공이 오늘의 구애자 남성을 다음날 기억하지 못하는 탓에 평범하게 진행되지 않는 이성애 로맨스 드라마에 기대고 있다. 이것이 철갑을 두른 남성성에 흠집을 내며 불능케 하는 서사로서의 잠재력을 갖는다면, 영화에 분명하게 드러난 서사적 줄기는 쉽게 잊혀지는 주인공이 맞게 되는 결과에만 집중하며, 모든 데이트에 첫 데이트처럼 임해야 하고 계속해서 좋은 첫인상을 남겨야만 하는 남자가 처한 우스꽝스러운 상황에 초점을 맞춘다. 루시의 기억의 고리는 자신이 사고를 당한 동일한 날을 계속해서 다시 살게 만든다. 루시의 아버지와 오빠는(규범적 시간을 대표하는 어머니는 이 영화에서도 〈니모를 찾아서〉에서도 이미 죽어 있다) 루시에게 실제 날짜를 알려줄지도 모를, 시간을 표시하는 모든 것을 시야에서 제거하며 매일 그날의 일상성을 다시 만들어내려 노력한다. 아버지와 오빠의 보호막에 둘러싸여 의식 없이 하루하루를 반복하는 루시에게는 일종의 매력과 천진난만함이 있으며, 새로운 시작은 그녀에게 무구함과 순수함을 부여한다. 이는 헨리가 이 반복 순환에 개입하도록 부추겨 그의 욕망 또한 연루시키는데, 헨리는 자신에 대한 루시의 관심을 이용해 자신을 중심으로 한 새로운 순환을 시작하게 한다. 이 새로운 반복 순환은 루시의 생래적 가족의 정체停滯를 새로운 핵가족의 역동이라 추정되는 것으로 대체한다. 이로써 아버지의 시간은 추방되고 그 자리에 결혼과 남편 및 아이들의 시간이 놓일 것이다. 새로운 미래는 낡은 과거와 아주 비슷해 보이는데, 여성이 아버지에서 남편으로 이동하면서 새 삶을 시작한다는 모든 로맨틱 코미디의 이성애적 장치가 잘못된 믿음임이 여기서 드러난다.

만화 〈릴로와 스티치〉(2002) 등 하와이를 배경으로 한 근래의 다른 영화들과 달리 〈첫 키스만 50번째〉는 섬을 배경으로 한 데 대해 뚜렷한 지정학적 의미를 부여하지는 않는다. 적어도 〈릴로와 스티치〉는 가족과 친족 서사를 관광객을 향한 원주민의 적대, 식민지에 미친 미국 대중문화의 영향, 국가의 부성父性적 기능이라는 복잡한 서브플롯과 함께 엮어 짠다. 반면 〈첫 키스만 50번째〉는 하와이를 일종의 빈 석판, 즉 정치적 소요가 부재한 곳이자 기억이 지워지며 생성된 정신 상태에 대한 완벽한 메타포로 사용한다. 단기 기억상실을 강조하는 영화는 저도 모르게 민족적 기억과 식민주의 역사에 관해 문제를 제기하며, 분별 있는 관객이라면 국가가 주도하는 형태의 망각과 관련한 하와이의 지위에 대해 알아차릴 수 있게 한다. 하와이와 본토 사이, 하와이 원주민과 백인 미국인 사이, 식민주의 역사와 국가 기반 서사 사이의 긴장은 여주인공의 손상된 기억처럼 모두 지워져버린다. 그러나 그 긴장들은 로맨스의 장애물만큼 쉽게 해결되지는 않은 채 남는다.[22]

루시의 기억상실이라는 문제에 대한 헨리의 해결책은 그녀가 매일 아침 볼 수 있게 비디오테이프를 만들어 세계의 뉴스(9·11 테러 포함)를 간략히 알려주고, 기억을 앗아갈 만큼 정신적 외상을 남긴 사고와 그로 인한 피해 내용을 상기시켜주는 것이다. 영화의 어느 순간에 루시는 비디오 대신 자신의 일기를 활용해 서사를 '스스로에게 알려주며' 매일 아침 가족

---

22 이 영화는 〈메멘토〉(2000), 〈이터널 선샤인〉(2004) 등을 포함하는 무수한 '망각' 영화들 중 하나일 뿐이다. 그러나 망각에 관한 진지한 영화들은 망각을 너무 쉽게 개인성의 상실로 연결한다. 나는 망각이 가로막는 것이 아니라 망각이 가능케 하는 것에 관심이 있다.

적 의무를 수행하도록 설계된 여성의 이미지가 지닌 '순종적인 아내'라는 함의를 피하고자 한다. 그럼에도 서사는 '세뇌'의 모티프에서 완전히 벗어나지는 못하며, 결국 이성애 로맨스가 규범적 형태의 사회성과 섹슈얼리티를 폭력적으로 강요하는 힘에 지나지 않음을 드러낸다. 이성애는 말 그대로 민족 서사를 결혼과 양육에 관한 개인적 서사의 토대로 설정하는 시각적 텍스트로 축소된다. 여주인공이 결혼하고 아이를 갖는 걸 잊어버리는 이런 구조(바버라 크루거[23]의 만화에 나오는 것처럼) 안에서 망각은 놀랍게도 이성애 규범성이 뿌리내리는 것을 지연시키며 전통적인 이성애 로맨스의 진보 서사에 장애물을 놓는다. 영화는 무의식적으로 미국 제국주의를 이성애에 비유하고 기억을 국가적 소속감의 원동력으로 묘사한다. 망각은 서발턴적 지식보다 지배 서사를 겨냥할 때 더욱 식민 지배에 저항하는 전략이 될 수 있다.

　미국의 식민주의에 저항하는 하와이에 관한 책에서 노에노에 실바는 토착문화에 영어로 된 역사와 해석을 가함으로써 지역의 역사가 지워지는 과정을 연구한다. 그는 하와이에 관한 영어 텍스트와 구술 사이의 갈등에 관해 이렇게 쓴다. "집에서

23　[옮긴이] 바버라 크루거(Barbara Krueger)는 DC COMICS의 시리즈 'Cartoon Network Presents'에 참여하는 만화가다. 〈Space Jam〉(1996), 〈All Dogs Go to Heaven〉(1989), 〈Samurai Jack〉(2001) 등의 애니메이션에 캐릭터 정리 및 밑그림 작업에 참여하기도 했다. 참고로 미국의 개념미술가 바버라 크루거(Barbara Kruger)와는 다른 인물이다.

듣는 이야기가 학교에서 배우는 텍스트에 들어맞지 않을 때 학생들은 구술된 쪽을 의심하도록 배운다."[24] 과거에 망각은 명백히 식민주의적 전략이었고 외국의 지식과 토착 지식 간 위계를 생산했으나, 반식민주의적 투쟁을 기억하고 인정하기 위해서는 이제 다른 서사들이 망각되고 탈학습되어야unlearned 한다. 나는 〈첫 키스만 50번째〉 같은 '멍청한' 영화가 무의식적으로 망각의 힘을 강화하며, 국가적 기억이 지역 거주민을 토착민으로 구성하는 방식을 보여줌으로써 백인 정착민을 하와이 원주민으로 매끈하게 생산해내는 작업을 방해한다고 주장한다. 헨리를 잊어버릴 때 루시는 가부장제와 이성애, 젠더 위계를 잊는다. 여러 한계에도 영화는 망각을 반식민주의적 저항 전략으로 생각해보게 만든다.

영화에 등장하는 트랜스젠더 캐릭터들은 많은 경우 규범적 이성애가 얼마나 비규범적 주체의 생산에 의존하고 있는지 드러낸다. 동물원에서 헨리의 보조로 일하는 모호한 성별의 알렉사부터 스테로이드를 뿜어내는 루시의 오빠 더그, 루시의 과거에 등장한 FTM 트랜스인 존/제니퍼까지, 트랜스젠더 캐릭터들은 핵가족 바깥의 삶이 맞는 위험을 재현한다. 루시와 헨리의 기이하고 불안하기까지 한 연애가 선택된 것으로서 진정성 있어 보이려면, 다른 캐릭터들이 과도한 자유(싱글이자 포식자인 알렉사), 충분치 않은 모성적 양육(더그), 청소년기

24   Noenoe Silva, *Aloha Betrayed*, 2004, p. 3.

의 불안(제니퍼/존)과도 연관되는 일종의 프리키한 과잉freakish excess의 모델을 만들어내야 한다. 비슷하게 하와이 원주민 캐릭터들 역시 성적으로 타락했거나(울라), 페티시즘적으로 남근기에 머물러 있거나(닉), 육체적으로 혐오감을 주거나(울라의 아내) 하는 식으로 그려진다. 따라서 헨리와 루시가 잠재적으로 도착적일 수 있는 방식을 사용해 만나면서도, 그들이 단기 기억상실을 여성이 어머니와 아내가 되기 위해 인내하는 끝없는 훈련의 메타포라기보다는 백인들의 국가 및 가족의 안정을 위한 필수불가결한 서문으로 바꿈으로써 이상적인 가족의 자리를 차지할 수 있다. 이 새로운 가족이 또 다른 유토피아인 알래스카주를 향해 떠나는 영화의 결말은 이들이 백인성, 박애주의, 불가피한 동질성 재생산에 관한 끈질긴 이야기를 쓰고자 새로운 빈 풍경을 찾아가는 것으로 볼 수 있다.

〈첫 키스만 50번째〉에 등장하는 트랜스젠더의 신체는 변화와 변혁 일반에 관한 불안과 양가성을 재현하는 듯 보인다. 루시가 기억상실 때문에 하나의 시간적 틀에 갇혀 있다면 헨리는 그녀를 위해 이성애적 가족 안에 또 다른 시간 틀을 만들어낸다. 사악하다고도 할 법한 이 로맨스 서사의 주변에 있는 트랜스 캐릭터들은 변화가 전통, 가족, 역사의 상실을 의미한다는 점을 암시한다. 그런데 과연 기억상실이 실제로 이성애를 그저 일시적으로 중단시키는 것 이상을 할 수 있으며, 망각이 실제로 뚜렷하게 퀴어하고 대안적인 미래를 만들어낼 수 있을까? 〈니모를 찾아서〉는 그럴 수 있다고 답한다. 그 영화는

〈첫 키스만 50번째〉와 같은 소재를 가족의 서사화나 구조화 대신 죽어가기, 재결합하기, 성장하기, 배우기, 배운 걸 잊기, 상실하기, 탐색하기, 망각하기, 봉기하기, 결집하기, 노래하기, 헤엄치기, 위협하기, 행하기, 존재하기, 찾기, 되기 등 동명사로 가득한 기나긴 이야기를 만드는 데 사용하며 그것을 해낸다.

〈니모를 찾아서〉의 오프닝 장면에서 한 마리의 배고픈 상어는 흰동가리 가족을 떼로 잡아먹는다. 어미와 대부분의 알은 먹혔고 매우 불안해 보이는 수컷 성체인 말린과 니모라는 이름의 살짝 장애가 있는(한쪽 지느러미가 작다) 자손 하나만 살아남았다. 앨버트 브룩스의 목소리가 연기하는 말린은 당연하게도 유일하게 남은 아들의 안전에 편집증적으로 신경 쓰며, 신경증적이고 히스테리컬하게 해저의 모든 위험으로부터 아들을 보호하려 한다. 니모는 어쩔 수 없이 그런 아버지를 지긋지긋해하며, 오이디푸스적 반항의 일환으로 아버지가 싫다고 말한 후 무모하게 심해를 가로질러 들어가 결국 잠수부의 그물에 걸려 한 치과의사 집무실의 어항에 갇히게 된다. 편집증적 공포가 현실화한 상황에서 말린은 사라진 아들을 찾아 미친 듯이 헤엄치다가 호주 시드니에 다다른다. 마침내 그가 아들을 찾아냈을 때, 말린과 니모는 인간 간수들에 맞서 물고기들의 봉기를 함께 조직하고, 오이디푸스적이지도, 편집증적이지도 않은 다른 방식의 관계를 만들어낸다.

1장에서 나는 새로운 CGI 애니메이션이 반란, 변화, 협력, 변혁 등을 그리는 데 열심이라고 주장한 바 있다. 〈치킨 런〉의 닭들은 농장 울타리를 뛰어넘고 '마음의' 울타리를 벗어나 트위디 일가의 살인적인 기계들과 영혼을 말살하는 이윤의 논리를 뒤로하고 더 나은 곳을 찾아가려 한다. 〈니모를 찾아서〉의 물고기들 또한 더 나은 세계를 열망하며, 이때 해저는 어부들이 수면을 맴돌며 해양생물들에게 전쟁을 선포하는 외해로부터의 피난처가 된다. 표면적으로 유순해 보이는 이 영화의 클라이맥스 장면에서는 실제로 단지 사라졌던 니모를 되찾는 데 그치지 않고 기억력 좋지 않은 블루피시 도리(매우 퀴어한 엘런 드제너러스의 목소리가 연기하는)가 이끄는 물고기들의 반란을 그리기까지 한다. 잠수부에게 잡혀간 후 니모는 어항 속 고참인 길에게서 탈출과 반란에 대해 배우는데, 길은 인간에게 대항하는 싸움에서는 다른 종들과의 연합이 중요하다고 강조한다. 클라이맥스 장면에서는 니모와 말린이 재회하기도 하지만, 도리가 낚시 그물에 걸리기도 한다. 니모는 도리와 다른 모든 물고기들에게 "아래로 헤엄쳐!"(니모가 길에게서 얻은 조언)라고 요청하고 그들이 이에 따르자 그물은 찢어져 모두가 탈출한다. 프롤레타리아 반란(다른 물고기들은 흑인 및 백인 대중을 재현한다!)을 그리는 이 힘찬 장면에서 기억력이 좋지 않은 도리는 "계속 헤엄쳐, 계속 헤엄쳐"라는 노래를 부른다. 영화의 전반부에서 이 노래는 바다에서 벌어지는 중요한 사업에 대한 도리의 순진한 무신경을 표현하는 것이었으나, 여기서 퀴어한 반란가歌가 된다.

　이 영화에는 앞서 내가 반란을 다루는 새로운 픽사 애니메이션 추세의 일부라고 분석한 〈토이 스토리〉류의 전형을 바꿔놓은 몇 가지 핵심적 특징이 있다. 첫째, 아버지-아들 역학 관계가 도리라는 퀴어한 '조력자'에 의존하고 있으며 결코 단순히 가부장적 유대로 분석될 수 없다는 점. 둘째, 도리가 이야기의 주변으로 밀려나지 않고, 일반적인 지혜에는 반하지만 아들을 찾는 말린의 탐색을 가능케 하는 모든 것을 '아는' 존재가 된다는 점. 따라서 단기 기억상실을 겪는 동안 도리는 인간의 텍스트를 읽어내기도 하고, 고래와도 이야기하고, 상어의 마음도 사로잡고, 가족보다 친구가 우선한다는 점을 이해하기도 한다. 셋째, 영화가 오이디푸스적 서사를 보여주면서도 아들이 자신의 생물학적 아버지가 아니라 감옥 같은 어항의 늙고 지혜로운 물고기로부터 지도자가 되는 법을 배운다는 점. 넷째, 영화가 새, 물고기, 거북, 포유동물 등 협력적인 다양한 해양종의 집합을 등장시키는 한편 인간을 무분별하고 거칠고 공간과 자원을 공유할 능력이 없는 존재로 그린다는 점.

　도리의 망각은 단순히 오이디푸스적 관계를 방해하는 데 그치지 않는다. 도리는 실제로 새로운 자아, 즉 가족과 단절되고 친구들과의 우발적 관계, 공동체와의 즉흥적 관계에 의존하는 퀴어한 자아의 등장을 알린다. 사실상 도리는 단기 기억상실 때문에 말린과 니모 그리고 자기 자신이 핵가족화되지 못하게 적극적으로 막는다. 도리는 니모의 어머니 대리자도 말린의 새 아내도 아니고, 그들 중 누구와의 관계도 기억을 못하며, 따라서 기꺼이 5분마다 관계를 새롭게 만들어낸다. 오랫동안 망각은 급진적 행동 및 현재와의 혁명적 관계와 연관되어왔다. 상황주의자들은 스스로를 '망각의 파르티잔partisans of forgetting'이라고 이해하며 '과거를 잊고' '현재를 살아간다.' 게다가 그들은 망각이 과거를 갖지 못한 채 선택지라곤 오직 항상 '지금이 아니면 결코'뿐인 프롤레타리아들이 가진 무기라고 여긴다. 도리는 역사와의 단절이라는 이 급진적 망각을 기억력이 좋지 않은 주체가 무엇보다도 가족과 전통, 혈통, 생물학적 관계를 잊고 매 순간 목적론과 상관없이, 그리고 임의적 행동에 내재한 무질서한 잠재력을 대표하며 상황에 맞는 관계성을 창조해내는 퀴어한 망각이라는 관념에 연결한다.

지성적 유기체로서의 닭에 관한 그람시적인 만화라 할 수 있는 〈치킨 런〉처럼, 〈니모를 찾아서〉 역시 가족의 이야기를 예속과 강제된 노동, 상품화에 성공적으로 대항하는 집단행동에 관한 이야기로 엮어낸다. 그리고 〈첫 키스만 50번째〉나 〈내 차 봤냐?〉 같은 '멍청한 백인 남성 영화'처럼 〈니모를 찾아라〉 또한 남성적 인식의 한계를 주제화하며 망각을 자본주의적, 가부장적 전승에 대한 강력한 제동 장치로 설정한다. (이 영화들에서 망각은 실제로 지배권력의 재생산을 중단시킨다.) 또 〈니모를 찾아라〉는 도리가 대표하는 퀴어 연합체를 자유를 향한 탐색과 친족, 정체성, 집단성의 재발명을 위해 시도하기 위한 주요 요소로 그린다. 도리의 단기 기억상실과 이상한 시간 감각은 다른 경우라면 이성애적이었을 서사에 부조리함을 도입하며 모든 시간적 상호작용을 뒤죽박죽으로 만든다. 도리는 말린에게 자신의 기억력 문제를 설명하면서 그것이 가족 내력인 것 같다고 말하지만, 그러면서 또 자신의 가족을 기억할 수가 없어서 어떻게 그 병이 생겼는지 확신할 수 없게 된다. 가족에 대한 기억이 없고, 현재 시점에 망명해 있으며, 인지력이 짧고, 계속해서 맥락이 결여된 감각을 가지고 있는 도리는 퀴어한 시간(단기 기억), 퀴어한 지식 실천(순간적인 통찰력), 반가족적 친족관계라는 매혹적인 모델을 제공한다. 욕망을 결부시키지 않은 채 말린을 돕고, 엄마 노릇 하지 않고 니모를 찾아내며, 목적 없이 여행을 하는 도리는 우리에게 보상이나 보수에 의한 동맹에 의존하지 않는 협력의 모델을 제시한다. 도리는 말 그대로 깨진 가족 옆에서 그 일부가 되지 않은 채 헤엄쳐 가며, 말린과 니모의 관계가 무엇이어야 할지 구체적으로 규명하는 데 몰입하지 않은 채 가족 간 유대를 수선하는 것을 돕는다. 그들이 부자지간이라는 사실이 도리에게 그들이 연인이나 형제지간, 혹은 친구, 아니면 모르는 사이일 경우보다 더 큰 관심사가 되는 것은 아니다.

나아가 〈니모를 찾아서〉는 명백히 변화에 관한 트랜스젠더 서사를 품고 있다. 트랜스젠더 이론생물학자인 조앤 러프가든에 따르면, 흰동가리는 성별을 바꿀 수 있고 또 종종 바꾸는 여러 생물종 중 하나다. 『진화의 무지개』에서 러프가든은 여러 형태의 동물적 사회성에서 성적 다양성이 수행하는 역할을 설명하며, 다른 연구자들이 물고기, 조류, 도마뱀들 사이에서 예외적으로 혹은 드물게 존재하는 경우라고 해석한 모든 종류의 성적 행동이 실로 종의 진화와 생존에 중요한 부분이라고 재해석해낸다.[25] 그의 연구에 따르면 흰동가리의 경우 교미할 때는 일부일처제를 따르는 경향이 있는데, 암컷이 죽으면(〈니모를 찾아서〉에서처럼) 수컷은 성별을 바꿔 암컷이 된다. 그리고 나면 그 암컷은 자손 중 하나와 교미해 친족 회로를 다시 만들어낸다. 러프가든은 다른 모든 생물의 변태나 이동과 마찬가지로, 흰동가리들의 행동이 재생산 순환 reproductive circuit의 우세를 말해주는 증거라기보다는 가족 구조가 아닌 안정적인 공동체를 만드는 적응적 친화 과정이라고 설명한다. 동물 공동체에 관한 러프가든의 모델은 경쟁, 억제, 신체적 우월성이라는 인간의 가치를 다양하고 폭넓은 동물들의 행동에 끼워맞추는 다윈식 해석과 의도적으로 결별한다.

〈니모를 찾아서〉와 〈첫 키스만 50번째〉 모두 어머니가 부재하는 상황에서, 그리고 여러 트랜스젠더 캐릭터와 관계 맺으며 단기 기억상실로 이야기를 만들어낸다는 점은 중요하다. 두 영화 모두에서 어머니는 과거와의 관계를 나타내며, 어머니가 죽을 때 기억도 함께 사라진다. 각 영화의 트랜스섹슈얼 혹은 트랜스젠더 캐릭터는 어머니의 죽음이 시스템에 초래한 무질서를 재현한다. 이런 영화들에 대한 보수적 독해는 대중문화가 어머니와 연관된, 그리고 어머니가 부재하는 상황에서 열정적으로 재건되어야 하는, 지속적이고 안정적인 신화적 시간을

---

25   Joan Roughgarden, *Evolution's Rainbow*, 2004.

향수에 젖어 기억하고 있다는 결론으로 우리를 이끌지도 모른다. 장르와 그것이 불러일으키는 세대성이라는 관념에 관한 더 희망적인 독해를 따르면, 〈니모를 찾아서〉의 기억력 안 좋은 물고기와 〈첫 키스만 50번째〉의 시간 관념을 잃은 여성은 역사적 혹은 오이디푸스적 해결책을 거부하며 확정적인 과거를 추적하고 규범적 미래의 지도를 그리는 충동에 저항할 기회가 된다. 〈니모를 찾아서〉에서 도리의 경우는 상실, 덧없음, 망각이라는 이상하면서도 희망에 찬 시공간에 잠시 머물러보도록 우리를 부추긴다.

결론

실천으로서의 망각은 이미 모든 정치적, 문화적 프로젝트에서 필수적인 부분이다. 토니 모리슨의 소설 『빌러비드』의 결말을 예로 들면, 세스의 아이의 유령과 노예제에 희생된, "기억되지 못하고 설명되지 못한" 모든 이의 유령이 사라지고, 세스와 덴버는 망각의 공간, 즉 노예제의 공포가 그들을 속속들이 지배하지 않는 공간, 상실과 침해, 비인간화, 기억으로 뒤범벅됐던 곳을 삶으로 채우는 공간으로 들어갈 수 있게 된다.[26] 모리슨

---

26 Toni Morrison, *Beloved*, 1987: [국역본] 토니 모리슨, 『빌러비드』, 최인자 옮김 (문학동네, 2014).

은 사랑하는 이들의 떠남이 남아 있는 이들에게 미치는 효과를 이렇게 묘사한다. "그들은 그녀를 나쁜 꿈처럼 잊었다. 그날 현관에 앉아 있던 그녀를 본 이들은 이야기를 지어내 가공하고 장식한 다음 재빨리, 일부러 그녀를 잊었다. … 기억한다는 것은 현명하지 못한 일인 듯했다."[27] 모리슨이 잊는 행위를 수용하는 것은 매우 명확한 기능을 갖고 있으며, 망각을 생존 전략으로서 완전히 보증하려는 의도는 아니다. 오히려 모리슨은 망각을 우발적이고, 필요하고, 일시적인 것이자, 한편으로 수용 가능하고 구미에 맞는 형태로 기억을 짜 맞추어 과거를 인식하곤 하는 기억의 논리(예컨대 관습적인 노예 서사)를 파열시키는 것으로 여긴다. 망각은 새로운 방식으로 기억하는 것을 가능케 하기도 하므로, 모리슨의 소설에서 노예제 생존자들은 자신들을 따라다니던 유령을 잊는 한편 유령이 남긴 흔적과 함께 살아가는 법을 배우기도 한다.

모리슨의 소설은 우리에게 지배문화가 공정하고 관대한 현재라는 환상과 허구를 유지하기 위해 과거를 한켠으로 제쳐놓는 손쉬운 도구로 망각이 사용될 수 있다는 점도 일깨워준다. 우리가 망각이 행한 피해의 증거(예컨대 '노예제를 지난 일로' 하고자 하는 미국 사회의 욕망)와 함께 일상을 살아가는 와중에도 낡은 전통에 얽매이지 않는 새로운 미래를 만들어내는 데 망각이 발휘하는 힘을 가늠하는 일은 여전히 가치 있을

27   같은 책, p. 274.

것이다. 호세 무뇨스와 엘리자베스 프리먼은 퀴어 시간성에 관한 각자의 책에서 망각을 구체적으로 언급하지는 않지만 퀴어 미래성을 시간과 역사에 관한 이성애 규범적 관념과 단절하는 것으로 구성해낸다. 무뇨스에게 퀴어 미래성은 "촉구되어야 하는 잠재성의 영역"이자 "여기는 아닌 곳"이며,[28] 프리먼에게 시간과의 퀴어한 관계는 신체, 쾌락, 역사, 시간의 새로운 배치를 통해 접근된다. 그가 "에로토-역사기록학erotohistoriography" 혹은 "역사 자체의 반역사counterhistory"라고 명명하는 그러한 배치는 퀴어성과 연결되고 쾌락을 통해 접근된다.[29]

망각은 과거의 무게와 미래의 굴레로부터 벗어날 수 있게 해준다. 『망각의 역사』에서 노먼 클라인은 기억의 불확실성을 변화무쌍한 도시 풍경 속 장소의 취약성과 연결한다. 그는 기억을 되살리는 경험주의적 프로젝트를 거부하고, 보르헤스로부터 찾아낸 방법인 선택적 망각을 택한다. "선택적 망각은 사회적 상상계에서 어떻게 허구가 사실로 둔갑하면서 사실을 허구로 지워버리는지를 묘사하는 문학적 도구다."[30] 니체는 망각이 능동적일 수 있으며, 능동태의 망각은 정신의 질서를 보존

---

28 Muñoz, *Cruising Utopia*, 2010, p. 21.

29 Elizabeth Freeman, *Time Binds*, 2010, p. 95. 프리먼의 책과 함께 Muñoz, *Crusing Utopia*, 2010도 참조하라. 퀴어 시간성에 관한 중요한 문헌인 두 책은 내가 이 책을 마무리할 무렵 출간되었기 때문에, 필요한 만큼 충분히 참고하지 못했다. 무뇨스의 책은 실패에 관해서도 자세히 서술하고 있다.

30 Norman Klein, *The History of Forgetting*, 1997, p. 16.

하는 역할을 한다고 말한다. 니체에게 "망각 없이는 행복도, 명랑함도, 희망도, 자긍심도, 현재도 없다."[31]

행복에는 망각이 필요하다는 니체의 생각은 정신분석학의 억압 개념과도 공명한다. 실로 프로이트는 히스테리 환자를 "회상으로 고통받는" 사람이라고 특징지은 바 있다. 기억은 잊어버리는 편이 나을지도 모를 사건에 대한 경험을 능동적으로든 수동적으로든 살아 있게 하기 때문에 고통스러울 수 있다. 히스테리 환자가 억압에 능하지 못해 어떤 경우에 받아들일 수 없는 소재의 억압이 곧장 다른 경우에는 새로운 증상을 만들어낸다면, 망각을 급진적으로, 완전히, 마음대로 행할 수 있는 이들도 있다. 물론 우리 모두는 언제나 마음대로 망각을 행하고 있다. 가끔 우리는 새로운 정보가 들어올 수 있도록 머릿속에서 무언가를 지워야 할 때가 있다. 예컨대 전화번호를 바꿨을 때 예전 전화번호는 잊혀야만 하는데, 그러지 않으면 잔류 기억이 계속해서 새 번호를 덮어쓸 것이다. 학습은 사실상 암기인 한편 망각이고, 축적인 한편 삭제이기도 하다. 그러나 망각이 단순히 새로운 것들에 더 많은 공간을 확보해주기 위한 실용적인 전략일 수만은 없다. 망각은 일종의 게이트키핑 메커니즘이기도 해서, 견딜 수 없는 기억으로부터 자아를 보호하는 한 가지 방법이다. 따라서 많은 학자가 지적했듯 충격

---

31 Friedrich Nietzsche, "Second Essay," 1969, p. 58: [국역본] 프리드리히 니체, 『도덕의 계보』, 박찬국 옮김(아카넷, 2021).

과 트라우마는 망각이라는 형태를 만들어내 파괴적인 지식으로부터 분리된 채 성장하도록 자아를 보호한다.

트라우마와 관련한 역할을 생각할 때 홀로코스트 연구에서 망각이 중심적 위치를 차지한다는 사실은 놀랍지 않다. 관련 회고록들을 보면, 홀로코스트에 관한 모든 지식 행위에서 도덕적 명령인 "결코 잊지 말 것"이라는 구절은 실제로 작동하는 기억과 망각의 복잡한 관계를 지워버리는 경향이 있다. 홀로코스트 생존자 주변 사람이라면 누구나 그들이 능동적 망각을 실천한다는 사실을 잘 알 것이다. 클로드 란즈만 감독의 〈쇼아〉(1985)는 아마도 부인이 아닌 망각을 가장 미묘하게 재현한 경우일 것이다. 그 영화는 중간중간 중단과 침묵이 끼어들며, 단속적인 서사와 부서진 기억의 조각들이 드러난다. 사람들은 이야기를 들려주기 시작하다가 갑자기 멈추고, 말하기 시작하다가는 또다시 몸짓에 의지한다. 강제수용소 희생자들뿐만 아니라 쇼아에 공모한 폴란드인 증언자들도 모두 이런 형태의 서사에 관여하며, 파괴의 이야기를 쓰는 만큼 지우기도 한다.

W. G. 제발트의 『아우스터리츠』의 서사를 구성하는 것은 잊고자 하는 욕망과 트라우마적 사건에서 구조된 후 그것을 기억할 수 없음이라는 경험이다. 이 소설은 한 소년이 킨더트랜스포트[32]를 통해 구출되며 위험에서 빼내지는, 그리고 이

---

32   [옮긴이] 킨더트랜스포트(Kindertransport)는 2차 세계대전 당시 나치가 장

에 따라 그 경험이 기억에서도 뽑혀 나가는 역경의 과정을 그린다. 제목과 동명의 인물인 섬세한 자크 아우스터리츠는 기차역명을 따라 이름 지어졌고, [노년에 이른] 그는 어떤 몸들은 자유를 향해, 다른 몸들은 나치의 절멸 수용소로 데려간 기차 노선을 따라 전 유럽에 걸친 유년시절 기억의 편린을 찾아간다. 아우스터리츠는 결코 기억으로 융해되지 않는 공간적 지각에 시달리고 있으며, "역사를 지나오는 내내 무수히 많은 가느다란 선의 궤적을 그린 고통의 표지"를 발견하고 그 세부를 파악하기 위해 철도 건축을 연구하고 있다.[33] 그는 자신의 연구에서 그가 결코 "작별의 고통에 대한 생각과 낯선 장소들에 대한 공포를, 그런 생각이 엄밀한 의미에서는 건축 역사의 일부가 아님에도, 떨칠 수" 없음을 알게 된다. 기차역은 그 모든 엄격함과 기념비성, 운행표에 따른 철저한 시간성, 리드미컬한 안락함으로 아우스터리츠에게 망각의 건축, 작별의 역사를 제공하고, 그는 상업이 쇠락한 채 텅 빈 거리, 시간 속에 소멸된 고요한 역사驛舍, 상실의 형태와 기억이 닿지 않는 곳에 남은 윤곽들이 담긴 자연경관을 따라 잃어버린 기억의 자취를 더듬

악한 유럽에서 어린아이들을 안전한 지역으로 구출하던 영국 정부의 인도주의 정책을 말한다. 미국 등 대부분의 국가가 나치의 박해를 피하려던 난민에게 비자를 내주지 않은 상황에서, 주로 나치 독일, 오스트리아, 체코, 폴란드 지역의 17세 이하 유대인 아이들 1만여 명이 영국으로 구출되었다.

33 W. G. Sebald, *Austerlitz*, 2002, p. 14: [국역본] W. G. 제발트, 『아우스터리츠』, 안미현 옮김(을유문화사, 2009).

2장. 야, 내 팔루스 봤냐?—잊기, 잃기, 반복하기   175

는다. 아우스터리츠는 그 폭력의 궤도에서 빼내어졌으므로 홀로코스트를 기억할 수는 없지만, 그럼에도 그것은 부재의 형태로, 그가 가질 수 없었던 유년기의 형태로, 그가 피한 죽음의 형태로, 자신의 전기(傳記)에서 중심부를 차지하는 위협적인 심연의 형태로 그를 유령처럼 지배한다.

제발트의 소설에서 두드러지는 점은 스스로도 알 수 없고 독자에게도 파악되지 않는 인물을 형상화해내는 점이다. 자크 아우스터리츠는 서술자의 페르소나와도 겹치는데, 서술자는 독자를 위해 아우스터리츠의 서사를 구조화해주기도 하지만, 쇠약한 건강 상태와 직업적 낙담이라는 그의 문제 역시 암시해준다. 소설은 의식의 쇠퇴기처럼 빛과 어둠 사이를 끝없이 맴도는데, 서술자는 이를 동물원에서 야행성 동물을 낮에 깨워놓기 위해 설치한 인공조명에 비유한다. 그는 죄수를 가둔 채 그대로 잊고 내버려두던 중세 성의 창문 하나 없는 지하 감옥 속 작은 감방의 어스름한 빛을 상기하기도 한다. 제발트와 그의 이름 없는 서술자에게 잃어버린 것은 결코 되찾을 수 없고, 사라진 것은 자취를 남기지 않으며, 떠난 이는 절대 돌아오지 않는다. 아우스터리츠는 체코슬로바키아에서 영국으로 향하는 기차에 오르면서 뒤로한 자신의 유년시절의 조각들을 결코 되찾을 수 없다. 마침내 체코슬로바키아로 다시 돌아온 그는 테레진 수용소 터에 자리 잡은 마을 주변을 걸으며 작은 골동품 상점에 진열된 다람쥐 석고상을 바라본다. 그는 상점 주인 혹은 골동품 수집가에게는 테레진에 먼저 도착한 후 아우슈비츠로 향한 인간(대개 여자와 아이)들보다 다람쥐가 더 큰 가치를 가진다는 사실을 깨닫는다. 이 다람쥐는 수백만 사람들에 대한 무심한 학살에 대비되는 연속성과 지속성, 그리고 생존의 진부함을 재현한다. 기억을 하기 시작한 아우스터리츠는 쓰러진다. 망각을 배울 때에야 그는 계속 살아나갈 수 있다. 물론 "계속 살아나감"은 결코 돌아갈 수 없음을 뜻한다.

실상 우리는 기억이 약속하는 방식으로 과거를 원래대로 결코 다시 짜 맞출 수 없다. 사이디야 하트먼은 과거의 잘못과 현재의 조건을 연결하는 작업의 불가능성에 관한 성찰을 담은 회고록에서 이런 질문을 던진다. "우리가 과거를 기억하기로 하는 것은 왜이며, 또 잊으려 하는 것은 왜인가? 내 고조할머니는 망각이 새 삶을 살 가능성을 제공해준다고 믿었을까?"[34] 하트먼은 앨라배마주의 노예 증언록에서 자신의 고조할머니 이름을 발견했는데도 고조할머니가 노예제에 관해 이야기하기를 꺼리는 점에 주목하며, 기억을 복원하려는 오늘날의 추세에 의문을 표하는 한편, 트라우마를 남긴 과거에 접속하는 것이 수치와 죄책감에 연결되는 일이기도 하다는 사실을 알게 된다. "자신이 생존해낸 끔찍한 일들 옆에는 그로부터 살아남았다는 수치심 역시 자리한다. 기억 행위는 잊으려는 의지와 전쟁을 벌인다."[35] 이후 그는 이 주제로 다시 돌아온다. "'기억을 살

---

34   Saidiya Hartman, *Scenes of Subjection*, 2007, p. 15.
35   같은 책, p. 16.

해하기'가 더 쉬운 방법이기 때문에 그러기로 마음먹는 이들이 있는 건 당연하다. 망각은 노예제의 고난을 견디는 걸 덜 고통스럽게 만들어주며 이방인들 세계에서의 새 삶을 더 쉽게 받아들일 수 있도록 해준다."[36] 하트먼은 생존이란 어느 정도 망각하기, 억압하기, 넘어가기moving on를 요하는 일이라고 시사한다.

데리다는 「아카이브 열병」이라는 글에서 죽음충동을 망각과 연결하며 죽음충동이 "침묵 속에서 작동하고, 결코 그 아카이브를 남기지 않는다"고 말한다.[37] 망각이라는 무정부주의적 공간 혹은 죽음이라는 반anti-아카이브는 아카이브 열병을 추동하는데, 데리다에 따르면 이는 (말 그대로) 보수적 잠재력과 혁명적 잠재력을 모두 가진 기억에의 의지다. 아카이브 열병은 가장 전통적인 형태일 때 "근본악radical evil"에 가깝다.[38] 다음의 세 장에서는 퀴어성과 여성성, 페미니즘을 실패, 상실, 좌절, 기억, 망각이 상기시키는 근본악에 연결해보려 한다.

---

36   같은 책, p. 96.
37   Jacque Derrida, *Archive Fever*, 1998, p. 10.
38   같은 책, p. 20.

3장. 실패의 퀴어 예술

처음에 성공하지 못한다면, 실패가 자신의 스타 일일지도 모른다.

— 퀜틴 크리스프, 『벌거벗은 공무원』

역사상 동성애자 정체성의 몇몇 측면이 지닌 가 치—매우 이데올로기적일지는 몰라도—는 해방 의 물결이 뒤따르면서 줄어들거나 잊혔다. 그중 중심적인 것은 동성애적 사랑과 상실의 연관성 인데, 그것은 역사적으로 퀴어들에게 (물론 사랑 의 미래에 대한 헛된 기대만큼이나) 사랑의 실패 와 불가능성에 대한 통찰을 제공했다. 그런 연관 을 부정하기보다 주장하는 나는 실패하는 기술 이야말로 특히 퀴어한 예술이라고 생각한다.

— 헤더 러브, 『역행하는 감정들: 상실과 퀴어 역사 의 정치학』

퀴어한 실패는 … 탈출이라든가 특정한 기교에
더 가까운 것이다.

— 호세 E. 무뇨스, 『크루징 유토피아: 퀴어 유토피
아의 때와 장소』

21세기의 첫 10년이 끝나갈 무렵, 미국이 대공황 이후 최악의
금융위기 중 하나로 미끄러져 들어가고, 모든 경제학자가 금
융 붕괴가 시작되는 신호를 놓쳤다며 두 손을 들고, 노동자들
이 부실 담보대출로 집을 잃고, 중산층이 불량 상품에 투자한
대가로 퇴직금을 잃고, 부자들은 어느 때보다 컸던 구제자금
을 자기 주머니에 넣고 자기네 부의 피난처로 삼고, 은행이 다
른 사람 돈으로 게임을 하는 카지노 자본주의가 진면모를 드
러내면서, 분명해진 것은 이제 실패를 이야기할 때가 되었다는
것이다.

실패는 물론 자본주의와 손잡고 왔다. 시장경제에는 승자
와 패자, 도박사와 위험 감수자, 사기를 친 사람과 당한 사람이
있게 마련이다. 스콧 샌디지가 『타고난 루저들: 미국 내 실패의
역사』에서 주장했듯, 자본주의는 누군가의 이윤이 다른 누군
가의 손실을 의미할지라도 모든 사람이 성공을 이윤과 등치하
고 실패를 부의 축적 불능과 연결하는 시스템 속에서 살아가
게 만든다. 샌디지가 서술했듯 승자가 쉼 없이 자신의 승리를
이야기할 때 루저는 기록을 남기지 않기 때문에, 실패의 기록

은 "낙관주의의 문화 속에 숨은 염세주의의 역사"다.[1] 염세주의의 숨은 역사, 더욱이 모든 성공 이야기 뒤에 말없이 놓여 있다고도 할 이 역사는 수많은 다양한 방식으로 이야기될 수 있다. 샌디지가 이를 미국 자본주의의 그림자 역사라고 한다면, 여기서 나는 그것을 반자본주의적이고 퀴어한 투쟁의 이야기라고 부르겠다. 또 나는 그것을 반식민주의적 투쟁의 서사, 가독성을 거부하는 서사, 자발적 퇴행의 기술에 관한 서사라 하겠다. 이것은 시장 없는 예술, 각본 없는 드라마, 진행되지 않는 서사에 관한 이야기다. 실패에 관한 퀴어 예술은 불가능한 것, 있을 법하지 않은 것, 아닐 듯한 것, 주목할 만하지 않은 것을 중심으로 한다. 그것은 조용히 실패하면서 삶을 위해, 사랑을 위해, 예술을 위해, 존재를 위해 다른 목표를 상상해낸다.

실패는 제임스 C. 스콧이 "약자들의 무기"[2]라고 부른 일련의 저항 도구 중 하나다. 스콧은 동남아시아 소작농들의 저항을 설명하면서 무관심이나 묵종처럼 보이는 특정한 활동들이 지배 질서에 대한 저항의 '숨은 기록'임을 밝혔다. 여러 이론가가 저항에 관한 스콧의 이러한 독해를 다른 정치적 프로젝트를 설명하기 위해, 그리고 권력의 역동을 다시 사유하기 위해 사용한다. 일례로 사이디야 하트먼 같은 학자는 스콧의 연구를 끌어와 일을 천천히 하거나 무능력을 가장하는 등의 노예

---

1   Scott Sandage, *Born Losers*, 2005, p. 9.

2   James C. Scott, *Weapons of the Weak*, 1987, p. 29.

제에 대한 미묘한 저항을 설명한 바 있다.[3] '약자들의 무기'라는 개념은 게으름, 수동성, 저항력 결여 등으로 보이는 것을 지배 집단의 사업을 지연시키는 실천이라는 맥락에서 재범주화하는 데 활용될 수 있다. 또 우리는 실패를 권력과 규율의 지배적 논리에 묵종하기를 거부하는 한 방법이자 비판의 양식으로 생각해볼 수 있다. 실천으로서의 실패는 지배 권력에 대안이 이미 내재해 있으며 권력이 결코 완전하거나 일관될 수 없음을 확인해준다. 실로 실패는 이데올로기의 예측 불가능성과 불확정성을 활용할 수가 있다.

그람시는 경제결정론을 거부하며 다음과 같이 썼다. "기계적인 역사유물론은 오류의 가능성을 감안하지 않고, 모든 정치적 행동이 구조에 의해 곧장 결정되며, 따라서 그것은 (성취되었다는 점에서) 실제적이고 영구적인 구조 수정으로 확정된다고 상정한다."[4] 그람시에게 이데올로기는 완벽한 예측 가능성만큼 오류나 실패와도 관련 있다. 그러므로 급진적으로는 정치적 삶의 무질서한 흐름 속에서 지배와 종속 간 끊임없이 변하는 관계와 보조를 맞추도록 즉흥적인 모드를 활용해야 할 것이다. 그람시는 지성을 자기인식의 한 방식으로, 또 '상식'에 대한 계급적 이해에 맞게 의미를 한정하는 구조에 관한 응용

---

3   Saidiya Hartman, *Scenes of Subjection*, 1997.

4   Antonio Gramsci, "Hegemony, Relations of Force, Historical Bloc," 2000, p. 191.

지식으로 파악한다.

퀴어 연구는 다른 곳에 대한 환상이 아닌, 헤게모니적 시스템에 대한 실재하는 대안을 상상하는 한 가지 방법론을 제공해준다. 그람시가 "상식"이라 칭한 것은 규범 생산에 깊이 의존하고 있고, 따라서 상식의 지배적 형태에 대한 비판 역시 어떤 의미에서는 규범에 대한 비판이다. 이성애 규범적 상식은 성공을 발전, 자본 축적, 가족, 윤리적 행동, 희망과 등치 관계에 놓는다. 다른 상식, 즉 예속되거나 퀴어하거나 반헤게모니적인 상식은 실패를 비순응, 반자본주의적 실천, 비재생산적 생활 방식, 부정성, 비판과 연결한다. 호세 무뇨스는 퀴어한 실패에 관해 지금껏 가장 정교한 설명을 제시했고, 퀴어들과 실패의 연관성을 한편으로는 "실용주의"에 대한 유토피아적인 "거부"의 측면에서, 다른 한편으로는 사회 규범에 대한, 역시 유토피아적인 거부의 측면에서 설명했다. 『크루징 유토피아』에서 무뇨스는 섹스, 권력, 유토피아적 갈망에 관해 획기적인 주장을 편다. 때때로 이 퀴어한 유토피아적 갈망의 계보에서 게이 남성의 크루징[5]과 익명적 섹스가 크게 주목되지만, 다른 경우에 섹스는 『탈동일시』[6]에서처럼 산 자와 죽은 자 간의 멜랑콜리아적이며 욕망하는 관계로서 더욱 섬세한 방식으로 다뤄

---

5 [옮긴이] 크루징(cruising)은 섹스 파트너를 물색하는 행위를 일컫는 은어로, 주로 게이 커뮤니티의 하위문화를 지칭할 때 쓰인다.

6 Jos E. Muñoz, *Disidentifications*, 1999.

진다. 종종 무뇨스는 자신의 아카이브에 주목하며, 이따금 잭 스미스(1932-1989)나 프레드 허코 같은 퀴어 문화 전문가들의 멋진 실패로도 눈길을 돌리지만, 다른 때는 시장가치로 재단되는 눈부신 성공의 수면 아래 잊힌 하위문화 생산자들의 고고학적 퇴적층을 온전히 제시하기 위해 드러내놓고 성공 이야기(프랭크 오하라, 앤디 워홀)를 다루기도 한다. 무뇨스는 실패에 관한 문화적 서사에서 퀴어성을 절대적으로 중심적인 자리에 놓지만, 현실에는 실패를 주류의 곁에서 보조를 맞추는 서사로 장렬하게 자리매김시키는 견고한 문헌들이 존재하는 것 역시 사실이다. 그러니, 먼저 퀴어성과 연관되지 않는 실패에 관한 극적인 서사를 들여다보자. 그러려면 왜 실패를 우리가 **퀴어하다**고 말하는 정치적 효과의 범주 안에 놓아야 하는지에 관한 질문을 일단 접어둬야 할 것이다.

펑크한 실패

어빈 웰시의 악명 높은 고전적 펑크 소설인 『트레인스포팅』은 에든버러의 슬럼가를 배경으로 실패, 실망, 중독, 폭력에 관해 그리는데, 확실히 퀴어와는 거리가 먼 소설이다.[7] 이 소설은 스

---

7   Irvine Welsh, *Trainspotting*, 1996: [국역본] 어빈 웰시, 『트레인스포팅』, 임지현 옮김(단숨, 2014).

코틀랜드 노동계급이 분출하는 폭력성과 외설적인 광분으로 가득하지만, 함축된 실패의 정치학을 특유의 사나운 방식으로 드러내는 펑크 부정성punk negativity이 빛나는 순간 역시 담고 있다. 『트레인스포팅』은 대처 치하의 영국에서 도피하려는 스코틀랜드 청년 실업자들의 시련과 고난을 맹렬한 유머와 위트로 그린다. 소설은 반영웅이자 다섯 화자 중 한 명인 렌턴이 일반적인 서사 전개 과정을 거부하고, 내내 약물에 도취된 황홀경과 권태의 고통을 오가는 데 페이지를 할애한다. 그는 성숙기를 거치지도 앞으로 나아가지도 않는다. 그 자신이나 친구들이나 어떤 것도 배우지 않고 불량한 생활을 이어가다가 대개는 결국 약물, 에이즈, 폭력에 노출되고 방치되어 죽는다. 렌턴은 자신이 규범적 자기계발 모델을 거부했음을 분명히 인정하고 이를 자유주의적 선택 개념에 대한 신랄한 비판으로 바꾼다.

내가 이해득실을 따질 수 있고, 내 수명을 신경 쓰고, 건강한 정신 등등을 갖고 있다고 가정할 때, 그런데도 여전히 스맥[헤로인]을 원한다? 그럼 아무도 그걸 하게 두진 않을 거다. 그들 자신이 실패했다는 증거처럼 보이니까, 아무도 그러게 두지 않을 거다. 사람들이 제공해야 하는 것을 그저 거부하기로 선택하는 일이 되는 거다. 우리를 선택하라. 삶을 선택하라. 주택담보대출 상환을 선택하라. 세탁기를 선택하고, 차를 선택하고, 소파에 앉아 입에 망할 정크푸드를 쑤

셔 넣으며, 넋을 빼앗고 정신을 뭉개놓는 오락 프로 시청을 선택하라. 집에 들어앉아 이기적이고 개판인 자식놈들에게 창피한 존재가 되어 스스로를 경멸하고 저주하며 썩어 문드러지기를 선택하라. 그럼 난 삶을 선택하지 않기를 선택하겠다. 놈들이 그걸 감당할 수 없다면 그건 그들 문제지. 해리 로더의 말처럼 나도 길 끝까지 계속해서 나아가리라.[8]

'삶'을 선택하지 않겠다는 선택으로 렌턴은 남성적 품위의 정반대에 놓이겠지만 한편으로는 그 덕에 후기 복지국가post-welfare state에서의 건강, 행복, 정의에 대한 모순적 논리를 폭로할 수도 있게 된다. 명석하리만치 영악한 이 발언에서 그는 '삶'이 "주택담보대출 상환 … 세탁기 … 자동차 … 소파에 앉아 입에 망할 정크푸드를 쑤셔 넣으며, 넋을 빼앗고 정신을 뭉개놓는 오락 프로 시청"이라든지 집 안에서 썩어가는 것을 의미하는 상황에서는 건강 대신 약물을 택하는 것이 "삶을 선택하지 않겠다"는 선택이라고 정당화한다. 그에 따르면 사회는 "복잡한 거짓 논리를 고안해 주류를 벗어난 행동을 하는 사람들을 흡수하려 한다."[9] 이러한 논리에서, 사람을 멍하게 만드는 가정 내 수동성이라고도 할 법한 '삶'은 마약과 음주로 점철된 삶보다 더 나은 도덕적 '선택지'를 구성해낸다. 동일한 논리가

8   같은 책, p. 187.
9   같은 책, p. 187.

거리의 건달보다 청년에게, 성적 문란함보다는 결혼에 지원군이 되어준다.

이 논의는 영국 내 식민 지배의 구조로도 확장된다. 스코틀랜드를 식민화한 영국과 이를 받아들인 스코틀랜드인들을 순열하게 비판하는 렌턴은 광적이고 폭력적인 친구 벡비를 옹호하며 분개한다. "벡비 같은 이들은 실패한 나라의 망할 실패자다. 영국이 식민 지배를 했다고 탓해봐야 소용없는 것이다. 나는 영국인들을 싫어하지 않는다. 그들은 그저 재수 없는 놈들일 뿐이니까. 우리는 재수 없는 놈들에게 식민 지배를 당했다. 우리는 기왕이면 근사하고 생기 있고 건강한 문화의 식민 지배를 당하도록 고를 수조차 없었다. 아무렴. 우리는 무기력한 멍청이들에게 지배당했다. 그래서 우리는 어떻게 되었나? 낮은 자들 중 가장 낮은 자, 지구상의 인간쓰레기가 된 거다. 세상에 싸질러진 것들 중 가장 끔찍하고 비열하고 비참하고 한심한 쓰레기 말이다. 나는 영국인을 싫어하지 않는다. 그들은 그저 자기네 멍청함shit을 가지고 해나간 것이다. 내가 싫어하는 건 스코틀랜드인들이다."[10] 렌턴의 비판은 그 감정적인 성질 때문에 논점을 인정받지 못할 수도 있지만, 영국 식민주의에 대한 가열하고 강력한 비판이자 반식민주의적 민족주의의 거짓된 낙관적 수사에 대한 비판이기도 하다. 아주 다른 맥락에서 리사 로우는 식민주의 대 민족주의라는 이분법을 거부

10   같은 책, p. 78.

하는 글쓰기를 "탈식민화하는 글쓰기", 즉 "식민적 생산양식을
계속해서 붕괴해나가는 작업"이라고 설명한다.[11] 스코틀랜드의
탈식민화 소설인 『트레인스포팅』은 마약, 절도, 폭력을 식민지
인이자 에든버러 슬럼가의 노동계급인 남성들이 활용하는 '자
들의 무기'로 그린다.

선택에 대한 자유주의적 수사를 비판하고 이성애적 가족
중심주의를 거부하던 렌턴은 폭발적인 부정성을 분출하며 지
배계급과 소수계급 양쪽에서 무수히 많은 표적을 찾아내게 된
다. 때때로 그의 부정성은 쉬이 인종주의나 성차별주의, 심한
호모포비아로 화하지만, 대개는 진보적인 비판의 정치학과 같
은 수준을 유지한다. 부정성을 퀴어성 자체로 연결하는 근래
의 퀴어 이론은 렌턴의 발화와 공명하는 면이 있다. 리 에델먼
의 『미래는 없다』는 렌턴과 마찬가지로 퀴어들이 "상상계적 과
거의 규율적 이미지이자 언제나 불가능한 미래와의 투사적 동
일시의 장소인 아이the Child를 택하지 않기를 택할"[12] 것을 권
한다. 주어진 선택지에 대한 에델먼의 거부가 정치적 적절성
의 구성 자체를 의문시하기 위해 상징계의 질서를 거스른다
면, 『트레인스포팅』에서의 거부는 현상現狀에 단단히 달라붙는
데, 이는 백인 남성의 몰락을 새로운 질서 등장의 일환으로 상
상할 수가 없기 때문이다. 결국 『트레인스포팅』은 남성적 권위

11   Lisa Lowe, *Immigrant Acts*, 1996, p. 108.
12   Lee Edelman, *No Future*, 2005, p. 31.

를 단순히 전복시키는 점, 여성에 적대적인 형제애, 예측 불가능한 폭력성 분출 등의 면에서 과도하게 이성애 남성적이다. 소설은 대안에 대한 구체적 비전 없이, 가부장적, 인종적 특권이라는 유산을 갖지 못한 남성 건달의 분노에 차 들끓는 언어로만 수렴돼버린다. 이 퀴어하지 않은 실패의 사례에서 실패는 배제된 백인 남성의 분노이고, 여성과 유색인에 대한 처벌을 약속하고 이행하는 분노다.

어떻게 하면 다른 방식으로 실패를 상상할 수 있으며, 그럴 때 어떤 종류의 바람직한 정치적 결과를 낳을 수 있을까? 실패는 어떻게 다른 정치적 기획을 위해 사용되어왔을까? 영미권 문화에서 **실패**라는 용어가 부여된 활동들 뒤에 어떤 종류의 교수법, 어떤 종류의 인식론이 숨어 있는 걸까? 이 장의 다음 절부터 이어지는 부분은 실패의 아카이브로서, 샌디지의 "염세주의의 숨은 역사" 및 무뇨스의 "퀴어 유토피아"와 공명하며, 기록과 일화, 이론과 사례의 형식으로 실패가 인종적 감수성, 반식민주의 투쟁, 젠더 다양성, 성공의 임시성에 관한 다른 정식화와 생산적으로 연관될 때 무슨 일이 벌어지는지에 관해 탐구한다.

네 번째 자리: 패배의 기술

4년에 한 번 열리는 올림픽의 기쁨과 슬픔은 우승이라는 비즈니스와 패배의 불가피성, 정확히는 패배의 위엄을 보여준다. 많은 나라에서 맹렬하게 애국적인 경기 보도를 하지만, 특히 북미에서는 미국 정치학의 모순, 더 구체적으로는 자신의 위력을 과시하는 **동시에** 약자인 척도 하고 싶은 미국 백인들의 욕망이 드러내는 모순을 매우 또렷이 보여준다. 미국 선수들 개개인은 경기에서 무수한 실패를 연습하지만, 일반적으로 미국 관중은 그런 실패를 목도해서는 안 된다. 그래서 미국에서 우리는 수영장이나 체육관, 트랙에서 승리를 거둔 미국인들의 모습을 보도하는 방송을 끊임없이 보게 된다. 날마다 승자의 역사를 접하는 미국 시청자들은 따라서 4년에 한 번씩 예측 불가능성, 비극, 아까운 패배, 그리고 물론 엉망이고 불명예스러운 패배 등에서 돌발하는 경기의 더 큰 서사를 놓치게 된다.

2000년 시드니 올림픽과 관련한 작업에서 트레이시 모펏은 주요 경기에서 4등을 한 이들을 감동적인 사진으로 담아낸 바 있다(도판 1과 2를 보라). 이 작품들의 전시 연계 도록에 수록한 글에서 모펏은 누군가가 당해 경기의 공식 사진 기록가로 자신을 추천했다는 루머를 들은 적이 있다고 밝혔다. "상상해보건대, 만약 내가 실제로 2000년 시드니 올림픽의 '공식 사진 기록가'가 되었더라면 경기 사진을 내 방식대로, 즉 패자들을 찍었을 것이다."[13] 그는 다른 모든 이들이 주류 미디어의

---

13   로슬린 옥슬리9 갤러리(Roslyn Oxley9 Gallery)를 참고하라. www.roslynoxley9.
      com

의도대로 승리의 스펙터클을 볼 수밖에 없다면 자신은 "이기지는 못한 훌륭한 선수들의 모습"을 조명할 것이라고 말한다. 그러나 궁극적으로 그는 패배에 관한 사진 기록을 위해 4등이라는 포지션을 선정했는데, 4등이 아예 확실하게 지는 것보다 더 슬프다는 것이 그 이유다. 4등으로 들어오면서 선수는 메달을 아깝게 놓치며 저, 기록되는 역사의 바깥, 즉 (비)장소에 자리 잡게 된다. 모펫은 이렇게 적는다. "4등은 거의 잘한 거나 마찬가지라는 뜻이다. 가장 못한 것(그 나름의 도착적인 매력을 지니는)이 아니라 거의 잘한 거나 마찬가지라는 것. 거의 스타급!" 4등이라는 자리는 패배의 반매력antiglamour을 구성한다. 모펫의 말처럼, 너무 못했다는 도착적 쾌락이 아닌 거의 잘한 것과 다름없는 4등은 매우 독특한 포지션으로, 영예의 뒷자리인 동시에 오명의 앞자리다.

모펫은 자신이 네 번째로 들어왔다는 사실을 선수가 인지하는 바로 그 순간을 사진에 담고자 했다. "대개의 경우 표정은 무표정이며, 굳은 얼굴이 스친다. 끔찍하고 아름답고 통달했다는 듯한 얼굴로 '제길!'이라고 말한다." 그의 사진은 염소 소독한 물과 섞인 쓰디쓴 눈물을 머금고 여전히 물속에 있는 수영선수를 담고 있다. 카메라는 기진맥진한 채 격분한 주자들, 바닥에 쓰러진 투사들, 경기가 끝나고 장비 따위를 집어드는 선수들을 포착한다. 이 일련의 작품은 뼈저린 낙심, 극적 패배, 경쟁의 잔인함에 대한 기록이다.

이 이미지들은 우리에게 승리가 양가적 사건임을 일깨워

도판1. 트레이시 모펏, 〈4등 #2〉, 2001. 캔버스에 컬러프린트, 36cm x
46cm, 26개의 연작. 작가와 로슬린 옥슬리9 갤러리(시드니)
제공.

도판2. 트레이시 모펏, 〈4등 #3〉, 2001. 캔버스에 컬러프린트, 36cm x
46cm, 26개의 연작. 작가와 로슬린 옥슬리9 갤러리(시드니)
제공.

준다. 누군가 이기기 위해서 다른 누군가는 져야 하므로, 이 패배의 행위에는 고유의 논리, 고유의 복잡성, 고유의 미학이 있는 한편 궁극적으로 고유의 아름다움 또한 지닌다. 모펏은 패배라는 경험의 질감과 성공의 바깥, 그리고 1초, 1센티미터, 1온스의 차이로 오늘 누가 지는지, 내일은 누가 익명성 속에 잊히는지를 결정하는 통계상의 표준을 포착하고자 한다. 모펏에게 〈4등〉은 제4세계 원주민 문화를 의미하기도 해서, 성공한 백인 식민 지배자들에 의해 파멸당한 이들의 지워지고 잃어버린 예술을 참조한다.

조지 W.: 구글 폭격의 기술

몇 년 전, 구글 검색창에 실패를 쳐보면 첫 번째 항목으로 "조지 W. 부시의 생애"라는 페이지가 나왔다. 영리한 인터넷 활동가들의 작품이었을까? 분명히 그래 보인다. BBC 뉴스에 따르면, 구글은 '구글 폭격'[14]에 의해 아주 쉽게 조작되어 특정 페이지를 특정 구절과 연결시킬 수 있는데, 이에 한 무리의 구

14　[옮긴이] 구글 폭격(Google-bombing)은 검색 사이트 구글에서 검색 시 특정 문서가 상위 결과로 나타나게 조작하는 행위를 말한다.. 2001년 미국 스탠퍼드 대학의 컴퓨터공학도 애덤 매스(Adam Mathes)가 검색 엔진 알고리즘의 맹점을 이용해 특정 웹사이트 문서의 페이지 랭크를 높이는 방법을 사용하면서 널리 알려졌다.

글 폭격자들이 조지 W. 부시의 페이지를 **처참한 실패**miserable failure라는 구절과 연결했던 것이다. 조지 W. 부시가 역사적 연대기의 실패라는 범주 아래 들어갈 만하다는 데는 우리 모두가 동의할 테지만, 그럼에도 어떤 계획이 있었는데 그걸 실행하지 못했음을 뜻한다는 점에서 '실패'는 부시에게 사용하기에는 고귀한 단어다. 사실 더브야[15]에 관한 놀라운 점은 그가 얼마나 나아가지 못했는지 하는 것이다. 〈4등〉 연작의 이미지들이 함의하듯 실패는 위대함을 추구하는 과정 속의 어떤 위엄을 함축하는 단어이므로, **처참한**이라는 말이 부시-체니 시대를 표현하기에 적절한 단어라면, 그들은 성공에 대한 지배적 이해의 측면에서는 실상 지독히도 성공적이었다. 물론 조지 W. 부시는 어떤 시스템에든 필수불가결한 상실과 실패의 조합 대신 승자와 쟁취를 중심으로 경제와 정치를 쌓아올린 것의 문제점을 표상한다. 참고로 말하자면, 구글에서 **실패**를 검색했을 때 나오는 두 번째 항목은 "지미 카터의 생애", 세 번째는 "마이클 무어"였다. 마이클 무어 관련 링크를 클릭하면 그가 공화당 전당대회에 나타나 '루저의 L'을 뜻하는 손 모양을 하고 찍은 사진이 나온다.

---

15   [옮긴이] 더브야(Dubya)는 조지 W. 부시를 친근하게 부르는 이름인 'W'를 그의 고향인 텍사스 방언으로 발음한 것이다.

레즈비언의 반미학

이쯤에서 당연히 L로 시작하는 또 다른 어휘로 넘어가야 하지 않을까. **레즈비언**은 모든 면에서 불가역적으로 실패와 연결되어 있다. 헤더 러브에 따르면, "동성 간 욕망은 실패, 불가능성, 상실과 연관된 기나긴 역사로 특징지어진다. … 동성애와 동성애자들은 욕망의 실패와 불가능성을 담당하는 희생양이 된다."[16] 「자본주의, 가족, 항문」이라는 글에서 기 오켕겜은 이렇게 쓴다. "자본주의는 노동계급을 중산층의 모조 집단으로 만들었듯이 동성애자들을 실패한 정상인으로 만든다."[17] 러브가 보기에, 퀴어한 몸들은 정신분석학의 틀 안에서 모든 욕망의 실패를 담지하는 자로 기능한다. 만약 라캉적 의미에서 볼 때 모든 욕망이 지속될 수 없다는 점에서 불가능하다면, 이성애가 성취, 달성, 성공(승계)success(ion)의 논리에 뿌리박고 있을 때, 퀴어한 몸과 퀴어한 사회세계는 그 실패의 증거가 된다. 정신분석학의 틀을 거부하는 오켕겜은 자본주의가 동성애자를 어떤 식으로든 실패한 이로, 생산과 재생산의 연결을 체현하는 데 실패한 주체로 표지하는 구조라고 본다. 자본주의의 논리는 동성애자를 가짜이자 실재하지 않는 이, 올바른 사랑

---

16   Heather Love, *Feeling Backwards*, 2009, p. 21.

17   Guy Hocquenghem, "Capitalism, the Family and the Anus," *Homosexual Desire*, 1993, p. 94.

을 할 수 없고 사회성, 관계성, 가족, 섹스, 욕망, 소비 등과 적절한 관계를 맺을 능력이 없는 이들로 상정한다. 따라서 퀴어에 관한 재현이 퀴어 문화를 보는 시각을 제공할 수 있기 전에, 그것이 가짜이며 부적절하다는 혐의를 먼저 말소해야 한다. 예컨대 TV 드라마 〈엘 워드〉(2004)는 레즈비언들의 '역행하는 역사backwards history'를 극복하고 그것을 동성애자 여성들에 대한 밝고 낙관적인 비전으로 대체하고자 한다. 다시 말해, 불쾌하고 병적인 쇼타임 방송국의 드라마 제작진은 **레즈비언**이란 용어를 **삶**life, **사랑**love, **여가**leisure, **자유**liberty, **행운**luck, **미녀들**lovelies, **장수**longevity, **로스앤젤레스** 등 L로 시작하는 다른 어휘와 연결해 새롭게 정의하고 싶겠지만, 우리는 L이 **루저**loser, **노동**labor, **욕정**lust, **결핍**lack, **상실**loss, **불량품**lemon, **레즈비언**을 나타내기도 한다는 걸 알고 있다. 드라마는 "같은 성, 다른 도시same sex, different city"라는 명랑한 광고 문구를 내건다. '동성'을 다룬다는 확언이야말로 이 드라마의 성공의 핵심인데, 펨femme 중심의 화려한 이야기 속에서 루저는 당연히 부치butch이며, 이는 애송이 같은 중성적 캐릭터인 셰인의 유령 같은 존재감으로만 드러나기 때문이다.

〈엘 워드〉가 **레즈비언**을 **성공한 이**로 재현하기 위해 **부정해야** 하는 것은 부치다. 그래서 부치는 시대에 뒤떨어진 자, 여성성을 갖는 데 실패한 자, 이제는 욕망할 만한(즉, 이성애자처럼 보이는) 여성상으로 갱신되고 변화된 퀴어성의 우울증적인 초기 모델로 등장한다. 그러나 부치 레즈비언은 동시대 욕망의 퀴어한 재현 방식에서만 패배자인 것이 아니라, 소비문화에서도 엄연히 패배자 자리에 놓이는데, 그녀의 남성성이 이성애 규범적 남성의 욕망에 장애물이 되기 때문이다. 광고의 홍수 속에서 여성스러운 레즈비언들이 맥주부터 보험증권까지 모든 것을 파는 것으로 배치되는 반면, 남성적인 레즈비언들은 소비문화의 기피 대상으로 판명된다. 그리하여 우리는 〈엘 워드〉에서 '레즈비언'을 남성과 이성애자 여성들에게 매력적인 것으로 제시하려면 과거에 전형적으로 레즈비언을 암시하던 특징(남성적인 외양과 관심사 및 직업 등)을 지워내 방송을 상업화에 일조하도록 만들어야 했음을 확인하게 된다. 실로 상품화 과정은 시각적으로나 성애적으로나 이성애 규범적인 기대치에 전적으로 의존한다. 여성스러운 남성 동성애자일지라도 이 프레임 안에서 기능할 수 있는 반면(그들 역시 이성애-남성성을 위한 욕망의 견본을 만들어내기 때문에), 부치 레즈비언은 그럴 수가 없다. 부치 레즈비언들은 '거세되지 않은' 여성의 무시무시한 모습으로 남성 시청자를 위협하며, 연약하고 서투르고 온순한 이성애-여성성의 역할을 관습적으로 수행하기를 거부하면서 이성애자 여성 시청자에게 도전하기 때문이다. 〈엘 워드〉의 레즈비언들은 방송이 주는 쾌락을 반영하는 경제 안에서 시각적 쾌락의 관습적 통념에 부응함으로써 '성공'한다. 이 드라마는 보이시하지만 매니시mannish하지는 않은 셰인 같은 캐릭터를 등장시켜 상업의 영역에 레즈비언을 도입하기 위해 무엇이 희생되어야 하는지를 시청자들에게 일깨워준다. 그것은 여성의 남성성이 공공연히 드러나는 것이다. 셰인은 부치 역할을 차지하면서도 자꾸만 그 역할을 떠난다. 그는 이성애자나 양성애자 여성들과 데이트를 하고 남자로 오인되기도 하고 중성적인 차림새이지만, 식별 가능하게도 그리고 관습적이게도 여성인 채로 남는다. 셰인의 성공은, 그리고 전반적으로 〈엘 워드〉의 성공은, 레즈비언 버전의 실패라는 표지를 제거하는 데 달려 있다.

실패의 퀴어 예술

부치들의 젠더 트러블은 퀴어한 실패의 핵심과 매우 자주 연관된다. 그러나 전설적 퀴어인 퀜틴 크리스프는 젠더퀴어의 명백한 파토스를 자산으로 바꾸어놓는다. "처음에 성공하지 못한다면, 실패가 자신의 스타일일지도 모른다."[18] 크리스프는 집요한 청교도적 노동 윤리를 이처럼 위트 있게 거부하면서 실패와 스타일을 연관짓고, 자신의 여성스러운 페르소나를 통해 그 연관성을 젠더 트러블, 젠더 일탈gender deviance, 젠더 변이gender variance로서 체현한다. 그에게 스타일로서의 실패는 일하지 않기로 선택한, 그리고 일이 인생의 성취가 아닌 사람, 즉 '벌거벗은 공무원'으로서의 자신의 '직업'과도 관련 있다. 『벌

---

18   Quentin Crisp, *The Naked Civil Servant*, 1968, p. 196.

거벗은 공무원』이라는 제목의 자서전에서 그는 자신의 성장과 자신만의 화려한 퀴어성을 표출하게 된 커밍아웃의 순간을 1931년 월 스트리트 주식시장 붕괴와 연결한다. "백만장자들이 창밖으로 몸을 던지는 탓에 하늘이 어두워졌다. 그보다 훨씬 더 전부터도 암담했기 때문에, 내 커리어는 내가 본 줄 알았던 가느다란 불빛을 향해 나아가려 돌발적으로 휘청인 적이 간간이 있었던 길고 무력한 침체기로 이루어져 있다. … 한 해 두 해 지나도 상황이 더 밝아지진 않았지만, 나는 어둠에 익숙해졌다."[19] 실패와 발전의 결여, 특정한 어둠의 형태, 부정성(이후 장들에서 논할 것이다)을 받아들이는 이 특정한 윤리는 퀴어 미학이라 할 만하다. 앤디 워홀 같은 예술가들과 마찬가지로 크리스프에게 실패는 막다른 길보다는 기회를 선사한다. 퀴어 예술가는 진정한 캠프[20]의 방식으로, 실패에 대항하기보다 실패를 가지고 작업하며, 어둠 속에 거주한다. 실로 어둠은 퀴어 미학에서 중요한 부분이 된다.

대프니 브룩스는 『불화하는 몸들』[21]에서 전후 노예제부터

---

19   같은 책, p. 2.

20   [옮긴이] 캠프(camp)는 인위적이거나 연극적이며 과장된 포즈 등 부자연스러움을 추구하는 개인의 창의적 표현이자 미학적 태도를 뜻한다. 미국의 작가 수전 손태그(Susan Sontag)는 1964년 발표한 에세이 「캠프에 관한 단상(Notes on Camp)」에서 오스카 와일드를 예로 들며 캠프를 퀴어 문화와 연결했다. 이후 캠프는 주로 남성 동성애자들의 스타일로 여겨지게 되었으며, 기존 위계질서를 전복하는 운동의 일부라고 평가되기도 한다.

21   Daphne Brooks, *Bodies in Dissent*, 2006.

20세기 초반까지 아프리카계 미국인들의 연극 퍼포먼스와 관련한 어둠의 미학에 관해 비슷한 주장을 편다. 미국과 영국의 아카이브에서 수집한 주목할 만한 1차 자료들을 활용해 아프리카계 미국인들의 퍼포먼스뿐 아니라, 이런 '체화된 반란'의 상연이 수용된 양상과 더불어 퍼포머의 신체적 역사, 생애, 위험한 연극적 시도 등이 지니는 복잡한 의미들까지 재구성해낸다. 『죽은 자들의 도시』에서 조지프 로치가 그랬듯, 브룩스는 잃어버린 퍼포먼스 문화를 추적하고, 그 문화의 미학적 복잡성을 잘 소화하고, 미국과 영국의 흑인과 백인 청중 모두에게 그 의미를 제시할 수 있는 비판적 방법론을 만들어낸다. 로치의 작업은 19세기 아프리카계 미국인들의 대서양을 가로지르는 transatlantic 퍼포먼스를 활력 넘치게 재구성한 브룩스의 일부 작업에 배경을 형성해주며, 브룩스는 로치에게서 문화가 퍼포먼스를 통해 '대리surrogation'의 방식으로 스스로를 재생산한다는 개념을 차용한다. 나는 망각에 관한 내용인 2장에서 로치의 문화적 재생산으로서의 대리 개념을 활용한 바 있다. 여기서는 브룩스가 이 용어를 활용해 하위문화 퍼포머들과 이미지들이 퍼포먼스의 전통을 포함하며 새로운 정치적 의미와 참조체계를 활성화하는 과정에 관해 사유하는 방식에 관심을 둔다. 브룩스에게 퍼포머의 몸은 젠더, 인종, 섹슈얼리티의 관습적 구성에 대한 즉흥적인 문화적 반응을 집적한 아카이브가 되며, 퍼포먼스는 강력한 반대와 저항의 양식을 표현한다. 브룩스는 추진력 있는 변화의 축을 따라 자신의 아카이브 속 연극

텍스트를 독해하며, 끈질긴 역사적 맥락화와 탁월한 텍스트 분석을 통해 각각의 텍스트에서 미학적, 정치적 가능성의 장소를 포착하고자 한다. 가령 투명성의 미학에 대한 명석한 독해를 전개하고 텍스트의 암흑textual darkness을 "서사적 반란, 담론적 생존, 인식론적 저항"의 자리로 여기는 것이다.[22] 브룩스에게 암흑은 "해석상의 전략"이자 "특정한, 어둠의 입장"에서 세계를 독해하는 한 방식이다.[23] 나는 '텍스트의 암흑' 혹은 특정한 주체의 위치에서 행하는 특정 독해 실천의 암흑에 대한 이러한 이해야말로 내가 여기서 실패를 통한 저항의 목록으로서 추적하는 퀴어 미학과 공명하는 것이라 생각한다.

밝음을 찾아내려 하기보다는 덜 밝은 것에 적응하라는 크리스프의 조언과 브룩스의 미학을 따라, 나는 퀴어 예술의 한 형식이 실패를 가장 중요한 항목으로 삼으며, 혼란, 외로움, 소외, 불가능성, 거북함awkwardness이라는 암울한 풍경을 퀴어성의 역할로 부여했다고 주장한다. 당연히 그 무엇도 게이, 레즈비언, 트랜스를 이 같은 비존재unbeing 및 자발적 퇴행의 양식과 본질적으로 연결하지는 않지만, 퀴어성을 상실과 실패에 결박하는 사회적, 상징적 시스템이 없어지기를 바랄 수는 없다. 혹자는 그런 시스템이 없어져서도 안 된다고 말할지도 모른다. 리 에델먼, 헤더 러브를 비롯한 이들이 주장했듯, 퀴어와 부정

---

22   같은 책, p. 108.

23   같은 책, p. 109.

성의 연관관계를 단순히 거부하는 것은 참을 수 없을 정도로 긍정주의적이고 진보적인 방식으로 퀴어를 이해하는 데 몰두하는 일이며, 이는 결국 〈엘 워드〉에서 레즈비언을 활기차게 그린다거나 TV와 영화에서 게이 남성들을 믿을 수 없이 잘생긴, 취향의 종결자로 환원한다거나 하는 결과를 낳는다.

브룩스는 "암흑"이 어둠의 공간, 상처나 배제의 경험에서 출발하는 "해석상의 전략"이라고 말한다.[24] 암흑은 패배자와 비참한 자의 영토라는 것이다. 세계 내 존재 방식이자 독해의 전략으로서의 퀴어한 암흑이라는 개념은 20세기 초중반 일련의 사진에서 묘사하는 퀴어한 삶을 설명해준다. 1930년대 파리의 레즈비언 바를 사진으로 담은 브라사이의 작업과 여성 '친구들'을 찍은 다이앤 아버스의 이상한 사진 작업은 둘 다 매우 다른 방식으로 퀴어에 관한 이 **어두운** 이미지를 만들어내는 데 관여한다. 파리의 모습을 담은 브라사이의 유명하고 상징적인 사진들은 도둑, 포주, 매춘부, 퀴어로 이루어진 숨겨진 세계를 포착해낸다. 검열되었던 사진집을 1970년대에 출판하면서 쓴 서문에서 그는 "파리의 밤에 자신을 매혹한 모든 것을 번역"하게 되기 전까지는 자신이 항상 사진을 싫어했다고 말한다.[25] 『1930년대의 은밀한 파리』에 묶인 사진들은 브라사이가 기록은 했으나 촬영 당시 발표되지 못했던, 불결한 죄악

---

24   같은 책, p. 109.

25   Brassaï, *The Secret Paris of the 1930's*, 1976, n. p.

의 세계를 돌아보려는 목적에서 모은 것이다. 마침내 1970년대에 책이 출판되었을 때는 가상의 '이성애자' 독자에게 그 이상한 이미지들을 설명하고자 하는 도덕주의적 텍스트가 따라붙었다. 브라사이는 '르모노클Le Monocle'[26]을 몽파르나스의 모든 매음굴 중 둘도 없는 "사포풍 사랑의 사원"이라고 부르며 그곳의 단골들을 짧은 머리카락에 "장미나 제비꽃보다는 앰버 혹은 인센스incense와 더욱 유사한 이상한 향"을 풍기는 독특한 남성적 존재들로 묘사한다. 함부로 재단하는 듯한 소개글에도 불구하고 르모노클을 찍은 사진들은 오늘날 파리에 존재하는 대부분의 퀴어 바보다 훨씬 더 흥미진진해 보이는 환상적이고 역동적인 레즈비언 밤문화를 포착해낸다. 그럼에도 그 사진들은 헤더 러브가 "불가능한 사랑" 혹은 "욕망의 심연에 자리한 불가능성"이라 칭한 것 또한 포착한다.[27] 러브는 그 개념을 이용해 과거의 정치적 배제와 현재의 정치적 배제 사이에 연결고리가 있음을 지적하고자 한다. 자유주의적 역사들이 발전과 성공에 관한 진보적 이야기로 승리의 정치적 서사를 구축한다면, 급진적 역사들은 호모포비아, 인종주의, 외국인 혐오의 결과로서 실패와 외로움의 유산을 남겨주는, 정돈되지 않은 과거와 싸워야만 한다. 러브의 말처럼 "역행하는 감정들은 폐허가 된 사회세계를 가리키는 지표 역할을 한다. 그 감정들은 동

---

26 [옮긴이] 1930년대 파리에 있던 레즈비언 클럽.

27 Love, *Feeling Backwards*, p. 24.

그림8. 브라사이, 〈뚱뚱한 클로드와 그의 친구, 르
모노클에서〉 ca. 1932. © Estate Brassaï–
RMN.

성애자들의 음울한 과거와 현재 사이의 연속성을 가리키며, 퀴어들의 진보적 서사가 불충분함을 드러낸다."[28] 역행하는 감정을 느낀다는 것은 퀴어들의 삶에 대한 어두운 묘사에서 그들을 구원할 필요 없이 무언가를 인지해낼 수 있다는 것이다.

그 안에 담긴 장면들이 아무리 밝고 경쾌해 보여도 르모노클 사진들은 그늘진 채 어둠에 싸여 있다. 이런 방식으로 그 이미지들은 퀴어한 삶의 끈질김과 그것을 상연하는 것이 불가능함을 동시에 보여준다. 브라사이의 서사는 도달 불가능한 남성성을 갈망하는 한심한 성도착자들에 대해 이야기한다. "모든 여자가 전부 남자 같은 차림을 했고 외관상으론 완전히 남성적이어서 얼핏 보면 남자로 보인다. 거센 회오리바람이 이곳을 휩쓸고 지나가 모든 화려한 옷과 여성적인 교태를 몰아내버리고, 여자들을 소년, 건달, 경찰관으로 바꿔놓았다. 장신구, 면사포, 주름장식은 온데간데없다! 보기 좋은 색깔, 프릴 또한! 남자가 되겠다는 도달 불가능한 목표에 집착한 그들은 세상에서 가장 칙칙한 제복을 맞춰 입고 있다. 자신들의 이상적인 남성성에 애도라도 표하는 양 검정 턱시도를 말이다."

물론 사진을 얼핏 보더라도 "모든" 여성이 남자처럼 입고 있는 것은 아님을 알 수 있다. 몇몇은 하이펨[29] 복장을 했고,

---

28   같은 책, p. 27.

29   [옮긴이] 하이펨(high-femme)은 화장이라든가 옷차림 등에서 고도로 여성스러운 문화적 규범을 표현하는 레즈비언을 이른다.

부치들의 애도를 나타낸다는 턱시도는 쉽게 쾌활한 야회복으로, 어쩌면 결혼예복으로 보일 수도 있다. 그럼에도 이 이미지들에는 어딘가 어두운 구석이, 무언가 잃어버린 것이, 무언가 도달 불가능한 것이 있다. 부치들의 남성성에서 도달 불가능한 채 남아 있는 것은 모든 남성성에서 도달 불가능한 채 남아 있는 것이라고 할 수 있겠다. 모든 이상적 남성성은 그 속성상 손에 넣을 수 없기 마련이지만, 우리는 남성스러운 여성인 부치들에게서만 그 불가능성을 알아차리곤 한다. 따라서 브라사이의 사진들은 다음의 세 가지를 포착한다. 퀴어 사교계가 돌아가는 밤의 세계가 지닌 어둠, 남성의 남성성이 가능한 것으로 보이게 하기 위해 부치들에게 할당되어야만 하는 이상적 남성성 획득의 실패, 그리고 어두울 뿐만 아니라 비가시적인 퀴어들의 여성성. 이 이미지들에 나타난 퀴어 여성성이 더 눈에 띄게 퀴어한 부치들과 짝지어지는 순간 레즈비어니즘으로서의 퀴어 여성성은 사라져버리며, 시야에 들어온다 해도 퀴어와 비교하든 이성애와 비교하든 진짜가 아닌 것처럼 보인다. 이런 점에서 이 사진들은 퀴어의 실패를 재현하며, 실패의 퀴어 미학을 만들어낸다고 할 수도 있겠다.

그러나 그건 지나간 이야기다. 수전 손태그가 썼듯, "외젠 아제나 브라사이의 작품에서처럼 음울하고 복잡한 질감을 가진 파리는 대부분 없어졌다."[30] 이제 우리는 브라사이의 사진

---

30   Susan Sontag, *On Photography*, 2001, p. 16: [국역본] 수전 손택, 『사진에 관

을 해석하면서 그가 바라본 파리의 퀴어 세계에 놀랄 수 있고, 그가 제시한 우울증과 가장무도회의 서사에 내재해 있는, 그리고 그 서사를 다시 쓰는, 이미지와 글로 된 새로운 캡션을 제시할 수도 있다. 분명 자신이 사악한 도착증으로 가득한 잃어버린 금단의 세계를 포착했다고 생각한 브라사이는 "소돔과 고모라"라는 제목의 선집 속 한 섹션으로 구성한 이 이미지들에 "동성애homosexual"라고 이름 붙였다. 그 제목은 창세기에서 파괴 대상으로 선택된 타락한 지역의 신화를 가리킨다. 헤더 러브는 이 소돔과 고모라 이야기를 통해 타락한 도시를 떠나면서 롯의 아내가 뒤를 돌아본 것에 관해 사유한다. 뒤를 돌아봄으로써 롯의 아내는 소금 기둥이 된다. "신이 부여한 운명을 거부함으로써 롯의 아내는 가족과 미래로부터 단절된다. 그녀는 파괴의 기념비이자 영원한 회한의 상징이 된다."[31] 그러나 브라사이는 프루스트의 '소돔과 고모라'를 회상한다. 그는 바에서 함께 춤추는 두 여성을 본 자신의 반응을 이렇게 표현한다. "나는 마르셀 프루스트와 그의 질투, 고모라의 낯선 쾌락을 향한 그의 병든 호기심에 대해 생각한다. 알베르틴이 여자를 만나며 소설의 화자에게 부정했다는 사실은 그녀가 파트너와 즐긴 그 쾌락보다는 그를 훨씬 덜 괴롭혔다. '그들은 실제로

하여』, 이재원 옮김(이후, 2005).

31   Love, *Feeling Backwards*, p. 5.

무엇을 느끼고 있었을까'를 그는 끊임없이 궁금해했다."[32]

대관절 무엇일까? 레즈비언 섹스에 관한 해묵은 궁금증—
그들은 함께 무엇을 하며 무엇을 느끼는가—이 여기 브라사이
가 창조해낸, 그러나 그의 손에는 잡히지 않는 시각적 세계에
서 등장한다. 사진들은 브라사이가 들려줄 수 있는 것보다 더
많은 이야기를 갖고 있다. 독창적인 트랜스젠더 되기에 관해,
1930년대 파리의 밤이 제공하는 가능성에 몰두했던 부치-펨
커플이 '이성애 매트릭스'를 조심스레 재구축하는 것에 관해,
그리고 가짜들, 실재하지 않는 자들, 저주받은 자들이 그림자
같은 삶을 수행하는 어둠과 그림자의 세계에 관해. 파리의 또
다른 사진 역시 레즈비언의 이미지를 그림자로 뒤덮고, 그 파
사드를 뚫고 들어가는 데 실패한다. 세실 비턴이 1935년에 찍
은 거트루드 스타인의 초상은 또 다른 관점의 퀴어 파리를 보
여주는데, 그것은 공식 역사로 들어갔으며 시공간적으로 브라
사이의 지하세계에서는 제거된 듯 보인다. 그럼에도 우리가 빈
아들인 역사를 맴도는 그림자 세계를 암시하려는 듯, 비턴은
보는 이에게 두 개의 거트루드 스타인을 제시한다.

전경에는 커다랗고 남성스러운 스타인이 두꺼운 외투를
입고 꽉 맞는 모자를 쓴 채 근엄하게 카메라 렌즈를 응시하고
있다. 유일하게 여성스러운 게 하나 있다면 옷깃에 달린 브로
치인데, 이는 타이가 있어야 할 자리를 여성스러운 장식품 이

<hr />

32   Brassï, *The Secret Paris of the 1930's*, n. p.

미지로 대체한 그림자 페티시라 할 수 있다. 양손은 포개져 있고, 입술은 굳게 다물었으며, 얼굴은 주름져 있고 심각해 보인다. 커다란 스타인의 뒤편에는 그림자 스타인이 외투를 입지 않은 채 서 있다. 그림자 스타인은 스커트와 조끼, 브로치를 착용하고 있고, 그 브로치는 이제 다시 앞의 스타인을 보게 만든다. 이 초상은 스타인과 연인 앨리스 B. 토클라스가 함께 있는 또 다른 이미지에서도 반복되는데, 거기서 스타인은 중앙의 전경에서 우측에 서 있고, 토클라스는 좀 더 뒤에 있는 듯 좌측에 서 있다. 젠더가 모호한 스타인의 몸을 담은 두 이미지에서 스타인의 남성성은 그가 복제된 그러나 거울처럼 반영되지는 않은 다른 이미지와 비교해 평가된다. 자신을 스타인의 상대 혹은 딸린 식구로 위치시키는 데 저항하는 듯 카메라의 시선을 도전적으로 되받아치는 토클라스는 스타인의 남성성을 거리를 두고 보게 만든다. 이 사진은 토클라스를 통해 스타인을 보게 함으로써 우리가 통상 젠더를 '확인하는' 데 사용하는 척도를 조정하게 한다. 보는 이의 시선이 한쪽에서 다른쪽으로 왔다 갔다 하는 것처럼, 토클라스와 스타인의 젠더가 지닌 퀴어성도 그들 사이에 걸려 벽에 그림자를 드리우고 있는 이상한 철사 조각품을 따라 왔다 갔다 한다. 퀴어 주체를 그림자나 그림자처럼 따라다니는 것으로 보여주는 것은 젠더와 관계성에 대한 이성애적 배치가 우선하고 퀴어성의 구성은 부차적인 것이라고 설정하는 듯하지만, 사실은 그림자 세계의 파괴적 잠재력을 말하고 있다.

그림9. 세실 비턴, 〈거트루드 스타인〉, 1935. 브로마이드에 인쇄.
21.4 cm x 17.0 cm. 소더비의 세실 비턴 스튜디오 아카이브
제공.

수전 손태그는 '성적 지하세계'의 또 한 명의 아키비스트인 다이앤 아버스에 관해 쓰면서 이렇게 주장한다. "브라사이처럼 아버스도 자신이 찍는 피사체들이 가능한 한 충분히 의식적이기를, 즉 자신들이 참여하는 행위에 대해 인지하고 있기를 바랐다. 아버스는 피사체들을 자연스럽거나 전형적인 위치에 두고자 구스르려 하는 대신 그들이 어색하게 있도록, 다시 말해 포즈를 취하도록 권장한다."[33] 손태그는 그러한 포즈가 피사체들을 "더 이상하게," 아버스의 작품의 경우 "거의 미친 듯" 보이게 만든다고 설명한다. 손태그는 아버스가 프릭[34]들을 찾아내고 만들어내기 위해 카메라를 사용한다고 비판하고, 브라사이가 "변태와 도착자"만 기록한 게 아니라 "애정 어린 도시 풍경과 이름난 예술가의 초상을 찍기도" 했다는 점을 들어 아버스가 그보다 못하다고 비교한다.[35] 아버스는 "다루는 주제와 놀아나기를" 거부하며 "모든 피사체를 등가물"로 만든다.[36] 다시 말해 그런 편협함이 그를 재능 있는 사진작가보다는 유아론적

---

33   Sontag, *On Photography*, p. 37.

34   [옮긴이] 프릭(freaks)은 신체적 기형을 가졌거나 정상성에서 벗어난 몸을 가졌다고 여겨지는 이들을 낮추어 부르던 용어다. 대략 1800년대 중반부터 1900년대 중반까지 영국과 미국을 중심으로 장애인, 난쟁이, 유색인, 인터섹스(간성)를 전시하고 무대에 올려 돈을 받고 관람객을 모으던 '프릭 쇼'는 하나의 산업으로서 성행했다. 일라이 클레어, 『망명과 자긍심』, 전혜은·제이 옮김, 현실문화, 2019; 로즈메리 갈런드 톰슨, 『보통이 아닌 몸』, 손홍일 옮김, 그린비, 2015를 참조하라.

35   Sontag, *On Photography*, p. 46.

36   같은 책, p. 47.

인 관음증자로 만드는 것이다. 복장 전환자, 난쟁이, 왜소증 환자를 찍은 아버스의 사진들은 이 세상을 프릭 쇼로 만들어 보여주고, 프릭스러운 타자성의 다양한 특징을 묘사하고자 카메라 앞에 쿼어하고 모호한 몸들을 전시한다. 브라사이의 사진들이 대개 밤에 찍은 것인 데 반해 아버스는 자신의 피사체들을 대낮의 선명하고 차가운 빛 아래에서 보여준다. 그러나 아버스가 자신의 프릭 쇼를 소위 '프릭'이라 불리는 이들로만 한정한 것은 아니어서, 그의 렌즈를 통해 비친 애국자, 가족, 나이 든 커플, 10대도 모두 이상하고 왜곡되어 보이긴 마찬가지다. 세지윅의 말을 빌리자면, 브라사이가 프릭스러움을 "소수자화minoritize"한다면 아버스는 그것을 "보편화universalize"한다. 브라사이가 트랜스젠더 세계를 마치 바위 아래 서식하는 이상한 곤충들을 엿보듯 바라본다면, 아버스는 다양한 몸의 형태에 편재하는 모호성을 발견해내 그것을 인간의 조건으로 재현한다. 〈여자가 된 나신의 남자, 뉴욕시, 1968〉이라는 초상에서 아버스는 몸 자체의 재현적 불안정성, 즉 몸이 질서나 일관성, 부합성이라는 깔끔한 시스템을 위한 기반으로 기능할 수 없다는 사실을 기록한다.

아버스는 자신의 작업이 위지와 브라사이의 영향을 받았다고 언급하면서 이렇게 말한다. "브라사이가 내게 불명확함obscurity에 관해 가르쳐준 덕에 나는 수년간 명확함을 끊어내왔다. 최근 나는 사진에서 볼 수 없는 것을 내가 얼마나 사랑하는지를 생각하면 놀랍다. 브라사이나 빌 브란트의 작품에는 실질적인 물리적 어둠의 요소가 있는데, 어둠을 다시 본다는 것은 매우 황홀하다."[37] 브라사이의 사진에서 실제로 어둠은 보이는 것의 틀을 구성한다. 모든 이미지의 맥락은 밤 그 자체이고, 파리의 은밀한 세계 속 행위자들은 순간적으로 카메라의 응시 아래 조명되지만 언제든 암흑으로 소실될 수 있다고 위협한다. 아버스에게 어둠과 보이지 않는 것은 빛과 그림자의 작동이라기보다는 심리적 복잡성의 결과에 더 가깝다. 〈집 안의 두 친구, 뉴욕시, 1965〉라는 사진은 브라사이의 부치-펨 커플을 인용하지만 그들을 비현실적인 밤의 세계에서 떼어내 일광 아래 놓는다. 아버스의 전기 작가인 퍼트리샤 보스워스는 이 사진에 대해 이렇게 적는다. "복장 전환자, 드랙 퀸, 양성구유, 트랜스섹슈얼의 세계를 향한 [아버스의] 끝없는 여정은 성적 갈등을 경험한다는 것의 의미에 대한 자신의 관점을 정의하는 데 도움을 주었을 것이다. 언젠가 그는 길에서 '두 친구'를 따라 아파트로 들어갔고, 그렇게 해서 찍은 초상은 이 남자 같은 여성들 사이의 거의 사악하기까지 한 성적 권력관계를 보여준다. (더 몸집이 크고 더 전형적으로 여성적인 모습을 한 이가 소유욕을 드러내듯 보이시한 파트너의 어깨에 팔을 두른 채 서 있다. 같은 커플을 찍은 다른 사진에서 그들은 주름진 침대 위에 누워 있다. 한 사람은 재채기하는 와중에 있는데, 내밀하

---

37   Patricia Bosworth, *Diane Arbus: A Biography*, 2006, p. 307.

고 오싹한 느낌이 든다.)"[38] "오싹하다"라는 꼬리표를 달아 두 친구의 사진을 트랜스, 간성, 서커스 공연자, 장애인 등을 포함하는 변별성 없는 프릭들 세계의 일부로 재현하는 것이 아버스가 아닌 보스워스라는 점에 주의하자. 아버스는 자신의 피사체들에 대해 그러한 가치를 매긴 적이 없고, 오히려 이 두 명의 다이크dyke에게 친구라는 꼬리표를 붙인다. 혹자는 이 용어가 둘에게 생기를 부여하는 성적 역학관계를 간과한다고 주장할 수도 있지만, 사실상 구겨진 침대보와 두 몸의 물리적 근접성 때문에, 아버스의 용어를 따르자면, 우리는 우리가 볼 수 없는 것을 확실히 인정하게 된다.

아버스에게 사진은 그 자체로 잃어버린 세계를, 즉 차이의 스펙터클 너머를 보지 못하는 관객으로서는 파악할 수 없는 맥락을 대신한다. 아버스는 거의 절박하게 자기 자신을 이 차이의 세계 속으로 밀어넣고, 자신의 사진을 이용해 관객들에게 그들이 모든 것을 보진 못하며 심지어 아무것도 보지 못한다는 점을 인식시키고자 한다. 보스워스 같은 관객이 아파트에서 아버스가 따라간 부치-펨 커플을 본다면, 그는 자신이 봐서는 안 된다고 여기는 무언가를 본 것이고, 따라서 그 사진은 "내밀하고 오싹한" 것이 된다. (보스워스를 그토록 언짢게 만든 재채기 사진을 나는 찾을 수가 없었다.) 그러나 만약 퀴어 관객이라면 찍힌 지 거의 40년이 지난 그 사진에서 내밀하고 너

---

38   같은 책, p. 226.

저분한 무언가를 볼 수 있을 것이다. 이는 시각적으로 우리에게 스톤월 이전의 퀴어 세계로 다리를 놓아주는데, 그 세계는 우리 세계에서 끊임없이 제거되는 동시에 놀랄 만큼 가까이 있기도 하다. 카메라와 아버스를 향한 사진 속 부치의 정면 응시와 카메라에서 멀리 떨어져 있는 펨의 파트너를 보호하려는 듯한 시선은 사진에 관여하는 각 인물, 즉 작가와 두 명의 피사체가 모두 보는 동시에 보이기도 하는 시각vision의 회로를 만들어낸다. 이 사진을 통해 아버스는 색정을 밝히는 관음증 자라기보다는 보이지 않는 것the unseen, 말해지지 않는 것the unspoken, 이루 말할 수 없는 것the untold을 기록하는 이에 가깝다고 해석할 수 있다.

로스앤젤레스에 기반을 둔 동시대 퀴어 예술가인 모니카 마졸리는 작업 주제로 어둠을 골랐다. 마졸리는 검은 거울에 비친 자신의 과거 연인들의 사진을 찍은 후 그것을 토대로 그림을 그린다. 극도로 어둡고 빈틈없이 캄캄하며 우울감으로 가득 찬 이 초상들은 거울도, 초상도, 심지어 사랑마저도 정의할 수 없게 만든다. 물론 거울 이미지는 무엇보다 자화상이기에, 사진들은 작가 자신을 재현한 것이자 정사와 그 후를 묘사한 것으로 해석되어야 한다(도판5, 도판6을 보라). 대부분의 초상에서 마졸리는 인물화를 추상적인 버전의 그림과 짝지어 놓음으로써, 어두운 거울 공간에서 모든 것이 반대가 되는 혼란스러움에 주목하게 만든다. 통상적인 회화 작품이라면 인물과 배경 간 모종의 관계에 의존할 텐데, 이 경우에는 배경이 인

도판3. 모니카 마졸리, 〈케이트〉, 2009. 나무판에 유화, 16 in x 20 in x
1 in.

도판4. 모니카 마졸리, 〈검은 거울 2(케이트)〉, 2009. 아크릴, 아크릴 잉
크, 구아슈, 24 in x 30 in.

도판5. 모니카 마졸리, 〈재럿〉, 2009. 나무판에 유화, 9in x 12in
x 1in.

도판6. 모니카 마졸리, 〈검은 거울 1(재럿)〉, 2009. 아크릴, 아크
릴 잉크, 구아슈, 30in x 24in.

물을 정서적 밀도와 어둠으로 채우고, 내면 그 자체를 응시하게 한다. 추상적 버전은 인물화보다 읽어내거나 바라보기가 더 어렵지도 쉽지도 않아서, 인물들 역시도 추상이며 머리 모양이나 가슴의 윤곽이 사람의 존재나 연관성이나 내밀함 측면에서 아무것도 알려주지 않는다는 점을 상기시킨다. 이 초상들은 고통스러울 만큼 내밀한 동시에, 내밀한 느낌을 차단한다. 자세히 들여다보고 특징을 파악하고 윤곽선의 궤적을 이해하려는 모든 시도는 암흑의 용광로로 수렴되는데, 그곳은 거울에 반영된 표면이기에 단조롭지 않은 검정색이자, 이미지에서 빛을 집어삼키므로 그리 깊지 않은 거울이다.

이 초상들은 정사가 끝난 이후에 찍은 것으로, 실패라고 여겨지는 것을 재현한다. 다시 말해, 지속시킬 수 없는 사랑, 언젠가는 끊어질 수밖에 없는 모든 연결, 욕망의 덧없음을. 그림을 그리는 몸짓 자체에 분명히 욕망이 존재하지만, 여기서의 욕망은 검은 거울처럼 생성하기보다는 집어삼키고, 일깨우기보다는 지워버린다. 마졸리의 회화는 기술적으로 매우 어렵지만(어둠으로 형상을 만들어내는 방식, 정서적이고 정동적인 주제들을 반영하도록 어둠 속에서 그려내는 방식), 정서적으로 만들어진 것이기도 하다(끝이 나는 관계를 서사화하는 방식, 욕망의 끝을 직면하는 방식, 자신의 실패, 유한성, 한계를 직시하는 방식). 마졸리는 보는 이에게 컴컴한 거울을 비춰 그 공허를 들여다보게 만든다. 프루스트부터 래드클리프 홀까지 동성애를 상실과 죽음으로 재현해온 역사를 되돌아볼 때, 마졸리

의 회화는 브라사이가 시작하고 아버스가 확장한 형상화의 전통과 대화를 나누고 있다.[39]

캘리포니아를 기반으로 활동하는 또 다른 예술가인 주디 뱀버의 작품들 역시 실패를 다룬다. 뱀버에게 상실과 실패라는 주제는 시각성visuality 내에서 우리가 볼 수 있는 것 너머에 있는 선line 또는 한계선, 즉 보는 것vision과 가시성visibility 자체의 실패의 장소를 표시하는 지평선으로 나타난다. 호세 무뇨스가 퀴어성을 일종의 정치적 열망의 지평으로 여긴다면,[40] 뱀버의 지평은 가능성과 실망이 종종 함께함을 상기시켜준다. 2년여에 걸쳐 작업한 뱀버의 바다 풍경은 그런 '자연nature'이 시선에 제공하는 무드, 톤, 시각성 면에서의 미묘하지만 확정적인 변화를 기록한다. 그의 작품에서 풍경은 압도적이며 온전한 하나의 그림이 아니라 시작과 결말이 있는 연작 안에서 몽타주 스타일로 표현된 일련의 단편으로 구성되어 영화에 가까워

---

39 프루스트부터 래드클리프 홀까지 동성애를 상실과 죽음으로 재현해온 역사를 돌이켜보면 마졸리의 작업은 빛보다 어둠을 소재로 그림을 그린 작가들(어둠이 물러나 빛에 자리를 내주는 것을 거부하며 어둠 속에서 그림을 그린 카라바조, 렘브란트 등 때로 테네브리즘 화가들tenebrists이라 칭해지는)의 작품과 대화하고 있기도 하다. '검은 그림'으로 유명한 18세기 스페인 화가인 고야의 그림은 무시무시한 주제와 인간의 조건에 대한 음울한 관점을 결합한다. 어두운 측면에서 본 예술은 계몽, 진보, 행복에 관한 인간적 서사를 거부하고, 폭력, 운명, 인간의 경험을 상기시킨다. 이것이 대중적으로 재현되는 긍정적 이미지를 고집할 때, 정치적 인정과 우리 정치학의 수용에만 몰두할 때 우리가 잊어버리는 것이다. 검은 거울과 어둠 속 그림의 정치학에 대한 더 자세한 내용은 다음을 참조하라. Lasch, *Black Mirror*, 2010.

40 Muñoz, *Cruising Utopia*, 2010.

도판7. 주디 뱀버, 〈2004년 7월 22일 오후 6:15〉, 2004. 캔버스에 유화,
30 in x 36 in. ⓒ 주디 뱀버. 작가의 허락을 받아 이용.

도판8. 주디 뱀버, 〈2004년 6월 24일 오후 8:45〉, 2004. 캔버스에 유
화, 30 in x 36 in. ⓒ 주디 뱀버. 작가의 허락을 받아 이용.

도판9. 주디 뱀버, 〈보고 울 만한 것을 주마(죽은 새끼 되새)〉, 1990.
　　 캔버스에 유화, 29 in x 29 in. © 주디 뱀버. 작가의 허락을 받
　　 아 이용.

진다. 이 그림들을 볼 때 우리는 자연에 의해서는 감동받지 못하고 자연을 기술 혹은 장치로서 이해하기 시작한다(도판7, 도판8 참조). 보는 이는 때로는 강렬해지고 때로는 완전히 사라지는 하늘과 바다 사이의 선, 즉 지평선을 향해 계속해서 이끌린다. 가시권 안팎을 넘나드는 지평선은 여러 모로 이 연작의 전체적인 주제다. 뱀버가 지평선을 한계로서 묘사한 것은 예술이 '너머'를 볼 수 있다는 개념을 거부하는 퀴어 시간성과 퀴어 공간성에 말을 걸며, 실상 **한계**에 관한 예술, 미래의 협소함, 과거의 무거움, 현재의 긴급함에 관한 예술을 만들어낸다.

뱀버와 에델먼 둘 다 시간과 공간에 퀴어한 실패를 새겨 넣는다는 점에서, 한계가 있는 지평선이라는 개념은 우리를 에델먼의 책 『미래는 없다』로 돌아오게 한다. 뱀버의 경우 바다 풍경이 자연에서 로맨스와 영속의 감각을 비워내버린다면, 에델먼에게 퀴어는 항상 불가피하게 죽음충동과 연관되어 있다. 실로 죽음과 유한성이야말로 퀴어성의 의미(의미란 게 있다면 말이다)이며, 에델먼은 이러한 퀴어의 의미를 수많은 정치적 프로젝트를 활성화할 진취적이고 재생산적이고 이성애 규범적인 희망의 정치학을 대신하는 끈질긴 부정성의 형태를 제안하기 위해 사용한다. 퀴어성을 실패의 논리를 중심으로 구성된 미학적 프로젝트와 연결하려는 내 시도는 퀴어성을 의미를 만들어내는 낙관주의적이고 휴머니즘적인 활동과 분리하려는 에델먼의 노력과 만난다. 그는 퀴어 주체가 인식론적으로 부정성, 난센스, 반反생산, 불가해함에 매여 있었다고 주장하며 퀴어성을 인정recognition의 영역으로 끌어들여 이 특징들을 떨쳐내는 대신, 우리가 어떤 식으로든 구조적으로 재현하는 부정성을 포용할 것을 제안한다. 미래성에 관한 에델먼의 논쟁은 퀴어성이 한계의 기능을 만들어낸다고 본다. 이성애 규범적인 정치적 상상력은 아이라는 반박의 여지 없이 긍정적인 이미지를 통해 시공간에서 전진하고, 부모라는 권위적인 이미지를 통해 스스로를 과거에 투사하는 반면, 퀴어 주체는 이성애적 낙관주의와 그것의 실현 사이에 서 있다.

이 정치적인 순간에 에델먼의 책은 미 제국주의적 희망의 프로젝트, 혹은 바버라 에런라이크가 말한 "긍정bright-sidedness"에 대항하는 강력한 주장이 되었고, 지금까지도 반제국주의적, 반헤게모니적 상상력에 기여하는 퀴어 연구의 가장 강력한 언명 중 하나로 남아 있다. 그럼에도 나는 에델먼의 프로젝트에 비판적으로 참여해 반사회적 프로젝트를 더 분명하게 정치적으로 틀 짓기(실패를 유용하게 포함하는 틀 짓기)를 옹호하고자 한다. 에델먼은 미래성에 반대하는 자신의 주장을 틀 짓는 데 자크 라캉과 버지니아 울프의 글을 제사題詞로 사용하는 한편, 자신의 책 제목이 상기시키는, 그리고 근래의 반사회적 퀴어 미학 생산에서 넘쳐나는, 이를테면 〈갓 세이브 더 퀸〉이라는 섹스 피스톨스[41]의 노래 같은 더 명백한 참고문헌은

---

41   [옮긴이] 섹스 피스톨스(Sex Pistols. 1975년 결성한 영국의 펑크 록 밴드. 'God Save the Queen'은 영국 국가 제목이기도 하다.

언급하지 않는다. 섹스 피스톨스가 "미래는 없다No future"라는 후렴구를 사용해 국가, 군주제, 판타지의 정형화된 연합을 거부했다면, 에델먼은 물질적인 정치적 사안을 조잡하고 재미없는 것으로, 즉 자신의 프로젝트가 폐제하고 있는 미래성이 주조해낸 것의 일부로 보는 경향이 있다. 그가 미래성에 관한 라캉의 불안할 만큼 깔끔하고 정확한 이론적 모순으로 눈을 돌리는 까닭은, 라캉과 울프처럼, 그러나 펑크 로커와는 달리, 자신의 담론이 수용되는 양상을 강박적으로 통제하고자 애쓰기 때문이다. 복잡하게 꼬이고 도치로 가득 찬 에델먼의 문장 구조 자체가 의미의 무질서를 종결시킨다. 각주에서도 그렇고 교차 배열된 어구chiasmus들에서도 그렇고, 그는 비판을 차단하고 독자들에게 미래도 미래에 관한 판타지도 불허한다. 각주한 군데에서는 "엘리트주의", "허세", 백인성, 스타일에 근거해 그의 연구에 대한 비판이 제기될 것을 예견하고, 몰정치적인 형식주의라는 이유로 다른 반대의견을 나타낸다. 그는 자신이 그러한 모든 반응에 공감하지 않는다고 공언하고는, 미래를 폐제한 채 영리함과 교차배열의 자기폐쇄적 세계에서 제 갈 길을 간다. 에델먼의 논점은 격렬한 부정성 표현으로 이어진다("엿먹어라, 사회질서와 우리를 집단적 공포에 처넣는 아이라는 이름이여. 애니[42]도 레 미제라블의 고아들도 엿먹어라. 인터넷상

42 [옮긴이] 미국의 만화가 해럴드 그레이(Harold Gray)가 1924년부터 『뉴욕 데일리 뉴스』에 연재한 만화 〈리틀 오펀 애니(Little Orphan Annie)〉의 주인공. 제

의 가난하고 죄 없는 아이도 엿먹어라. 대문자 법이든 소문자 법이든 엿먹어라. 상징적 관계망 전체, 그리고 그것의 버팀목으로 기능하는 미래도 엿먹어라"[43]). 그러나 결국 그는 대문자로든 소문자로든 법을 엿먹이지 못하고 문법에, 논리 법칙에, 추상 법칙에, 탈정치적 형식주의 법칙에, 장르의 법칙에 굴복하고 만다.

그렇다면 '미래는 없다'의 정치학과 그것이 함축하는 부정성의 정치학을 구성하는 것은 무엇일까? 섹스 피스톨스는 "미래는 없다"라는 구절로 영국의 박탈당한 이들을 결집하는 구호를 만들어냈다. 여왕 즉위 25주년을 반어적으로 기념하려는 의도로 만든 데뷔곡에서 그들은 영국 국가國歌를 군주제 전통과 그것을 지속시키려는 국가, 그리고 그 기념행사가 미래성에 넘겨줘버린 판돈을 사납게 거부하는 노래로 바꾸어놓았다. 거기서 미래성은 국가, 국가적 소속감의 개념을 좌우하는 계급과 인종 분화, 국가에 의미를 부여하고 빈자와 실업자, 문란한 자, 비시민, 인종화된 이주민, 퀴어들에게서 의미를 앗아가는 이데올로기 시스템을 찬양하는 활동을 의미한다.

신이여, 여왕을 수호하소서

목은 제임스 위트컴 라일리(James Whitcomb Riley)의 동명의 시 제목에서 따왔다.

43   Edelman, *No Future*, p. 29.

그녀는 인간이 아니오니
영국의 꿈에는
미래가 없다 …
오 신이여, 역사를 구원하소서
미치광이 행진을 보호하소서
오 신이여, 자비를 베푸소서
모든 범죄에는 값이 매겨져 있다
미래가 없을진대
어찌 죄가 있으리
우리는 쓰레기통 속의 꽃이요
인간이라는 기계 속 독이며
우리는 미래다 당신의 미래다 …
신이여, 여왕을 수호하소서
빈 말이 아니다
영국의 꿈에는
미래가 없다 …
미래는 없다 미래는 없다
당신에게 미래는 없다
미래는 없다 미래는 없다
나에게 미래는 없다

에델먼에게 '미래는 없다'는 우리 욕망의 경로를 티 없는 아이라는 영원한 행복 주변으로 설정하고, 자랑스럽게도 불모이며 반재생산적인 퀴어 관계의 논리에서 정치적 상상계의 그늘을 찾아내는 것을 의미한다. 또 라캉의 상징계에 관해서는 (과도하게) 무언가를 의미하는 한편 펑크 정치학의 강력한 부정성에 관한 의미는 충분치 않은 듯한데, 내가 〈트레인스포팅〉과 관련해 지적했듯 펑크 정치학은 상징적으로든 축자적로든 허무주의에 관해 많은 것을 알려준다. 섹스 피스톨스는 영국의 고루함에 침을 뱉고 스스로를 "쓰레기통 속의 꽃"이라 부르며, 자신들을 공손한 사회의 쓰레기이자 찌꺼기와 엮으며 인간을 향해 독을 뿜어냈다. 부정성이 반정치학을 구성하는 것은 그럴 법한 일이지만, 그것이 결코 몰정치적이지는 않았다.[44]

4장에서 나는 저메이카 킨케이드를 비롯한 이들이 창안한 반사회적 페미니즘을 추적한다. 여기서는 탁월한 반사회적 페미니스트로서 가부장제를 그저 남성 지배의 양식이 아닌 이성, 지배, 의미를 공식적으로 생산하는 것으로 파악하며 심도 깊은 반사회적 정치학을 표명한 인물을 주목해보고자 한다. 밸러리 솔래너스는 행복과 절망, 미래성과 폐제가 가부장제 내 특정한 주체성 양식의 토대가 되어왔음을 인식했고, 남성, 남성성, 폭력에 관한 자신만의 어둡고 뒤틀린 진실로 가부장제 내에서의 '진리' 생산에 가차없이 맞섰다. 솔래너스에게

---

44 타비아 니웅오는 리 에델먼의 논점과 펑크에 대한 부족한 참조점과 관련해 비슷한 주장을 한 바 있다. Nyong'o, "Do You Want Queer Theory (or Do You Want the Truth)? Intersections of Punk and Queer in the 1970s," 2008.

가부장제는 인간의 긍정적 혹은 부정적 속성을 각각 남성과 여성의 것으로 깔끔하게 나누는 의미체계를 뜻한다. 그는 이 도식을 뒤집어 남성을 "생물학적 재앙biological accident"으로 파악하는 한편, 여성이 긍정성의 공간을 차지하는 것은 거부한다. 그 대신 그는 폭력의 영역을 식민화해 헤게모니 질서를 무너뜨리는 데 도움이 되도록 남성을 거세할 것을 권한다. 이성애자 남성이 '걸어다니는 딜도'라면 다른 남성을 사랑할 뿐 여성에게는 아무 쓸모가 없는 게이 남성은 '그저 호모faggots'로서 가부장제의 온갖 나쁜 속성을 체화한다. 『남성거세결사단 선언문』[45]에서 모든 종류의 동성사회성은 "호모다움faggotry"으로 불리며, 모든 남성은 그것을 두려워하면서도 욕망한다고 상정된다. 솔래너스에게 남성은 어떤 형태든 적이며, 남성 저항가라는 것은 어불성설이다. 잘 알려져 있다시피 솔래너스는 자신에게서 극본을 '훔쳤다'는 이유로 앤디 워홀을 총으로 쏘며 이론을 실천으로 옮겼다. 그의 무정부주의적 폭력 행위에 경악하는 한편으로 우리는 이런 종류의 폭력이 정확히 우리가 부정성을 이론화할 때 화두로 삼는 것임을 기억해야 한다.

내 생각에 퀴어 이론의 반사회적 전회antisocial turn에 관한 진짜 문제는 리오 버사니, 에델먼 등의 연구가 보여주었듯 부정성이 지닌 의미(내가 주장하는바 반식민주의부터 펑크까지 일련의 정치적 프로젝트에서 발견되는)보다는 퀴어 부정성

---

45   Valarie Solanas, *SCUM Manifesto*, 2004.

을 재현하는 아카이브가 지나치게 작다는 사실과 더욱 관계있다. 게이 남성과 관련한 아카이브는 한편으로 고전 아카이브와 만나기도 하고, 한편으로는 그 아카이브를 엄선해 반사회적 퀴어 미학자들과 캠프의 아이콘 및 텍스트들을 추려내기도 한다. 특별한 순서 없이 나열하자면, 거기에는 테네시 윌리엄스, 버지니아 울프, 베트 미들러, 앤디 워홀, 헨리 제임스, 장 주네, 브로드웨이 뮤지컬, 마르셀 프루스트, 앨프리드 히치콕, 오스카 와일드, 잭 스미스, 주디 갈런드, 키키 앤드 허브가 포함되지만, 다른 많은 반사회적 저자와 작가, 텍스트, 예컨대 밸러리 솔래너스, 저메이카 킨케이드, 퍼트리샤 하이스미스, 〈윌리스와 그로밋〉, 조니 로튼, 니콜 아이젠먼, 아일린 마일스, 준 조던, 린다 베세머, 『핫헤드 파이산』, 〈니모를 찾아서〉, [음악 그룹] 레즈비언스 온 엑스터시, 데버라 카스, 〈네모바지 스펀지밥〉, 슐러미스 파이어스톤, 마가 고메스, 토니 모리슨, 패티 스미스 등은 잘 언급되지 않는다.

게이 남성과 관련한 아카이브는 엄선된 인기 거장 작가들 명단과 밀착되어 있기 때문에 그에 대한 정동적 반응 역시 협소하게 한정되어 있다. 그래서 피로, 권태, 지루함, 무관심, 아이러니한 거리두기, 간접성, 통쾌한 일축, 불성실성, 캠프는 앤스베트코비치가 말한, 이러한 형태의 반사회적 이론과 연관된 "감정의 아카이브"[46]를 구성한다. 그러나 이 고전은 다른 종류

---

46   Ann Cvetkovich, *An Archive of Feelings*, 2003.

의 정치학 및 다른 형태의 부정성과 연관된 또 다른 일련의 정동을 가로막는다. 이 다른 종류의 아카이브에서 우리는 예컨대 격노, 버릇없음, 화, 앙심, 조바심, 광기, 정직함, 신실함, 과몰입overinvestment, 무례, 잔혹할 정도의 정직함, 실망을 확인할 수 있다. 첫 번째 아카이브는 캠프 아카이브로서, 이성애 중심적 문화의 진부함에 대한, 그리고 이성애 규범성의 반복성과 상상력 없음에 대한 형식화된 그리고 종종 정형화된 반응의 목록이다. 그러나 두 번째 아카이브는 리오 버사니가 섹스 및 퀴어 문화와 연관지은 규율되지 않은 종류의 반응들과 훨씬 더 조화를 이루며, 바로 여기서 스스로 부서진다는 약속, 지배권과 의미의 상실, 규제받지 않는 발화와 욕망이 모습을 드러낸다. 다이크의 분노, 반식민주의적 절망, 인종적 격노, 반헤게모니적 폭력, 펑크 논쟁 등은 반사회적 전회에 속한 황량한 분노의 영역이며 스스로를 부서뜨릴(한편으로는 나르시시즘의 반대인) 뿐 아니라 타자도 부서뜨리는 힘지다. 퀴어 이론에서 반사회적 전회를 꾀한다면 예의 바른 교환이 가능한 안락한 지대를 기꺼이 벗어나 진정으로 정치적인 부정성을 포용해야 할 것이다. 이번에는 실패하고, 난장판 만들고, 망치고, 시끄럽고 제멋대로이며 무례하게 굴고, 원한을 품고, 되받아 갈기고, 목소리를 높이고, 파괴하고, 암살하고, 충격을 주고, 몰살시키겠다고 약속하는 부정성을 말이다.

퀜틴 크리스프는 "처음에 성공하지 못한다면, 실패가 자신의 스타일일지도 모른다"라고 적었다. 내가 제시하는 반사회적 고관들 목록이 실패의 스타일에 본보기가 될 것이다. 그 목록은 아마도 게이 스타일이라기보다는 레즈비언 스타일일 테고 (게이 스타일이란 뚜렷한 스타일일 때가 매우 잦으므로), 예컨대 자신의 어머니에게 증오에 찬 편지를 쓰고, 친구들이 여는 만찬에 초대받지 않았으면 하는 강렬한 욕망을 공책에 휘갈겨 썼던 퍼트리샤 하이스미스 같은 이의 생애와 작품 속에 깃들어 있다.[47] 뒤따르는 장에서 나는 반사회적 페미니즘에 관한 아카이브로 돌아갈 테지만, 지금은 실패의 기술과 관련해 공허함, 버림받음의 감각에 천착하는 퀴어 작품에 주목하려 한다. 공동으로 작업하는 스페인 퀴어 예술가인 카벨로/카르셀러는 **공허함, 헛됨, 한계, 무효함, 불모성, 비생산성** 같은 개념을 거부하기보다 그에 대한 권리를 주장하는 부정성의 형식에 퀴어성을 연결한다. 이 작업에서 퀴어 미학은 긍정보다는 부정의 작용을 통해 활성화된다. 다시 말해 이 작품들은 퀴어성을 규범성이나 삶, 체면, 완전함, 적법성 따위에 새롭게 몰두하는 방식이 아닌 비판의 양식으로 확립하고자 노력한다. 일례로 이들은 초기 작업에서 공동 작업을 저자의 죽음, 개인성의 종말, 자아와 타자의 경계 인식의 불가능성으로 귀결되는 일종의 사투로 그렸다. 다른 사진 작업에서는 인물을 완전히 폐기하고 공간

---

47 퍼트리샤 하이스미스의 어머니와의 갈등적 관계, 반사회적 성향, 목록화하는 버릇에 대한 자세한 내용은 다음을 참조하라. Joan Schenkar, *The Talented Miss Highsmith*, 2009.

자체를 퀴어한 것으로서 찍었다.

1996-1997년, 연구를 위해 캘리포니아로 떠난 여행에서 찍은 일련의 사진에서 카벨로/카르셀러는 유토피아라는 공허한 약속에 관해 기록한다. 그중 텅 빈 수영장의 이미지는 환상과 실재의 격차, 주체와 그들이 꿈과 욕망을 투사하는 공간 사이의 심연을 기호화한다. 비어 있는, 그러나 보는 이는 갈망과 멜랑콜리로 가득한 수영장에서 수영장의 형태와 기능에 관한 생각에 잠기게 된다. 거기서 우리는 욕망의 의미와 그것이 약속하는 바를 숙고하게 된다. 이 텅 빈, 생기 없는 수영장들은 벤야민의 도시 거리와 유사하게 기능한다. 즉, 알레고리의 방식으로 작동하며, 풍요와 그 대가에 대해, 부의 순환, 자본의 부침에 대해 이야기한다. 또 수영장은 강렬한 호화로움의 상징이며, 수영장의 물은 벤야민이 묘사한 파리 아케이드의 가게 진열장처럼 몸을 비추어 보여주고, 그곳을 휴식, 여가, 재충전, 활기에 관한 눈부신 꿈의 공간으로 바꾸어놓는다. 동시에 텅 빈 수영장은 폐허처럼 버려져, 낙엽을 비롯한 기타 불용의 지표들이 그 안에 흩어져 있을 뿐이며, 이 폐허를 통해 수영장은 욕망의 도착perversion, 상품의 쇠락, 가치로부터 쓸모의 분리라는 퀴어함을 재현한다. 수영장이 더는 부와 성공의 표지로 기호화되지 않는다면, 퀴어한 의미에서는 실패, 상실, 파괴, 무질서, 막 시작된 혼돈, 그럼에도 그런 상태 덕에 활기를 띠는 욕망 등을 상징하는 장소가 될 수 있다.

수영장은 명상의 장소로서, 그 안에서 몸은 침수된 세계

그림10. 카벨로/카르셀러, 〈무제(유토피아) #27〉, 1998 – 99, 컬러사진, 70cm x 50cm. 엘바 베니테스 갤러리(마드리드)와 호안 프랏스 갤러리(바르셀로나) 허가하에 수록.

그림11. 카벨로/카르셀러, 〈무제(유토피아) #29〉, 1998 – 99, 컬러사진, 70cm x 50cm. 엘바 베니테스 갤러리(마드리드)와 호안 프랏스 갤러리(바르셀로나) 허가하에 수록.

의 표면을 무중력 상태로 떠돌 수 있다. 그곳에서 몸은 새로운 요소에 의해 변형되어 떠 있지만, 고군분투해야만 하고, 아마도 적대적일 새로운 환경에 결국은 지고 만다. 타일로 된 아틀란티스Atlantis처럼, 내부가 다 드러난 수영장은 이제 물 대신 공기를 담고서, 다량의 염소로 반짝이는 푸른 수면 아래 있던 것들을 드러낸다. 이 수영장은 우리를 어떤 경계지대threshold로 데려가 우주로 뛰어들까 생각해보게 한다. 카벨로/카르셀러의 몇몇 작품은 그러한 경계지대로 시선을 잡아끌고, 안정감 있는 직사각형의 수영장이 무형의 덩어리로 흐릿하게 뭉개지는 과정을 보여준다. 이 흐릿해진 경계지대는 수영장에 위협적인 측면을 부여해준다. 〈무제(유토피아) #27〉에서 우리는 수영장 안팎을 연결하는 사다리가 위쪽에 있고 바닥으로는 잘 내려와 있지 않기에 물이 없으면 사다리도 소용없다는 사실을 상기하게 된다. 물 없는 빈 수영장은 인간의 몸에 덫이 된다.

카벨로/카르셀러는 다른 연작에서도 몸들이 부재하는 공간을 다룬다. 빈 수영장 사진과 마찬가지로 인간적 상호작용의 편린들이 흩뿌려져 있는 빈 바를 찍은 사진들 역시 몸의 부재에서 현존의 증거를 포착해낸다. 텅 비워진 공간은 보는 이가 그 공백을 채워 넣도록 유도하는데, 우리는 마치 눈앞의 그림에 의미와 서사를 부여해 그것을 완성시키라는 요구를 받는 듯하다. 그것이 우리에게 반추의 기회를 제공하는 까닭에 우리는 그 공간을 채워 넣는다. 사라진 자아가 아닌, 그 허공의 가장자리에서 우리가 느끼는 내키지 않음을 채워 넣는 것이다. 작가들은 보는 이를 분산의 자리로 데려가 거기에 홀로 내버려둔 채, 잃어버린 모든 것과 눈앞에 남아 있는 것을 생각하게 만든다. 그러나 이 황량한 바 사진들은 퀴어 공동체뿐 아니라 그것이 뒤에 남겨둔 것까지도 재현하는데, 이는 거의 영웅적이라 할 만하다. 〈어딘가 #5〉 속 바는 지저분하고 적나라해 보인다. 술병들이 소화전까지 파고들어 있어 그곳이 화기에 취약한 환경임을 암시한다. 잠복해 있는 요소는 이제 물이 아닌 불이다. 쓰레기들이 널려 있고 디스코 조명이 내리쬐며 제멋대로 그림자를 만들어내고 있는 여기서의 바닥은 빈 수영장처럼 버려짐에 대해서가 아니라 쓰임과 물질성을 이야기하고 있다. 기름투성이에, 끈적하고 축축한 바닥은 몸이 바닥 표면에 가한 효과를 전시하며, 바를 이성애 규범적 가정의 깨끗하고 위생적인 공간에 대비시킨다.

바는 (수영장과 마찬가지로) 내부인 동시에 외부인 공간이며, 푸코의 용어로는 헤테로토피아적 공간으로, 표면이 깊이로 바뀌고 깊이는 환영으로 드러나는 곳이다. 수영장과 마찬가지로 이 공간의 내부는 일련의 혼란스러운 표면을 보여준다. 그 평면들은 하나 위에 다른 하나가 놓이는 식이 아니라 원근을 혼동시키고 전경과 배경, 강조되는 것과 묻히는 것의 관계를 뒤섞어버린다. 연기도 흐릿해진 시야에 한몫하며 내부와 외부, 신체와 공간, 바닥과 벽, 의자와 바 사이 관계의 도치를 강화한다. 다중적인 평면 덕분에 보는 이는 이 레즈비언 바의 입지를 흩어진 동시에 군집해 있는 것으로 이해하게 되며, 그 속

그림12. 카벨로/카르셀러, 〈어딘가 #5〉, 2000. 컬러사진, 125cm x 190
　　　cm. 엘바 베니테스 갤러리(마드리드)와 호안 프랏스 갤러리(바르
　　　셀로나) 허가하에 수록.

그림13. 카벨로/카르셀러, 〈어딘가 #2〉, 2000. 컬러사진, 125cm x 190
　　　cm. 엘바 베니테스 갤러리(마드리드)와 호안 프랏스 갤러리(바르
　　　셀로나) 허가하에 수록.

그림14. 카벨로/카르셀러, 〈어딘가 #23〉, 2000. 컬러사진, 150cm x 100 cm. 엘바 베니테스 갤러리(마드리드)와 호안 프랏스 갤러리(바르 셀로나) 허가하에 수록.

을 헤매다가 갑자기 우리는 바깥을 보고서 우리가 경계를 넘었음을 알게 돼 놀란다. 카메라는 바와의 관계에서 새로운 위치를 점하고, 우리는 끈적이는 바닥에 가까워질수록, 눈앞의 잔해들을 응시할수록, 위로 시선을 옮겨 바 뒤쪽에서 손짓하는 외부를 보게 된다. 문은 열려 있고, 때는 아침이며, 바는 일광 아래 드러나 있다.

일광은 레즈비언 바 안의 디스코 조명처럼 여러 가지 형태로 쏟아지고, 그 안에 거주하는 이들과 이미지를 보는 이들에게 각기 다른 기능을 수행한다. 주디 뱀버의 바다 풍경으로 돌아가보면, 그 풍경들 역시 넘을 수 없는 경계, 빛과 어둠의 관계, 그리고 허공의 해부에 사로잡혀 있음을 알 수 있다. 말리부를 배경으로 한 바다 그림에서 뱀버는 자연을 낭만화하는 데 굴복하지 않고 하늘과 바다의 관계에 관한 드라마를 그려낸다. 실상 이 연작은 자연에 대한 일종의 비판이라 할 수 있다. 뱀버는 공기와 물의 관계 변화를 아카이빙함으로써 자연의 무한한 숭고함보다는 그것의 한계 및 유한성에 대해 말한다. 그의 회상에 따르면, 말리부의 한 발코니에서 바다를 내다보다가, 펼쳐진 풍경이 고유한 색채 구현과 자연의 기교라기보다는 예전에 자신이 이미 봤던 것임을 깨달았다. 뱀버가 그린 것은 따라서 한계, 즉 시각vision의 한계, 자연의 한계, 색채 자체의 한계, 제한된 상상력, 미래성의 결여이며, 달리 말하자면 우리의 모든 지평의 확장이자 축소다. 이 그림들의 첫 전시 도록에 수록된 네일런드 블레이크의 에세이에서처럼 "이 작품들이 미국 서부 개척의 종점인 태평양을 그린 그림이라는 사실은 중요하다. 완결의 장소에서 우리는 시선을 사로잡는, 그러나 우리의 방향을 잡아줄 것은 아무것도 내놓지 않는 희미한 가능성을 응시한다. 우리는 끝에 다다랐다."[48] 블레이크는 시야의 제한을 영토 확장이라는 국가적 환상을 규제하는 기능과 연결하면서 그림이 만들어내는 방향감각 상실을, 운명과 완결에 대한 인종화된 해석을 위해 땅과 물질을 게걸스레 집어삼키는 정치적 프로젝트에 기민하게 연결한다. 뱀버의 그림은 '반지도anti-maps'이자 소멸과 각성의 이미지로서 국가적 확장이라는 환상을 갑작스럽게 중단시킨다.

뱀버의 바다 풍경은 노스탤지어를 전달하지 않으면서도 멜랑콜리하다. 그것들은 아우라를 뿜어내는 방식의 작품 생산을 거부하고, 반복의 미학 안에 자리 잡는다. 각 그림은 바다와 하늘, 지평선 간의 기본 관계를 반복하고, 각각은 경계성의 드라마를 시공간에 매우 정확하게 위치시킨다. 작가의 기교를 위대한 자연의 기교를 대체하는 것으로 독해할 가능성을 차단하려는 듯, 뱀버는 캔버스에서 자신의 붓질을 제거하고 기계적 재생산의 환상을 만들어내려 한다. 동시에 그 그림들은 다이앤 치점이 벤야민을 인용하며 "멍하게 있기spacing out"라고 묘사한 것, 혹은 "공간의 다공성porosity"에 대한 무언의 표현

48   Nayland Blake, "Further Horizons," 2005, p. 9.

을 수행한다.[49] 치점은 이 과정에서 화자가 도시에 사로잡혀 도시의 서사 및 기억의 일부가 되기를 자처한다고 주장한다. 뱀버의 그림에서 바다와 하늘, 하늘과 지평선, 빛과 분위기, 색채와 경계 사이의 팽팽한 상호작용은 전부 보는 이가 보고도 심지어 거부하는 '다공성'을 만들어낸다. 치점에 따르면, 다공성은 벤야민에게 상업 양식의 변동 혹은 도심 거리를 메운 것들의 변화, 교환의 흐름과 욕망을 극화하는 도시의 공간을 재현해주었다. "퀴어들이 모여 있는 도시의 다공성은 포스트모더니티의 자본(주의)에 도시가 잠식되어 있을 때에도 역사가 합류되는 것을 볼 수 있게 해준다. 여기서 게이 라이프는 친밀한 공동체적 접촉으로 통하는 도관이자 상품 수송의 대동맥인 거리에서 이루어진다."[50] 뱀버의 그림들은 도시에 관한 것이지만, 그와 별개로 그것들은 로스앤젤레스에 관한 이미지로서, 그 도시의 매력을 상기시킨다. 태양빛을 받아 빛나는 한편 빛을 전부 표면으로 다시 흡수해버리면서 바다 풍경은 [빛을] 반사하기도 하고 동시에 그것을 몰아내기도 한다. 그것들은 자신의 고유한 광원을 발산하는 듯하고, 로스앤젤레스의 신체 문화body culture의 전형처럼 자연미(일몰)와 기술이 증대시킨 미(스모그 낀 날의 일몰이라는 장관)의 관계를 혼동하게 한다. 뱀버의 바다 풍경은 우리에게 유토피아를 향한 비전의 계급성을

49   Dianne Chisholm, *Queer Constellations*, 2005, p. 109.
50   같은 책, p. 45.

상기시켜준다. 한 무리의 로스앤젤레스 주민들이 스모그가 낀 바다를 내다볼 때 내륙에서 다른 무리는 같은 유독성 안에 갇혀 있는 것이다. 사이렌 소리와 헬리콥터들이 풍요와 안전에 대한 환상을 가로지르며 도시를 보이지 않는 그리드로 이루어진 규제된 공간으로 유지한다.

작업 곳곳에서 엿볼 수 있는 뱀버의 극단적인 리얼리즘은 회화를 기술의 대척점에 위치한 기예craft로 놓는 대신 다른 매체와 연결하며, 철저한 조사를 통해 응시의 대상을 탈자연화하는 역할을 한다. 바다 풍경은 대개 서사시적 시간 프레임으로 논의된다. 일본 사진작가 스기모토 히로시도 뱀버처럼 미니멀리즘적 이미지로서 바다 풍경에 매료되었는데, 뱀버와 다른 점은 그에게 바다 풍경은 원초적 시간의 재현이어서 이를 "가장 오래된 풍경"으로 묘사한다는 점이다. 그는 고속 촬영fast exposure 기법을 사용해 "물결의 움직임을 정지"시키지만, 그가 붙드는 순간은 지속성을 기념하는 감각으로 다시 연결된다.[51] 뱀버의 바다 풍경은 기술적인 것으로 보일지 몰라도 물결이 일절 나타나 있지 않고, 포획된 움직임이 아니라 시간과 움직임의 종말을 그린다는 점에서 스기모토의 작업보다 미니멀리즘에 더욱 충실하다. 스기모토가 바다 풍경의 광활함, 무한한 차이의 배열에 압도되었다고 한다면, 뱀버의 작업은 퀴어한 시야 덕분에 해당 장르의 전통으로부터 떨어져 나온다. 뱀버는 존

51   Sugimoto, *Hiroshi Sugimoto: Time Exposed*, 1995, p. 95.

컨스터블에게서 발견할 법한 로맨스라든가 쿠르베의 바다에서 발견할 법한 연출법에 저항하고, 스기모토의 사진에서 확인되는 숭배 역시 거부한다. 그 대신 뱀버는 '여기'와 '지금'에게 작업을 걸고, 주제 못지않게 프레임에 관한 것이라 할 냉혹하고 규율된 이미지들을 만들어낸다.

완벽하게 제시된 질vagina의 이미지이든 자신의 아버지를 그린 실사 같은 그림이든, 많은 뱀버의 작업이 탈감성화하는 재현 방법을 실천하고 있다. 죽은 새끼 되새처럼 아주 작은 대상을 그린 〈도판9〉와 같은 작업에서 그림에 적용된 비율은 새의 죽음을 예술이라는 프레임으로 가져오면서 그것을 극대화하는 동시에, 미소微小함이 그 새의 특성으로 느껴지게 만듦으로써 그 죽음을 축소하기도 한다. 여기서나 바다 풍경에서나 그러한 비율의 배치는 [표현의] 적절성을 관계적이며 우연적인 것으로 만들 뿐 아니라, 이 정물을 퀴어한 무언가로, 한계로, 지속성 및 다양성의 거부로 바꾸어놓기도 한다. 그림의 제목인 "보고 울 만한 것을 주마(죽은 새끼 되새)"는 멜랑콜리아(새의 죽음)를 극단적인 리얼리즘(다른 것들이 더 중요하다)과 연결하며, 주제와 작은 크기 때문에 그림에 잠재돼 있을지 모를 감상적 정서를 비워내고 그 자리를 정확한 묘사로 대체한다. 죽은, 추한 새를 묘사한 이 그림의 리얼리즘은 어린 것의 죽음을 덜 심각하게 다루기보다는 가장 잔혹한 자연에 대해 가르쳐준다. **죽은**과 **새끼**라는 말을 병치한 덕분에 끝과 시작이 하나로 엮이고, 때로 끝은 새로운 시작이 아님을 우리에게 상기

시켜준다. 말하자면, '끝은 끝이고 그저 끝이다.'

아이들과 실패

이성애 규범적으로 아이라는 존재에 투자하는 것에 대한 리 에델먼의 비판은 너무 이른 죽음과 연관된 정동을 거부하는 뱀버와 잘 통한다. 그러나 에델먼은 항상 이성애 규범성을 여성과 본질적인 방식으로 연결하는 위험을 감수하는데, 아마 부지중에 여성은 비퀴어의 장소가 되어버리는 모양이다. 퀴어성이 죽음충동과 동맹을 맺는다면 여성은 삶을 제공하고, 또 특히 게이 남성이 '전혀 아무것도 약속하지 못하면서도' '더 나은 무언가'를 향해 앞장서는 반면, 여성은 아이 및 '선함 goodness'과 감상적인 동맹을 맺기 때문일 것이다. 〈트레인스포팅〉의 렌턴처럼 에델먼의 부정성은 심히 몰정치적인 논조를 띠는데, 따라서 이 챕터를 마무리짓는 지금 나는 뚜렷한 정치적 책무를 갖고 주류 어린이 영화에서 공개적으로 유통되고 있는 퀴어성에 대해 논해야겠다.

어린이에게 마케팅하는 주류 영화들은 우연찮게 소속, 관계 맺기, 진화evolving에 대한 도착적 서사를 대거 생산하며, 종종 이 서사들을 성공과 실패의 정치학과 연관짓는다. 우리는 주류 어린이 영화에 명백히 퀴어한 캐릭터 및 서사가 존재한다든가 그들이 실패와 좌절에 쉽게 소속감을 느끼는 데 놀라기보다, 어린이들의 애니메이션을 광범한 도착적 체현과 관계를 보여줌으로써 성장기에 있는 욕망하는 주체의 관심을 끌어야 하는 하나의 장르로 인정해야 한다. 한 평자가 『빌리지 보이스』에 기고한 〈슈렉 2〉에 대한 평에서처럼 이런 영화에 퀴어 캐릭터가 등장한다고 항변하기보다는 어린이와 섹슈얼리티, 순진무구함에 대한 감상적이고 이상화된 신화를 파괴하고, 번식과 성공의 논리에 의존하지 않는 새로운 성숙, 교양, 성장 개념을 상상해내야 한다.

10대를 위한 주류 코미디 영화와 어린이용 애니메이션은 타자성과 차이의 환상, 대안적 체현, 집단적 소속감, 특이한 욕망으로 가득 차 있다. '퀴어 동화'라 할 만한 이러한 영화들 중 다수에서 로맨스는 우정으로, 개인화는 집단성으로 바뀌며, '성공적인' 이성애 짝짓기는 퀴어한 접촉에 의해 뒤집히고 대체되고 도전받는다. 개구리가 왕자로 변하는 대신 왕자가 개구리로 변하며, 괴물은 미녀로 바뀌기를 거부하고, 캐릭터들은 가정보다 공동체를 더 자주 선택한다. 이 영화들은 거의 대부분 시간성 자체를 전경화하며, 비선형적, 비오이디푸스적 발달 모형과 파괴되고 잊힌 역사를 선호한다. 연속성보다는 반복이 더 선호되며, 동화적 시간(옛날 옛날)과 신화적 공간(머나먼 곳)은 마땅히 사춘기스럽거나 유아적이며 종종 명백히 퀴어한 삶의 방식을 위해 환상적인 배경을 형성한다. 〈꼬마 돼지 베이브〉나 〈치킨 런〉, 〈니모를 찾아서〉, 〈슈렉〉 등의 어린이용 영화는 종종 성인이 즐길 수 있는 아동물로 일컬어지기도 하지만,

실제로 감상적이지 않고, 도덕관념이 없고, 목적론적이지 않은 어린이들의 서사적 욕망을 충분히 인정하며 만들어진 어린이용 영화다. 감상적 정서, 진보, 완결을 요구하는 관객은 어른들일 뿐, 아이들은 거기에 별로 신경 쓰지 않는다. 이러한 퀴어 동화가 퀴어한 시간을 상연하는 흥미진진한 방식이자 공동체와 연대를 급진적으로 새롭게 상상하는 것이라는 내 논점을 설명하기 위해 나는 이 영화들에 공통되는 몇 가지 정치적 주제를 짚어보고, 드러내놓고 퀴어한 캐릭터가 아주 많다는 사실에 주목해보려 한다.

퀴어 동화는 종종 어떤 식으로든 '다른', 그것도 거시적인 공동체에는 위협적인 다름을 가진 영웅들을 중심으로 이루어진다. 슈렉은 판단하기 좋아하는 마을 사람들로부터 멀리 떨어져 살도록 강제된 괴수이고, 베이브는 자신이 목양견인 줄 아는 고아 돼지이며, 니모는 기형 지느러미를 가진, 어미 잃은 물고기다. 이들 각자는 '장애를 가진' 영웅으로서, 부, 건강, 성공, 완전을 표상하는 적수와 싸우고 경쟁해야만 한다.[52] 이러한 차이의 서사가 자기 자신을 받아들이는 법에 관한 깔끔한 도덕적 교훈을 전달하는 역할에 쉽게 머무를 수 있음에도, 각각의 이야기는 거부당한 개인의 투쟁을 박탈당한 이들의 더 큰 투쟁과 연결한다. 예컨대 〈슈렉〉에서 괴수는 파콰드 영주('얼간

---

52   퀴어와 장애의 다중적 관계를 이론화한 로버트 맥루어의 획기적인 책을 참고하라. Robert McRuer, *Crip Theory*, 2006.

3장. 실패의 퀴어 예술   245

이(Fuck wad', 일명 부시)가 자신의 영토에서 쫓아낸 난민들을 위한 자유의 투사가 되고, 〈치킨 런〉에서 닭들은 사악한 트위디 농가를 타도하고 착취에서 벗어나기 위해 한데 뭉치는가 하면, 〈꼬마 돼지 베이브〉에서 양들은 독재적인 목양견에 대항해 봉기하고, 〈니모를 찾아서〉에서 니모는 어부들에 대항해 물고기들의 반란을 이끈다.

각 영화는 퀴어성을 개인적인 것과 정치적인 것이 함께 간다는 사실과 분명하게 연결한다. 〈슈렉〉의 괴물성, 〈니모를 찾아서〉의 장애, 〈꼬마 돼지 베이브〉의 종 위화감species dysphoria은 가족, 가정, 국가란 이름하에 자행되는 배제, 비체화, 추방의 해악을 비유적으로 나타낸다. 이 영화들의 미덕은 실패를 두려워하지 않고, 성공을 대수롭게 여기지 않으며, 어린이들을 미래를 중시하는 미성년이 아니라 이상하고 변덕스러운 시간 논리에 참여하는 무정부주의자들로 그린다는 점이다. 에델먼이라면 어린이가 미래성이라는 이성애적 논리의 일부로 혹은 대안에 대한 긍정적인 정치적 상상력으로 연결해주는 존재로 이용돼왔다고 우리에게 상기시켜줄지도 모른다. 그러나 비성인nonadult 몸의 이미지에서 무능한 경향, 의미화하지 못하는 서투름, 성인의 독재로부터 독립하려는 욕망, 성인들의 성공 및 실패 개념에 대한 전적인 무관심을 인정하는 등의 방식으로 아이를 대안적으로 그릴 수도 있다. 에델먼이 보여주는 부정성의 비판은 퀴어성을 동일하게 참을 수 없는 두 가지 선택지(미래성과 긍정이냐, 아니면 염세주의와 부정이냐) 사이에 옭아맨다. 우리는 똑같이 암울한 대안 두 개를 제시하는 것이 아닌 생성적 실패 모델을 만들어낼 수 있을까?

4등으로 들어오는 선수들과 마찬가지로 렌턴, 조니 로튼, 진저, 도리, 베이브는 틀리고, 잃고, 지는 것에는 무언가 강력한 힘이 존재하며, 우리가 각자의 실패를 한데 모은다면 잘 연습해서 승자를 충분히 끌어내릴 수 있음을 알려준다. 성공과 업적일랑 공화당원들에게, 전 세계의 기업 경영자들에게, 텔레비전 리얼리티 쇼의 승자들에게, 결혼한 부부들에게, 고급 SUV 운전자들에게나 줘버리자. 실패를 연습한다는 개념은 어쩌면 우리가 내면의 좀생이를 발견하고, 부진아가 되고, 기준에 못 미치고, 정신 산만해지고, 우회하고, 한계를 만나고, 길을 잃고, 잊어버리고, 장악하지 못하며, 벤야민의 말대로 "승자에의 감정 이입은 예외 없이 지배자를 이롭게 한다"는 사실을 깨닫게 할지도 모른다.[53] 모든 루저는 앞선 루저들의 계승자다. 실패는 다른 실패를 환영한다.

---

53 Benjamin, "Theses on the Philosophy of History," 1969, p. 256.

4장. 그림자 페미니즘
— 퀴어 부정성과 급진적 수동성

말할 필요도 없이, 냉담한 자, 냉소적인 자, 불신
자에 속한다는 것은 승자들 가운데 있는 것과
같다. 패자들은 자신의 실패에 결코 무뎌질 수
없기 때문이다. 그들은 자신의 실패를 언제나, 영
원히 기억한다.

— 저메이카 킨케이드, 『내 어머니의 자서전』

유토피아는 언제나 실망과 실패를 동반해왔다.

— 사이디야 하트먼, 『어머니를 잃는다는 것』

가부장제와 제국주의 사이에서, 주체-구성과 대
상-형성 사이에서 여성의 형상은 본래적 무無로
돌아가는 게 아니라, 난폭한 왕복운동 속에서 사
라지는데, 이러한 운동은 전통과 근대성 사이에
붙들린 '제3세계' 여성의 형상이 전치된 것이다.

— 가야트리 차크라보르티 스피박, 「서발턴은 말할 수 있는가?」

2장에서 나는 망각이 사상과 혈통의 연속성 및 정상성 그 자체의 연속성을 보증하는 세대 간 전승 양식을 방해한다고 제언했다. 세대 논리와 시간성이 지배 집단에 호의적인 방식으로 현상을 계속 유지시킨다면, 억압받는 집단을 위한 세대성은 다른 종류의 역사, 즉 손실loss 및 부채debt와 연관된 역사를 보여줄 수도 있다. 사이디야 하트먼은 『어머니를 잃는다는 것』에서 노예제에서 시작하는 아프리카계 미국인의 혈통과 관련해 이렇게 말한다. 한 세대에서 다음 세대로 전해지는 유일하게 확실한 유산은 바로 이 손실 자체였고, 그것이 해당 부족을 정의했다. 한 철학자는 이를 부정negation이 낳은 정체성이라고 묘사한 바 있다.[1] 하트먼의 책 제목은 아프리카계 미국인에게는 이미 항상 일어난 일인 상실을 가리키는 것인데, 한편으로는 혈통을 따라 시간을 거슬러 올라가는 역사에 대한 단순한 계보학적 설명에 반론을 제기하는 것이기도 하다. 〈니모를 찾아서〉와 〈첫 키스만 50번째〉에서 보듯 어머니를 잃는다는 것은 오스카 와일드의 말처럼 단순히 "부주의함"[2]을 뜻하지

1   Saidiya Hartman, *Lose Your Mother*, 2008, p. 103.

2   [옮긴이] 오스카 와일드의 희곡 「진지해지는 것의 중요성(The Importance of Being Earnest)」에 다음과 같은 대사가 나온다. "To lose one parent, Mr. Worthing, may be regarded as a misfortune; to lose both looks like

는 않으며, 실제로 시간, 공간, 장소, 연결에 관한 다른 모형들과의 관계를 가능하게 한다.

나는 '어머니를 잃어라Lose your mother'라는 명령으로 시작해 자기의 완전한 해체를 옹호하는 결론을 향해 논의를 쌓아올리면서 '하기doing'가 아니라 '망치기undoing'에서 나오는, 또 서양철학 안에서 정의되고 상상된 바에 따른 '여성이기'나 '여성 되기'가 아니라 그것의 거부에서 나오는 페미니즘적 정치학을 탐구하려 한다. 내 논의는 깨진 모녀간 유대를 추적해 반오이디푸스적인 페미니즘을 지향할 터이나, 그것이 들뢰즈식의 기관 없는 신체는 아닐 것이다. 부인, 거부, 수동성, 부재, 침묵에 기반한 이 페미니즘은 무지, 실패, 망각의 공간과 방식을 제공하는데, 이는 더 긍정주의적인positivist 설명 안에 자리를 잡고 그러한 설명 논리를 내부에서부터 풀어내온 그림자 페미니즘이라는 대안적 페미니즘 프로젝트의 일부다. 이 그림자 페미니즘은 자기파괴, 마조히즘, 반사회적 여성성의 언어로 말하며, 딸이 어머니의 유산을 물려받아 가부장제의 권력 형태와 맺는 관계를 재생산하게 만드는 모녀간 본질적 유대를 거부한다.

3장에서 살폈듯 기억과 망각 사이의 긴장은 분명히 오이디푸스적이고, 가족적이며, 세대 간 전승에 관계된 경향이 있

carelessness(워딩 씨, 부모 중 한 명을 잃는 건 불운한 것이지만, 부모 모두를 잃은 건 부주의함 같군요)."

다. 퀴어 문화와 페미니즘이 활용할 수 있는 세대, 시간성, 정치학의 모델이 달리 또 있을까? 오이디푸스 프레임은 페미니즘과 퀴어 정치학의 진화를 사유하는 데 다른 모델들을 사용하지 못하도록 전부 가로막아왔다. 자기 학생들을 '딸들'로 여기는 여성학 교수들부터 기존의 여성운동가들을 촌스럽고 고루한 어머니로 취급하는 제2물결 페미니스트들까지 오이디푸스적 역학관계와 그 가족 메타포는 새롭게 지식을 형성할 수도 있을 잠재적 미래를 말살해버린다. 현재 미국 내의 수많은 여성학과는 세대성을 설명하는 오이디푸스적 모델의 골치 아프고 추하기까지 한 유산과 씨름하고 있다. 그런 학과들 중 일부에서는 이 오이디푸스적 역학관계가 인종화·성별화되어 있고, 그래서 대부분 백인 여성인 윗세대가 (종종 퀴어한) 유색인 여성인 아랫세대를 고용하는 동시에 저지하고 있는지도 모른다. 어머니에서 딸로 지식을 '전수'하는 모델 자체는 매우 명백히 백인의, 젠더화된 이성애적 규범성을 지원하고 있어서, 이런 인종화되고 이성애된 차이의 현장을 맞닥뜨린 시스템은 교착상태에 빠질 수밖에 없다. '어머니들'은 자신들이 고용한 여성들이 자신들의 학문적 탐구의 연장선에 있기를 대놓고 꺼리는데 당황하게 되고, '딸들'은 연장자 여성들이 그다지도 넘겨주고 싶어 하는 패러다임에 규율적 시스템이 내재해 있음을 그들이 깨닫게 하고자 분투한다. 여성학 연구에 만연한 모녀간 역학관계 모델은 어머니를 역사, 전통, 기억의 자리에, 딸을 정체된 시스템을 바꾸지 않고 그대로 받아들이거나 아니면 완전히 거부해야 하는 상속자의 자리에 놓는다는 점에서 아이러니하게도 가부장제를 닮아 있다.

"만약 우리가 여성이라면 우리는 어머니들을 통해 과거를 돌아본다"[3]라는 버지니아 울프의 『자기만의 방』에 나오는 여성에 관한 유명한 문장이 아버지가 아니라 어머니를 통해 전해지는 새로운 미학적 혈통에 관한 초석과 같은 서술로 널리 해석되었는데, 이 정식화의 핵심은 조건절에 있다. 실제로 "만약 우리가 여성이라면"이라는 절은 만약 우리가 어머니들을 통해 과거를 돌아보지 않는다면 우리는 여성이 아니라는 뜻을 함축하고 있고, 예기치 못하게도 이 같은 비틀린 사고방식과 여성 되기의 거부는 한 세대에서 다음 세대로 이어지며 여성을 남성의 타자로 재생산해온 관습에 하나의 돌파구를 마련해주었다. 이 장에서 검토할 텍스트들은 어머니를 통해 과거를 돌아보기를 거부한다. 능동적으로 또 수동적으로 어머니를 상실하고, 어머니를 학대하고, 어머니를 사랑하고 증오하고 파괴하고, 그러면서 여성 되기를 거부함으로써만 점유 가능한, '여성이 아닌' 이론적, 상상적 공간을 생산해낸다.

정신분석은 여성의 형상을 이해 불가능하고, 비이성적이고, 심지어 불가능한 정체성으로 설정한다. "여성들은 무엇을

3   Virginia Woolf, *A Room of One's Own*, 1929, p. 87: [국역본] 버지니아 울프, 『자기만의 방』, 최설희 옮김(엔의서재, 2024); 『자기만의 방』, 이미애 옮김(민음사, 2006).

원하는가?"라는 프로이트의 유명한 질문은 단순히 시몬 드 보부아르의 잘 알려진 논평처럼 "프로이트는 여성들의 운명에 별다른 관심을 보인 적이 결코 없다"[4]는 사실을 입증하는 증거일 뿐만은 아니다. 그것은 오히려 여성들이 왜 세대를 이어가며 거세, 결핍, 타자성의 자리를 점하고 싶어 하는지를 질문한다고 볼 수 있다.[5] 남성의 남성성에 더 큰 호의를 베푸는 시스템 안에서 '남성들이 원하는 것은 무엇인가'라는 질문에 답하기란 꽤 간단하지만, 같은 시스템 안에서 여성들이 무엇을 원하며 무엇을 얻는가 하는 것은 훨씬 더 복잡한 질문이다. 프로이트가 단언하는 것처럼 만약 소녀가 실패한 남성성으로 정의되는 여성성이라는 운명을 스스로 감수해야만 한다면, 남성성을 갖는 데 실패하는 것은 틀림없이 생산적인 잠재력을 품고 있을 것이다. 여성들은 무엇을 원하는가? 게다가 여성이 되고자 하는 욕망은 어째서 결정적으로 마조히즘, 희생, 자기예속, 자발적 퇴행과 연관되는가? 어떻게 하면 자아와 욕망에 이르는 이 길들을 실패한 남성성이나 욕망의 끝이 아닌 다른 무언가로 읽어낼 수 있을까?

이번 장에서는 퀴어 페미니즘, 탈식민주의 페미니즘, 흑인 페미니즘에서 발생하는, 그리고 주체의 형성이라기보다는 부

---

4   Simone de Beauvoir, *The Second Sex*, 1989, p. 39: [국역본] 시몬 드 보부아르, 『제2의 성』, 이정순 옮김(을유문화사, 2021); 『제2의 성』, 이희영 옮김(동서문화사, 2009).

5   Ernest Jones, *The Life and Work of Sigmund Freud*, 1957, p. 421.

인의 측면에서 혈통의 연속보다는 파괴를, 자아의 활성화보다는 무효화를 사유하는 반사회적이고 반오이디푸스적이고 반인본주의적이고 반직관적인 페미니즘의 계보를 그려보려 한다. 스피박이 「서발턴은 말할 수 있는가?」에서 보여주는 여성의 자살에 관한 사유부터 『예속의 현장』[6]에서 드러나는 사회적 조건을 초과하는 정치학에 관한 사이디야 하트먼의 개념까지 뻗어나가는 이 퀴어 페미니즘의 계보를 들여다본다면, 토니 모리슨의 유령이나 저메이카 킨케이드의 반영웅적 여성들에게서도 이런 버전의 페미니즘 서사를 발견할 수 있을 것이며, 우리는 침묵, 완고함, 자기절제, 희생의 영역을 가로질러 이를 추적해야 한다. 궁극적으로 우리는 페미니스트 주체가 아니라 오직 말할 수 없는 주체, 말하기를 거부하는 주체, 흐트러지는 주체, 일관성을 거부하는 주체, 그리고 존재가 이미 자기활성화적, 자각적, 자유주의적 주체의 맥락에서 정의되는 곳에서 '존재하기'를 거부하는 주체만을 발견하게 될 것이다. 만약 우리가 여성이 되기를 거부한다면 페미니즘은 어떻게 되는 거냐고 물을 수도 있다. 혹은 질문을 달리해보자면, 페미니즘의 틀이 거부의 형태로 표명된 정치적 프로젝트를 인정할 수 있다고 볼 수 있을까? 거부의 정치학은 반식민주의적, 반인종주의적 텍스트에서 가장 강력한 형태로 나타나며, 월터 미뇰로가 아니발 키하노를 인용하며 말한 "권력의 식민성" 안에

6   Hartman, *Scenes of Subjection*, 1997.

서 피식민자 역할을 완전히 거부함으로써 식민주의적 권위에 도전한다.[7]

스피박에서 사바 마무드에 이르기까지 탈식민주의 페미니스트들은 행위주체성과 권력, 자유와 저항에 관한 서구 페미니즘 이론이 얼마나 규범적인 경향을 갖는지 증명해왔고, 종종 페미니즘에 의해 완전히 거부당한 맥락에서 발생하는 자아와 행동에 관한 대안적 사유 방식을 제안해왔다. 마무드가 이집트에서 여성 모스크 운동의 종교적 실천에 참여하는 이슬람 여성들에게 초점을 맞추며 행위주체성에 관한 페미니즘 이론 비판을 구체화한다면, 「서발턴은 말할 수 있는가?」에서 스피박은 19세기의 (남편 사후 이뤄지던) 신부 살해 관습을 예로 들어 규범적 페미니즘 체계 안에서는 이해 불가능한 여성의 존재 양태를 보여준다. 두 이론가 모두, 마무드의 용어를 빌리자면 "개념들의 문법"에 따라 주장하며, 둘 다 발화를 침묵을 깨는 것에 대한 페미니즘의 관습적 비유가 아닌 다른 무언가로 간주한다. 마무드의 책 『독실함의 정치학: 이슬람의 부활과 페미니스트 주체』의 핵심은 자유와 자율에 대한 욕망의 보편성을 가정하지 않는 여성이라는 개념이며, 그들에게는 가부장제 전통에 대한 저항이 꼭 목표가 아닐 수 있다.[8] 스피박의

---

7   Walter D. Mignolo, *Local Histories/Global Designs*, 2005, p. 6: [국역본] 월터 D. 미뇰로, 『로컬 히스토리 / 글로벌 디자인』, 이성훈 옮김(에코리브르, 2013).

8   Saba Mahmood, *The Politics of Piety*, 2005, p. 180.

글의 핵심에는 서구 페미니즘에서 상정하는 여성의 삶에 대한 정식화를 초과하는 여성성의 개념이 있다. 스피박은 억압받는 이들을 재현하려는 지적 시도의 위험에 관한 자신의 글을 사티[9] 관습에 대한 사유를 확장하면서 끝맺고, 마무드는 이슬람교 여성의 독실함의 의미를 탐구하며 책을 끝맺는다. 두 이론가 모두 명백히 반페미니즘적 행위와 활동을 이용해 행위주체성이 취해야 하는 형태를 이미 상정하고 있는 페미니즘 이론의 한계를 지적한다.

스피박은 1829년 힌두교의 과부 화형 풍습을 폐지하려던 영국의 시도를 스스로를 자애로운 개입으로 여기는 식민주의의 자기재현self-representation과 관련해 탐사하면서, [식민주의의] 이 주장을 남편을 잃은 여성들이 실제로 죽기를 **원하기** 때문에 사티가 실천으로서 존중되어야 한다는 인도 원주민들 주장의 반대편에 놓는다. 스피박은 사티를 통해 식민주의가 스스로를 "인도 남성으로부터 인도 여성을 구원하는 백인 남성"으로 표명한다는 자신의 주장을 실증하는 한편, 서구 페미니즘이 [식민주의의] 이 정식화에 공모하고 있음을 지적하기도 한다. 마무드 역시 심지어 후기구조주의적 페미니즘과도 반직관적으로 단절하는 스피박과 공명하면서, 모스크 운동에 참여하는 여성들과 그들의 독실함에 대해 탐구하면서 다음과 같

---

9   [옮긴이] 사티(suttee 혹은 sati). 남편이 죽으면 살아 있는 아내가 그 시신과 함께 화장되던 힌두교 풍습.

은 질문을 던진다. "저항이라는 범주가 진보 정치라는 목적론, 즉 항상 전복의 서사나 규범의 재각인으로 요약되지는 않는 존재 양식이나 행동을 발견하고 그것들을 이해하는 것을 어렵게 하는 그와 같은 목적론을 권력 분석에 강제하는가?"[10]

「서발턴은 말할 수 있는가?」는 지식인이 억압받는 타자를 위해 말하려고 하는 서로 다른 재현 양태 사이의 모순을 설정한다. 스피박은 서구 페미니즘뿐 아니라 푸코와 들뢰즈 역시 담론 비판의 뒷문에 영웅적 개인주의를 몰래 가져다둔다고 지적한다. "들뢰즈도 푸코도 사회화된 자본 안에 있는 지식인이 구체적 경험을 무기로 휘두르면서 국제적 노동분업을 강화하는 데 일조할 수 있다는 사실을 알아채지 못한다."[11] 스피박이 보기에 지식인들은, 마무드가 보는 탈식민주의 페미니즘 이론가들처럼, 자기 자신을 이데올로기적 모순을 노출하는 투명한 매개체로 상상함으로써 스스로가 지배의 과정에 미치는 영향을 설명하지 못하고, 오히려 항상 스스로가 자신들이 이론화하는 억압받는 대중보다 더 잘 아는 영웅적 개인의 자리에 있다고 상상한다. 스피박은 경제적 착취의 이론이자 이데올로기적 기능이라는 면에서 재현이라는 개념이 "영웅, 아버지 대리자, 권력의 행위주체"[12]의 생산에 의존하며, "지식인이 타자를

---

10   같은 책, p. 9.
11   Gayatri Chakravorti Spivak, "Can the Subaltern Speak?," 1988, p. 275.
12   같은 글, p. 279.

자아의 그림자로 끈질기게 구성하는 데 공모할 가능성"[13]을 품고 있다고 주장한다.

지식인들이 자아라는 주권적인 개념을 강화하기 위해 타자를 구원해야 하는 어떤 것으로 구성한다는 이런 생각은 자유주의 페미니즘에도 적용된다. 예컨대 힌두교의 과부 자살 풍습의 맥락에서 서구 페미니스트라면 도를 넘어선 가부장제의 작동만을 확인할 수 있으며, 그는 또한 잔혹하고 케케묵은 의례를 중단시키기 위해 개입하는 자애로운 영국 식민주의를 신뢰한다. 스피박에게 페미니즘은 그것이 대변하고자 하는 서발턴 주체를 먼저 구성하고 난 다음, 스스로 영웅적으로 서발턴의 구원자로 자처하는 프로젝트에 연루돼 있다. 스피박은 수수께끼 같은 마지막 문장을 통해 이런 질문을 던지는 듯하다. 만약 페미니즘이 실제로 사티를 행한 여성들 스스로가 죽기를 **원한다**고 하는 원주민들의 주장에 주의를 기울일 수 있었다면 어땠을까? "한 사람의 지식인으로서 여성 지식인은 한정된 과제를 가지고 있으며, 그것과 요란하게 절연해서는 안 되는 법이다."[14] 이중 부정("절연해서는 안 되는must not disown")이 주는 모호함은 제쳐두더라도 "여성", "지식인", "한정된 과제"의 의미는 모두 이해할 만한 것인데, 이는 특히 스피박이 이미 사티가 여성성을 비존재unbeing와 본질적으로 연결한

13   같은 글, p. 280.
14   같은 글, p. 308.

다고 주장했기 때문이다. 이 질문은 명백히 저항의 형태를 취하지 않는 행위주체성의 형식들에 우리가 기꺼이 눈멀어 있는 건 아닌지에 관한 마무드의 질문에 영향을 미친다. 스피박은 서발턴을 대변하거나 서발턴이 서구 페미니즘의 능동적 목소리로 말해야 한다고 요구하지 않는 페미니즘이 필요하다고 데리다식 해체주의의 방식으로 주장한다. 스피박이 상상하는 페미니즘은 어떤 여성들은 정말로 선한 정치적 이유에서 자기파괴를 욕망할 수도 있다는 사실을 둘러싼 역동적인 지적 분투에서 태동하는 페미니즘이다. 비록 그 정치학과 이유들이 우리가 만족하는 정도의 페미니즘의 범주를 벗어난다 하더라도 말이다. 또 다른 종류의 여성성, 또 다른 종류의 페미니즘과 절연하지 않는 '여성 지식인', 다시 말해 타자를 알지 못하는 법, 자기 자신의 주권을 위해 타자를 희생시키지 않는 법을 배울 줄 아는 지식인이 필요하다는 스피박의 주장은 대체로 응답받지 못했다. 내가 도달하고 싶은 페미니즘 역시 다른 이들을 구원하거나 스스로를 복제하는 데 실패하고, 스스로의 실패에서 의미를 찾는 그런 종류의 페미니즘이다.

이와 완전히 같은 주장을 하는 더 접근하기 쉬운 텍스트가 있다. 지금껏 내가 가장 좋아하는 페미니스트 텍스트 중하나인 〈치킨 런〉에 나오는, 정치적으로 활발히 활동하며 대놓고 페미니스트인 진저는 닭들이 봉기하도록 의식을 고양시키려 분투하는 과정에서 다른 두 페미니스트 주체들의 반대에 부딪힌다. 하나는 유토피아에 대한 꿈을 즉각 거부하는 냉소가 번티이고, 다른 하나는 때론 여성의 나이브함을 대변하고 때론 활동가 진저가 윤곽을 제시한 정치적 영역의 부조리함을 지적하는, 제인 호록스의 목소리가 연기하는 뱁스다. 예컨대 진저가 "자유로운 닭으로 죽든가, 자유로워지려 애쓰다가 죽든가 둘 중 하나다"라고 말하자, 뱁스는 나이브하게 묻는다. "그게 유일한 선택지인가?" 뱁스처럼, 그리고 실로 스피박과 마무드처럼, 나는 페미니스트들이 주어진 이 선택지(자유주의적 의미의 자유라든가 죽음 등)를 거부하고, 행동과 속도의 언어 대신 비워내기, 거부, 수동성, 자발적 퇴행, 비존재의 언어로 말하는 저항에 관한 그림자 아카이브에 대해 생각해보기를 권한다. 이것은 부정성negativity과 부인negation에 집착하는 페미니즘의 한 형태로서 **반사회적 페미니즘**이라고 불릴 수 있으리라. 로더릭 퍼거슨이 『흑인의 일탈』 속 「흑인 레즈비언 페미니즘의 부인」이라는 제목의 챕터에서 썼듯, "부인이 착취라는 조건만을 가리키는 것은 아니다. 그것은 비판과 대안이라는 조건을 나타내기도 한다."[15] 퍼거슨은 호텐스 스필러스의 작업을 토대 삼아, 해방을 위한 투쟁을 그것이 맞서는 규범적 체제와 동일한 논리 내에 위치시켜야 한다고 강력히 주장하는 '미국식' 정치적 문법을 피해 가려 한다. 다른 투쟁, 무정부주의적인 유형의 투쟁은 새로운 문법을, 아마도 새로운 목소리를, 어쩌면 수동적인 목소리를 요할 수도 있다.

15   Roderick Ferguson, *Aberrations in Black*, 2005, pp. 136–137.

그림15. 〈치킨 런〉의 뱁스(Babs)와 제인 호록스(Jane Horrocks).

"그게 유일한 선택지인가?"

마무드가 보여준 것처럼 페미니즘적 자유가 여성 주체와 능동적이고 자율적이며 자기활성화하는 개인주의에 대한 환상에 인본주의적으로 투자할 것을 요구한다면, 우리는 페미니즘의 주체와 객체가 누구인지 물어야 하며, 스피박이 말했듯 "누군가를 대변한다는 것은 주권적 주체를 가장 의문시하는 이론 안에서 그것을 복원하는 것"이기도 하다는 점을 기억해야 한다.[16] 만약 페미니즘의 주체를 대변하는 것이 우리가 뱁스처럼 질문하거나 거부하거나의 선택지를 갖는 것이라면, 말하기를 거부하는 식의 동종요법이 페미니즘의 프로젝트에 더 도움이 될지 모른다. 정치적 행동 혹은 비행동non-action에 대해 생각하는 방식이 행동하기 아니면 죽기라는 양단보다는 더 많이 있어야 한다는 뱁스의 상식은 사이디야 하트먼 같은 이론가들의 작업에서 이론적 승인을 충분히 얻는다. 하트먼은 『예속의 현장』에서 새롭게 자유를 얻은 노예들이 겪는 해방의 모순에 관해 탐구하며, 백인의 인종적 상태가 정의하는 '자유liberty'가 새로운 구속의 형태를 만들어낸다는 사실뿐 아니라, 노예제 폐지론자들이 활용한 자유freedom와 인류humanity의 정의 자체가 해방 노예들이 인종적 테러의 구조 밖에서 사회 변혁을 생각할 수 있는 능력을 심각하게 제한했음을 밝힌다. 하트먼은 이렇게 지적한다. "자유와 속박의 밀접하고도 해

---

16   Spivak, "Can the Subaltern Speak?," p. 278: [국역본] 가야트리 스피박 외, 『서발턴은 말할 수 있는가?』, 태혜숙 옮김(그린비, 2013).

묵은 제휴는 제약 없는 자유, 그리고 재산의 존엄성이라든가 자기에 대한 소유적 개념과는 별개인 인격personhood과 자율성을 상상할 수 없게 만들었다."[17] 그에 따라, 자유가 소유되고 배치되고 생산적인 것이 되던 곳에서, 해방 노예들은 자유의 의미를 경험하기 위해 '떠돌기moving about'를 택했을지도 모른다. "실천으로서 떠돌기는 아무것도 미래 자산으로 얻지 못했고 권력을 전복시키는 데 영향을 미치지도 않았지만, 일시적으로 질서의 제약을 벗어남으로써 그들은 실현 불가능한 것, 즉 자유로워지기를 결코 포기하지 않았던 것이다. … 몰래 사라지는 것과 마찬가지로, 떠돌기는 물질적으로 변혁적이라기보다는 상징적인 분위기를 갖고 있다."[18] 해방 노예와 성소수자를 단순히 비교할 수는 없지만, 나는 노예제가 다른 방식으로 계속되고 있음을 예민하게 포착한 하트먼의 주장을 장악mastery, 쾌락, 영웅적 해방의 언어보다는 마조히즘, 고통, 실패의 언어로 더 잘 설명되는 퀴어 역사와 주체성에 관한 리오 버사니, 린다 하트, 헤더 러브 등의 정식화와 연결하고자 한다.[19] 아직 실현되지 않은 사회질서로 상상되는 하트먼의 자유 개념처럼, 주

---

17 Hartman, *Scenes of Subjection*, p. 115.

18 같은 책, p. 128.

19 엘리자베스 프리먼은 자신의 책 『시간의 속박: 퀴어 시간성과 퀴어 역사(Time Binds: Queer Temporalities, Queer Histories)』(Durham: Duke University Press, 2010)의 한 챕터인 「비트 전환: 사도마조히즘, 시간성, 역사(Turn the Beat Around: Sadomasochism, Temporality, History)」에서 페미니즘과 퀴어 시간성과 관련지어 S/M을 다시 생각한다.

체를 일관성 없고 체계적이지 않고 수동적인 존재로 표현하는 욕망의 지도 역시 가차 없이 달성, 인정, 성취로 이끄는 경로보다 더 나은 퇴로를 제시한다.

섹슈얼리티가 정신분석이 제시하는 추진력 있고 성숙에 관한 선형적인 이야기로 지탱된다면, 버사니는 이러한 섹슈얼리티에 관한 대항서사를 '마조히즘'이라고 명명한다. 그는 영웅적이고 체계적인 서사는 섹슈얼리티를 "개인들 사이 격렬함intensities의 교환"으로 정의하지만, 마조히즘적 서사는 "세계와의 결렬된 협상이라는 조건, 타인들이 마조히즘적 주이상스jouissance라는 그저 자기파괴적인 메커니즘을 유발하는 조건"을 구성한다고 주장한다.[20] 『감정의 역행』에서 헤더 러브가 다루는 것이 바로 이런 서사다. 그는 책에서 "실패하고 중단된 연결의 순간" 내지는 "결렬된 친밀함"을 고찰하며 사랑의 불가능성을 "퀴어 역사기록학의 모델로" 여긴다.[21]

이어지는 내용에서는 행위주체성과 주체성 자체의 구성 논리에 대한 비판을 내놓을 뿐 아니라 식민 지배자와 피식민자 사이의 변증법을 둘러싸고 있는 특정한 시스템에서 빠져나오는 급진적인 형태의 마조히즘적 수동성을 제안하려 한다. 급진적인 형태의 수동성과 마조히즘은 여성성이 어머니에게서

---

20   Leo Bersani, *The Freudian Body*, 1986, p. 41: [국역본] 리오 버사니, 『프로이트의 몸』, 윤조원 옮김(필로소픽, 2021).

21   Heather Love, *Feeling Backward*, 2009, p. 24.

딸로 전승되는 쉬운 모델을 탈피하고, 실제로 모녀간 유대 자체를 파괴하고자 한다. 예컨대 저메이카 킨케이드의 작품에서 피식민 주체는 말 그대로 그 무엇도 되기를 거부함으로써 피식민자 역할을 거부한다.『내 어머니의 자서전』의 주인공은 자신이 딸, 아내, 어머니여야 말이 된다고 여기는 식민 지배 질서에서 스스로를 떼어내고자 그중 무엇도 되기를 거부하며, 심지어 여성이라는 범주 자체도 거부한다. 소설 도입부에서 1인칭 화자는 자신의 출생과 어머니의 죽음이 동시에 발생했으며 이 원초적 상실이 "나와 영원 사이에는 아무것도 없었다. … 나의 시작에 내가 얼굴 한 번 본 적 없는 이 여인이 있었지만, 나의 마지막에는 아무것도, 나와 세상의 검은 방 사이에는 아무도 없었다"는 사실을 뜻한다고 이야기한다. 명백히 자기 어머니의 상실과 그 후로 소설에서 이어지는 어머니의 자서전은 식민주의 맥락 내 기원의 상실과 그에 뒤따르는 목적인telos의 상실에 관한 알레고리적 이야기다. 그러나 화자인 수엘라 클로뎃 리처드슨은 향수에 젖어 잃어버린 기원을 찾으려 하거나 결의에 차 자신만의 목적인을 창조하려 하는 대신, 시작과 끝이 아무 의미를 갖지 않는 비존재unbeing의 형태를 자처한다. 과거를 갖지 못하므로 그로부터 배울 것도 없고, 미래도 상상할 수 없으며, 식민 지배자와 식민지의 언어, 논리, 정체성에 완전히 점유당한 현재 시제만을 갖는 피식민 자아에게는 두 가지 선택지뿐이다. 식민지 이야기의 일부가 되거나, 아니면 그 어떤 이야기의 일부도 되지 않는 것. 수엘라는 후자를 택한다.『내 어머니의 자서전』은 식민주의가 요구한 자아의 안티테제 외에는 아무것도 될 수 없었던 여성의 비이야기unstory다. 수엘라는 자신만의 되기에 관한 이야기를 할 수도, 자기 어머니의 이야기를 할 수도 없다. 그는 어머니의 비이야기를 자신의 것으로 전유함으로써 식민지화된 정신이 오이디푸스적으로 한 세대에서 다음 세대로 전해져 내려오며, 그것에는 특정한 소거의 양태를 통해 저항해야만 한다고 암시한다.

수엘라가 어머니와 맺는 관계가 상실과 그리움으로 매개되어 있다면, 절반은 스코틀랜드계이고 절반은 카리브계인 경찰관 아버지와의 관계는 멸시와 몰이해의 관계다. 수엘라는 식민주의에, 법에, 자신이 혼혈이라는 사실에 굴복해버린 아버지를 경멸하며, 그 이야기를 씀으로써 아버지의 영향을 뿌리 뽑고, 부재하는 카리브계 어머니의 공간에 전적으로 거주하고자 한다. "그렇게 당시 어머니와 아버지는 내게 미스터리였다. 한 사람은 죽음에, 다른 한 사람은 미로 같은 삶에 속해 있었고, 한 사람은 내가 결코 본 적 없는 반면, 다른 한 사람은 끊임없이 내 눈앞에 있었다."[22] 피식민의 삶 대신 죽음과 부재를 선택한 수엘라는 스스로 어머니가 되는 일은 피한다. 수엘라는 아이를 낙태함으로써 사랑, 가족, 친밀함을 거부하고, 자신을 정의할 만한 모든 것으로부터 스스로를 떼어낸다. 그는 그러한

---

[22]   Jamaica Kincaid, *Autobiography of My Mother*, 1997, p. 41: [국역본] 저메이카 킨케이드, 『내 어머니의 자서전』, 김희진 옮김(민음사, 2022).

정체성을 거부함으로써 식민주의와의 일종의 죽음정치적[23] 관계를 만든다. 존재하기에 대한 수엘라의 거부는 자신의 예속을 요구하는 시스템 안에서 타자의 역할을 수행하기를 거부하는 것이기도 하다. "내가 마땅히 싫어해야 한다고 주입받은 것이라면 무엇이든 나는 그것을 가장 사랑했다."[24]

『내 어머니의 자서전』에 관한 인터뷰에서 킨케이드는 다음과 같은 질문을 받았다. "당신의 캐릭터들은 대개의 좋은 good 것들에 대해 적대적인데, 거기에 합당한 이유는 없어 보입니다. 일종의 부정적 자유를 표현하고 있는 듯하달까요. 이것이 가난하고 힘없는 이들에게 가능한 유일한 자유이기 때문인가요?"[25] 킨케이드는 이렇게 답했다. "제 글쓰기가 미국인 평자들에게 문제 있어 보인다면 여러 모로 그것은 미국인들이 어려움을 받아들이기를 매우 힘들어한다는 점 때문이라고 저는 생각합니다. 미국인들은 거의 예외 없이 해피엔딩을 기대합니다. 뒤틀린 심사인지는 몰라도, 저는 해피엔딩으로 끝낼 생

---

23 [옮긴이] 죽음정치(necropolitics)는 카메룬의 정치학자 아실 음벰베(Achille Mbembe)가 2003년 논문에서 처음 개진한 개념으로, 어떤 이들을 신체적 위험과 죽음 등의 위협에 노출시킴으로써 많은 이들을 살아 있되 죽은 것과 다름없는 상태로 만드는 권력을 뜻한다. 음벰베는 죽음정치를 발동시키는 주요 동인으로 인종주의를 들었다. Achille Mbembe, *Necropolitics* (Durham: Duke University Press, 2019)를 참고하라.

24 같은 책, p. 32.

25 메릴린 스넬(Marilyn Snell)이 진행한 저메이카 킨케이드 인터뷰. "Jamaica Kincaid Hates Happy Endings," *Mother Jones*, September–October 1997.

각이 없습니다. 저는 삶이란 어려운 것이며 그건 어쩔 수 없다고 생각합니다. 저는 행복 추구에는 전혀, 결단코 조금의 관심도 없습니다. 긍정성 추구에도 마찬가지입니다. 제가 관심 있는 건 진실을 추구하는 것이고, 그 진실은 종종 행복보다는 그 반대의 것에 가까워 보입니다."[26] 킨케이드의 소설은 실제로 해피엔딩을 내놓지 않는다. 그는 식민주의가 가능성을 제거해버린 탓에 결코 번영하거나 사랑하거나 창조할 수 없는 캐릭터들을 형상화함으로써 식민주의 서사에 섬세한 음영을 그려낸다. 킨케이드는 이런 말을 끝으로 인터뷰를 마친다. "모든 사람을 조금 덜 행복하게 만드는 게 제 임무처럼 느껴집니다."

목적의식을 거부함으로써 독자를 불안하고 불편하고 언짢게 하는 피식민 캐릭터의 삶, 다시 말해 일종의 부정적 삶에 천착하는 킨케이드는 그저 식민주의 기획을 보완하기만 하는 존재의 범주를 맹목적으로 고집스레 점유하길 거부하는 프란츠 파농을 상기시킨다. 파농을 따라, 킨케이드는 만약 피식민 주체가 행복을 발견한다면 그는 식민주의 기획에 자애로운 구석이 있음을 확증하는 셈이라고 말하는 듯하다. 피식민 여성이 아이를 낳고 자신의 유산을 그 아이에게 물려주는 곳에서 식민주의 기획은 바이러스처럼 한 세대에서 다음 세대로 퍼질 수 있다고 킨케이드는 주장한다. 세대를 넘어 식민화를 전수하는 거점으로 기능하기를 거부하는 수엘라는 다른 종류의 페미

---

26   Kincaid, *Autobiography of My Mother*, p. 1.

니즘을 실천한다. 말하자면 그것은 식민주의와의 적극적인 전쟁을 통해서가 아니라, 자기를 파괴함으로써 식민 지배 체제를 조금씩 조금씩 붕괴시키는 방식의 여성성을 통해 저항하는 페미니즘이다.

그런데 자발적 퇴행으로 볼 수 있는 이 수동적인 정치적 태도가 피식민자 및 명백히 억압당한 이들만을 위한 것일까? 만약 지배문화와 특권적 관계에 있는 여성 혹은 여성적 주체가 자신을 망치기undoing로 한다면 어떻게 될까? 엘프리데 옐리네크의 소설 『피아노 치는 여자』에서는 존재하기에 대한 거부가 권력이라는 저울의 다른 편 끝에서 행해진다. 오스트리아 작가 옐리네크는 2004년 노벨문학상을 받을 당시에는 별로 잘 알려져 있지 않았다. 그의 소설들은 대체로 오스트리아의 국민성을 해부하고, 전후 오스트리아의 가족, 가정, 결혼의 내부적 작동을 파시즘에 뒤이은 분노, 씁쓸함, 옥죄는 듯한 친밀성, 지독한 근친상간적 사랑이 뒤섞여 들끓는 상태로 묘사한다고 평가받는다. 옐리네크는 가족을 갈가리 찢어놓는 과정에서 나치에 부역한 역사도, 편협한 반유대주의와 그 연료가 된 인종주의도 전혀 청산하지 못하고 있는 국가를 겨냥해 비판한다. 체코계 유대인이며 화학자였던 옐리네크의 아버지는 홀로코스트에서 살아남았지만, 가족 중 많은 이가 죽었다. 빈의 영향력 있는 가문 출신이자 가톨릭교도인 옐리네크의 어머니는 딸이 어릴 적부터 장차 피아니스트가 되기를 바랐으나, 옐리네크는 출세 지향적인 중산층을 부러 추하게 그리는 작가가 되었다. 킨케이드의 소설처럼 옐리네크의 『피아노 치는 여자』도 모녀간 유대의 파괴성을 기록한다. 말할 것도 없이 옐리네크의 소설이 노벨문학상에 선정되었을 때 오스트리아 사람들은 그다지 반가워하지 않았고, 유럽에서나 미국에서나 그의 작품들은 번번이 혹평을 받았다. 노벨문학상 심사위원 중 한 명인 크누트 안룬드는 심지어 옐리네크의 소설이 "징징거리는, 재미도 없는, 공공연한 포르노"에 "예술적 구조라곤 없이 말들을 한데 삽질해 쌓아놓은 덩어리"라며 항의의 표시로 한림원을 떠나기까지 했다. 그는 또한 옐리네크의 노벨상 수상이 "모든 진보적인 흐름에 복구 불가능한 손해를 끼쳤을 뿐 아니라, 문학을 일종의 예술로 여기는 대중적 시각을 혼란케 했다"고 주장했다.[27] 옐리네크는 시상식에 참석하지 않았고, 그 대신 영상으로 메시지를 보냈다. 그 이유는 그의 광장공포증 때문으로 널리 추정되고 있다.

『피아노 치는 여자』에서 주인공 에리카 코후트는 결혼하지 않은 30대 오스트리아 여성으로, 2차 세계대전 이후 빈에서 어머니와 함께 살면서 남는 시간에 빈 음악원에서 피아노 레슨을 하며 지내고 있다. 에리카는 음악, 오스트리아, 고급문화, 문화적 우월감에 관한 모종의 환상 속에서 어머니와 결탁해 있다. 에리카는 자주 집에서 나와, 정확히는 자신을 통제하

---

27   Jeffrey Fleishman, "Member's abrupt resignation rocks Nobel Prize community," *Boston Globe*, 12 October 2005.

는 어머니와 함께 쓰는 침실을 벗어나, 전문가다운 권태와 어머니와의 시시한 말싸움으로 가득 찬 폐쇄공포증적 삶으로부터 출구를 찾으려는 듯 도시를 배회한다. 가끔은 밤에 터키인들이 사는 마을에 가서 스트립쇼를 보거나 자신들의 차로 향하는 육욕에 찬 커플들을 뒤따라가 그들의 버둥거리는 성행위를 엿보기도 한다. 그런 생활을 이어가던 어느 날 피아노 수업에 학생 하나가 새로 온다. 젊고 잘생긴 발터 클레머는 고지식한 에리카를 잠재적 정복의 대상으로 보고 구애를 하고, 이내 둘은 비밀스럽게 성적인 관계를 시작한다.

에리카가 클레머를 만날 때는 근친상간적인 모녀간 결탁 관계의 서사가 틀림없이 끝이 나고 다른 세대 간의 더 적절한 욕망으로 이양되는 듯 보이는데, 그것은 젊은 남자가 연상의 스승에게 품는 욕망이다. 두 사람의 교제는 클레머가 에리카를 유혹하려 하는 반면 에리카는 클레머에게 모욕을 주는 방식으로 이루어진다. 클레머가 에리카에게 데이트를 청하는데 에리카는 "밀려오는 역겨움을 느끼고", 클레머가 에리카와 그녀의 어머니를 집까지 바래다주면 에리카는 그가 어머니와 자신을 좀 내버려두었으면 하고 바란다.[28] 마침내 자신만만한 이 청년이 빈의 저녁 속으로 떠났을 때 에리카는 어머니의 고치인 집으로 돌아와 욕실 문을 잠그고 면도날로 자신의 성기를

---

28 Elfride Jelinek, *The Piano Teacher*, 2009, p. 79: [국역본] 엘프리데 엘리네크, 『피아노 치는 여자』, 이병애 옮김(문학동네, 2009).

자해한다.

클레머와 에리카가 노골적인 성관계를 시작할 때, 에리카는 그에게 자신을 성적으로 학대하고, 무너뜨리고, 굶주리게 하고, 무시할 것을 요구하는 편지를 쓴다. 에리카는 파괴되기를 원하며, 그 과정에서 자기 학생들까지 파괴하고자 한다. 그는 클레머에게 사디즘적인 잔혹함을 요구한다. "너는 몇 시간이고 나를 묶어둔 채 때리거나 발로 차거나 아니면 채찍질이라도 해서 여러 자세를 취하게 만들어. 나는 그런 네 무자비한 속박 아래서 지렁이처럼 몸부림칠게!"[29] 에리카의 편지에는 자신이 클레머에 의해 정신을 잃고 파괴되기를 원한다고 적혀 있다. 복종을 잘 전시해내는 만큼 에리카는 더한 강렬함을 요구한다. 클레머의 말마따나 에리카의 편지는 "고통의 목록", 다시 말해 그의 생각에는 아무도 견딜 수 없을 게 분명한 처벌의 카탈로그다.[30] 에리카는 클레머가 자신을 뭉개고, 고문하고, 조롱하고, 위협하고, 집어삼키고, 자신에게 재갈을 물리고, 오줌을 갈기고, 궁극적으로 자신을 파괴하기를 원한다. 이 편지를 에리카 앞에서 읽은 클레머는 단박에 거절하고 밤의 어둠 속으로 사라지지만, 오래지 않아 돌아와서는 에리카를 갈가리 찢고 학대하라는 그 편지 속 지시에 복종한다.

킨케이드의 소설 속 화자가 자신과 어머니를 식민주의가

29 　같은 책, p. 216.
30 　같은 책, p. 217.

자신들에 관해 이야기하는 방식의 서사로부터 끌어내 파괴하고 있다면, 옐리네크는 두 모녀를 강도 높고 난폭한 조사를 받도록 드러내놓고는, 죽어야 끝이 날 파괴적이고 불모인 근친상간적 춤 속에 그들을 가둔다. 이 소설의 결말에서 주인공은 늙은 어머니와 침대에서 싸우고 난 후 키스를 하고, 리사이틀을 준비 중인 한 젊은 여학생에게 상처를 입힌다. 그러고는 칼로 스스로를 베고, 찌른다. 딱히 죽으려는 것은 아니지만 오스트리아인으로, 공모자로, 파시스트로, 순응자로 남아 있는 자신의 일부를 계속해서 깎아내려는 것이다. 에리카의 수동성은 끈질긴 파시즘적 내셔널리즘의 일부가 되기를 거부하는 한 방편이며, 그의 마조히즘 혹은 자기훼손은 취향을 통해, 정서적 반응을 통해, 조국에 대한 사랑, 음악에 대한 사랑, 어머니에 대한 사랑을 통해 체현되는 자기 안의 파시즘을 죽이고자 하는 욕망을 가리킨다.

자르기

자르기cutting는 여성의 자발적 퇴행unbecoming 프로젝트에 적합한 페미니즘적 미학이다. 소설 말미에서 빈의 거리를 걸어가는 에리카 코후트는 보도에 핏방울을 떨어뜨린다. 자기 살과 성기에 수없이 자해를 반복하던 에리카가 이제 자신의 어깨를 벤 것인데, 이는 자신을 어머니, 조국, 계급을 위한 저장소가 아닌 다른 무언가로 재창조하려는 시도일 뿐 아니라, 한 편으로는 여성을 지저분하고, 피투성이에, 구멍 나 있으며, 난폭하고, 자기혐오에 찬 모습으로 형상화하는 것이기도 하다. 이는 나치의 여성 혐오적 어휘를 여성의 신체에 말 그대로, 끔찍한 방식으로 전달함으로써 여성에 대한 파시즘적 에토스를 모방하는 것과도 같다. 에리카의 마조히즘은 어머니와 어머니의 오스트리아인 근성에 대한 혐오를 스스로에게 돌리는 것이다. 린다 하트의 『몸과 살 사이: 사도마조히즘을 수행한다는 것』과, S/M과 권력, 페미니즘을 다룬 게일 루빈의 초기 논문들을 제외하면, 퀴어 페미니즘에서 마조히즘은 자기와 타자, 자기와 기술, 자기와 권력 간의 관계를 사유하는 데 충분히 활용되지 않았다. 1960년대와 1970년대 공연예술이 신체, 자기, 권력 간 새로운 관계를 극화하기 위해 얼마나 자주 자기 처벌, 훈육, 배설evacuation의 극단적 형태를 표현해왔는지 생각하면 신기한 일이다. 마조히즘을 여성성의 한 형태이자 죽음에 대한 일종의 매혹이라고 여긴 프로이트에게로 돌아가보면 이해하는 데 도움이 될지도 모른다. 그는 리비도적 충동이 부착되어 있던 죽음 본능을 억압하는 데 성공하지 못한 경우의 부산물이 마조히즘이라고 말한다. 리비도가 '권력에의 의지', 즉 장악하려는 욕망, 그리고 성애적 에너지의 외재화externalization를 통해 죽음충동을 물리치려는 경향이 있는 한편, 때때로 리비도적 에너지는 불안정화, 자발적 퇴행, 실패에 전부 사용된다. 이것이 리오 버사니가 "자기파괴self-shattering"라고 부른 것이며, 이는 대개의 사람들이라면 부인하거나 승화시킬 법한 그늘진 성적 충동이다. 진지하게 생각한다면, 자발적 퇴행은 금지하는 형태의 행위주체와 일관성에 대한 무정부주의적 거부를 정치적 등가물로 갖는다고 볼 수도 있다.

나는 자르는[베는] 행위를 신체를 일소하기 위한 마조히즘적 의지로 보는 관점을 좀 더 파헤치면서, 콜라주 같은 잘라 붙이기 장르의 예시를 활용해 급진적 수동성과 비존재의 모델이 지배하는 또 다른 미학적 생산의 영역을 찾아내보려 한다. 콜라주는 그야말로 사이의 공간을 참조점으로 삼으며, 자기와 타자, 작품과 미술관, 복제품과 원본을 구별해주곤 하는 경계선을 무시한다. 이런 면에서 콜라주('풀칠하다'라는 뜻의 프랑스어 'coller'가 어원이다)는 페미니즘적이고 퀴어하다고 할 수 있다. 한나 회흐부터 카라 워커에 이르기까지 많은 여성 작가가 콜라주를 활용해 거세 공포와 페미니즘적 폭력의 위협을 한데 묶고, 그것을 다시 변화를 향한 약속과 엮곤 했는데, 그것은 긍정적인 이미지 생산을 통해서가 아니라 이미지를 부정적으로 파괴함으로써, 그러면서도 쾌락을 포기하지 않으면서 행해졌다.

오려낸 종이와 실루엣 형태를 활용해 지독히 폭력적인 미국식 인종적 상상력의 풍경을 그려낸 아프리카계 미국인 카라 워커의 작업을 생각해보면, 콜라주에 내포된 폭력성을 파악할 수 있을 것이다. 콜라주는 작업 요소들 간 끊임없는 긴장을 유지함으로써, 생산적 권력, 무언가를 위한 권력뿐 아니라 부정적 권력 혹은 퇴행하고자 하는 힘power to unbecome을 포함해서 우리가 권력을 경험하는 온갖 방식을 생각해보게 한다. 워커는 장식적 실루엣을 이용해 백색의 갤러리 벽에 실물 크기의 흑색 실루엣을 풀칠해 붙여 노예제의 성생활을 다룬 한 편의 인형극을 연출한다. 워커는 검은 형상들과 그 사이의 백색공간에서 인간의 신체가 열리고 찢기고 꿰뚫리고 뒤집히고 거꾸로 매달리고 쪼개지고 뭉개지고 파열되고 분쇄되는 무수한 방식과 함께 인간의 폭력적인 상상력에 관한 거의 무궁무진한 아카이브를 보여준다. 실루엣은 기본적으로 평면성을 띠는데도 워커는 때로 디오라마에 빛을 투사하는 방식으로, 때로는 갤러리 전체를 캔버스로 여기고 오려낸 종이와 스케치, 그림들을 온 벽에 풀칠해 붙이는 방식으로 평면에 깊이가 존재한다는 환상을 만들어낸다. 그 조각들 일부에는 자신을 비방하는 이들과 적들에게 편지를 적어놓기도 하는 등 워커는 자신의 작품을 단순하게 고정관념을 확인해주는 것으로 독해하는 것을 거부한다.

그 전시 공간 벽에서 재잘거리며 조각조각 오려진 검은색 인물들의 침묵에 말을 걸도록 배열된 담론은 예술이라는 제도 자체가 인종적 폭력의 카탈로그인 동시에, 예술과 미의 이론적 결탁을 통해 그런 폭력을 은폐하는 카탈로그임을 암시한다. 워커의 한 전시 제목인 "카라 워커: 나의 보완물, 나의 적, 나의 억압자, 나의 연인"은 발화와 침묵의 사도마조히즘적 영역을 지정하며, 성적 폭력과 그 사생아 후손으로 생성된 세계, 혹은 적과 억압자가 연인이기도 한 세상에서 희생자는 행동과 수동성, 자유와 죽음 사이에서가 아니라 생존과 욕망 사이에서 선택한다는 사실을 분명히 한다. 그런 세상에서 섹스는 또 하나의 전쟁이다. 자신의 작업에 대해 충격받았다는 반응(주로 새로운 인종주의적 이미지의 아카이브를 만들어냈다고 하는, 그리고 그중 다수가 그녀의 텍스트 콜라주 작업에 활용된)에서 워커는 불안을 읽어내는데, 불안은 그녀가 재현하고 있는 것이기도 하다. 예술을 미끼로 사용하고 인종적, 식민주의적 환상을 부정적으로 투사하는 장소로서 여성 신체를 이용하는 것은 그저 근대적 기술일 뿐이다. 그러나 같은 기술을 이용해 인종주의와 성차별주의를 도깨비집 거울처럼 스스로에게 되돌려보내는 것은 페미니즘적 부인negation의 일부라 할 만하다. 실제로 1964년 오노 요코는 자신의 신체를 전장戰場으로 활용해 부르주아 관객들이 여성이라는 개념에 대해 품는 사디즘적 충동을 끄집어낸 바 있다. 오노의 퍼포먼스 〈컷 피스〉(1964-1966)는 콜라주는 아니지만 그 퍼포먼스의 요소들—자르기, 굴복하기, 형상과 배경 관계 및 관객과 퍼포머 관계의 전도—이 여기서 내가 사용하는 콜라주의 정의에 부합한다. 게다가 정지와 동작, 생산과 수용, 신체와 의복, 젠더와 폭력 사이를 탐험하는 역학 관계를 통해서 오노는 베어냄 혹은 거세가 일어나는 바로 그 장소에서 페미니즘과 마조히즘에 관한 복잡하고 멋진 담론이 생겨나는 것을 가능하게 한다. 오노는 이 9분짜리 퍼포먼스에서 무대에 앉아 관객들이 다가와 자신의 옷 조각을 잘라가게 내버려둔다. 따라서 자르는 행위는 작가보다는 관객에게 주어진 과제이며, 작가적 제스처가 오노의 옷을 벗기고 그녀를 타자의 접촉에 무방비로 노출되게 하는 익명의 사디즘적 몸짓들 틈으로 흩어지는 동안 작가의 몸은 캔버스가 된다. 퍼포먼스가 진행될수록 여자보다는 남자가 더 많이 무대로 다가왔고, 그들은 계속해서 점점 더 공격적으로 그녀의 옷을 잘라냈으며, 마침내 오노가 반라의 상태로 손으로 가슴을 가리고, 소위 거세, 정서적 불편함, 취약함, 수동성을 적나라하게 전시하고 난 뒤에야 자리를 떴다. 마조히즘, 젠더, 인종화된 전시, 관객성, 일시성의 맥락에서 우리는 어떻게 여성성과 페미니즘에 대해 생각해볼 수 있을까?

〈컷 피스〉에 대해 탁월하게 분석하는 줄리아 브라이언 윌슨은 여성의 마조히즘이라는 관점에서 오노의 퍼포먼스를 분석하는 방식을 인정하면서도, 그러한 독해가 대개 오노의 소리 없고 움직임 없는 여체를 여성의 복종과 남성의 공격이라는 닫힌 시스템 안에 고정시킨다고 주장한다. "이런 해석을 따른다면 오노가 제공한 초대가 긍정적일 수 있는 가능성은 거의 없다. 〈컷 피스〉가 선물이자 배상의 제스처, 혹은 추모의 제의가 될 여지는 없는 것이다."[31] 윌슨은 옷, 몸, 침묵을 내어주는 오노의 퍼포먼스를 히로시마와 나가사키 원폭 투하라는 배경에 놓고서, 전 지구적 상상계 내에 이 작품을 위치시킨다. 관

---

31   Julia Bryan Wilson, "Remembering Yoko Ono's 'Cut Piece,'" 2003, p. 103.

대함의 제스처라는 측면에서는 "상호적 발레"이며, 오노가 자신의 취약성을 상연하고 자신의 살을 낯선 이들이 휘두르는 가위에 가까이 두는 방식 면에서는 "긴장감 넘치는 판토마임"이라 칭하는 윌슨은 오노의 주목할 만한 퍼포먼스를 전후 일본 예술로부터도 오노의 다른 작업으로부터도 따로 떼어 생각하지 않는다. 또 윌슨은 이 작품을 자기파괴에서 구해내는 것으로 만족지도 않고, 오노 자신이 이 작품을 "유아론적 마조히즘"이라 부르는 것으로 치부하지도 않는다.[32] 그 대신 윌슨은 이 작품을 목격witnessing이라는 활동에 굳건히 위치시키고, 오노에게 희생의 예술의 대가라는 역할을 부여한다. 나는 윌슨이 〈컷 피스〉를 해석하는 방식에 완전히 납득당했고, 여러 층위에서 이 해석은 결정적이라고 생각한다. 그러나 나는 오노의 작품을 1945년 일본에서 원폭 투하 이후 찍은 찢긴 옷 사진들의 맥락 내에 위치시키는 것을 기본으로 삼고 싶음에도, 그 퍼포먼스가 의도하고 있는 여성의 자기 개념에 대한 양가적 모델로 돌아가고 싶기도 하다.

윌슨은 〈컷 피스〉의 기묘한 시간성과 사람들이 타인의 옷 조각을 기념품으로 잘라가도록 허락하는 태도에 서린 모호한 낙관주의에 주목한다. 윌슨이 지적하는바, 이 퍼포먼스와 더불어 꽃병을 깨부수고 그 조각들을 나눠주는 오노의 또 다른 작품 〈프라미스 피스〉(1992)에서는 전체 파편들이 재결합되

---

32   같은 글, p. 116.

는 일은 결코 없으리라는 가능성, 더 정확히는 그러한 개연성이 존재한다. 나는 이 작품들이 미래의 완결성에 대한 그 어떤 환상보다 파편성에 헌신하는 것을 강조하고 싶고, 오노의 작업에서 깨부수는 동작과 자르는 동작을 또 다른 반사회적 페미니즘과 관련짓고자 한다. 이 반사회적 페미니즘은 다시 만들고 다시 세우고 재생산하기를 거부함으로써 관습적인 여성성을 거부하며, 자기와 타자의 파괴에 전적으로 맹렬히 헌신한다.

윌슨은 〈컷 피스〉를 마리나 아브라모비치의 〈리듬 오〉(1974), 크리스 버든의 〈슈트〉(1971)와 짝을 지어 생각하는 경향이 있음을 지적하면서도, 아브라모비치의 경우 각본이 없고 "완전한 굴복"으로 특징지어진다며 비교 대상에서 곧장 제외한다. 윌슨은 버든의 작품에 대해서도 비슷하게 비판적이어서, 그것을 "공격성을 운용하고 제어하려는" 시도이자 "오노와 레논의 평화에 대한 소망과는 현저히 다른" 것으로 여긴다.[33] 남성 마조히즘은 확실히 실패에 몸을 맡기는 여성적 퍼포먼스와는 매우 다른 영토를 점유한다. 남성 마조히스트가 사회적 특권을 거부하고 자기 자신을 예수 같은 순교자로 제시함으로써 일종의 영웅적 반영웅주의 속에 거주하고 있다면, 여성 마조히스트의 퍼포먼스는 훨씬 더 복잡하며 인간의 근간 자체에 비판을 가한다. 1960-1970년대 실험적 현장에서 상당량

---

33   같은 글, p. 117.

의 공연예술은 페미니즘적이든 아니든 마조히즘적으로 붕괴하는 이 불모의 땅을 탐험했다. 캐시 오렐은 1970년대의 마조히즘적 공연예술을 완전함에 대한 거부의 퍼포먼스이자 "마조히스트의 분명한 복종이 비평과 도발을 은폐한다"는 들뢰즈의 주장을 입증하는 글을 썼다.[34] 마조히즘에 대한 오렐의 정신분석학적 설명은 해당 장르에 대해 그럴듯하게 요약해주며, 버든, 캐시 오피 등의 작품들을 서로 간에 벌이는 흥미로운 대화 속에 위치시킨다. 그러나 궁극적으로 오렐은 마조히즘을 우리가 무언가를 배울 수 있는 원천으로, 우리가 폭력과 맺는 은밀한 계약을 알아볼 수 있는 방법으로, 또 우리가 타인들과의 관계를 협상할 수 있는 수단으로 만들고 싶어 한다. 그러나 주체에 대한 마조히즘적 비판을 자기와의 인본주의적 재교섭과 연결하려는 시도에는 문제가 있다. 폭력을 해결하고 폭력과 타협하는 한 가지 방식으로 마조히즘을 재설정하는 것은 이 장 초반에 내가 말한, 다른 '여성들'을 그들의 파괴적 성향으로부터 구원하려는 페미니즘과 관련한 딜레마를 여러모로 수정하게 해준다. 〈컷 피스〉나 〈리듬 오〉뿐 아니라 페이스 와일딩의 〈기다리기〉(1974) 같은 퍼포먼스는 꼭 여성을 구원하겠다고 하지는 않고, 오히려 여성을 여성으로서 그대로 내버려둔다.

확실히 이 퍼포먼스들 중 어느 것도 즉각적으로 '페미니

---

34 Gilles Deleuze, *Masochism*, 1971, p. 77: [국역본] 질 들뢰즈, 『매저키즘』, 이 강훈 옮김(인간사랑, 2007).

즘적' 실천을 제시하지는 않지만, 페미니즘을 파편성, 굴복, 희생에 관해 계속 진행 중인 비판으로 만든다고 할 수 있다. 오노의 해체 퍼포먼스는 9분 안에 관객 앞에서 해체되는 자기self의 종류에 관해 질문하게 한다. 그러한 행위, 그러한 자기 모델은 페미니즘적인가? 자기에 대한 이러한 거부를 반자유주의적 행위, 즉 자유주의적 저항의 몸짓에 의지하지 않고 새로운 권력의 어휘에 접근하며 새로운 거부의 언어를 발화하는, 순전한 대항의 혁명적 언명으로 생각해볼 수 있을까? 만약 우리가 **급진적 수동성**을 탈식민주의적 여성 이론 및 여성 문학 내에서 행해진 반권위적 언명과 관련 있는 반사회적 양태의 하나로 이해한다면, 우리는 그 정치학을 엿볼 수 있을 것이다. 저메이카 킨케이드가 말할 법하듯, 행복의 추구가 바람직한 것이자 필수적인 것으로 여겨지며 자기에 관한 특정한 정식화(활동적이고, 주의주의적이고, 선택할 수 있으며, 추진력 있는 자기)가 정치적 영역을 지배하는 자유주의적 세계에서 급진적 수동성은 또 다른 종류의 거부를 시사할 수도 있다. 말 그대로 존재하기에 관한 거부를 말이다. 시몬 드 보부아르부터 모니크 위티그, 저메이카 킨케이드까지 많은 페미니스트가 '여성 되기'라는 프로젝트 안에서 여성은 가부장적 질서에 연루될 수밖에 없다고 파악했음에도, 일반적인 페미니즘 이론가들은 마조히즘과 수동성을 여성성womanhood의 자유주의적 정식화에 대한 잠재적 대안으로 여기지 않았다. 캐럴 클로버는 남성의 마조히즘이 10대 소년들 사이에서 공포영화가 인기 있는 이유를 설명해준다고 한 것으로 유명하다.[35] 이와 유사하게 우리는 여성의 마조히즘이 자기를 타자에게, 권력에 기꺼이 넘겨주는 것을 설명해준다고 이해해볼 수 있다. 우리는 급진적 수동성의 퍼포먼스에서 주체가 실제로 스스로를 해체하고자 함을, 즉 관객이 자발적 퇴행을 자기 몸의 기능으로 목격할 필요가 없도록 타자를 위해 자발적 퇴행을 극화하는 것을 목도한다. 여기서 문화를 투사, 대체, 형상effigy 만들기의 조합으로 여기는 조지프 로치의 정식화가 작동하기 시작한다. 급진적 수동성은 레즈비언 여성성의 특정한 버전들을 설명해줄 수 있다. '레즈비언 팔루스'에 관한 주디스 버틀러의 작업에서 영향받은 퀴어 이론은 여성적 형태 안에 있는 남성적 힘의 잠재력을 인정할 것을 주장하지만, 그런 주장으로 여성적인 레즈비언은 설명되지 않으며 여성적인 레즈비언은 결국 반팔루스적 양태 속으로 사라지게 되는 것 같다.

사실 팔루스적 퀴어성의 한 가지 형식이 몸을 혼종적이고 조립된 것의 재현으로 규정한다면, 또 다른 형식은 몸의 완전한 사라짐dis-appearance을 대상으로 취한다. 콜라주를 명백히 퀴어적으로 이용할 때 젠더 변이gender variance라는 저항적 에너지와 퀴어 여성성이라는 조용한 반란 사이의 긴장이 표면화된다. J. A. 니콜스의 작업은 대부분 형상화figuration를 수반해왔으며, 점점 더 평평해지는 동시에 점점 더 회화적이게 되

---

35   Carol Clover, *Men, Women, and Chainsaws*, 1993.

는 재현의 층위들을 통해 미학적 환경을 조성하는 작업인 무대 위에서의 작품 제작을 중심으로 전개되어왔다. 정확히 이 움직임은 캔버스에서부터 구축되어 '외부' 재료의 유입을 통해 물감과 캔버스의 대화를 다성적 담론으로 변형시키는 콜라주라는 3차원적 열망에 대항해 작동한다. 우선 니콜스는 자신이 그리고자 하는 형상을 프랑켄슈타인의 것과 같은, 수많은 부분과 재료로 이루어진 작은 콜라주를 만든다. 그다음 커다란 캔버스 위에 그 콜라주의 한 가지 버전을 칠하며, 동적이고 정적인 부분들, 해부학적으로 정확한 손발과 만화 같은 팔다리, 동작과 정지 상태, 정체성과 얼굴 없음의 아상블라주 속에 여러 재료가 한데 모인 성질을 포착하려 한다. 니콜스의 형상들 중 일부는 고전 누드화처럼 뒤로 기대고 있지만, 대개는 젠더가 모호하며 시간, 공간, 물, 혹은 물감 사이에 유예되어 있다. 형상의 각 부분은 전체적으로 풀칠을 통해 서로 붙어 있으며, 완전함, 가독성, 감각의 안팎을 이리저리 드나든다.

신규 작업에서 니콜스는 풍경으로 돌아간다. 아상블라주로서의 젠더 변이에서 선명한 부재로서의 퀴어 여성성으로 전향하며 풍경에서 인물들을 전부 제거한다. 배경이었던 것이 무대가 되고, 토대였던 것이 형상이 되며, 부차적이었던 것이 1차적인 것이 된다. 인물이 등장하는 니콜스의 그림들과 관련지어 생각해볼 때, 인물이 사라진 풍경은 여전히 형상화에 관한 이야기를 하고 있다. 다만 여기서 형상화는, 카라 워커의 작업과 마찬가지로, 부재, 사라짐, 비가독성을 뜻한다. 〈지금 여기〉에서 풍경은 생생하고 극적이며, 선명하고 정서적이다(도판10 참조). 직립한 몸 안에 수직으로 들어가 있던 인물의 영혼은 수평으로 뻗어 바다와 땅이 만나는 부근에 펼쳐져 있는 듯하며, 콜라주가 상연한 원초적 드라마이기도 한 안과 밖의 관계는 여기서 하늘과 땅, 초목과 물결, 파란색과 녹색으로 표현되었고, 그 사이에 비경계를 나타내는 약간 투명한 울타리가 있다. 시간과 공간은 이 경계, 지금 여기에서 충돌하고, 정서적 풍경의 현존과 직접성은 중간 지대의 선명하고 역동적인 파도를 통해 스스로를 천명한다. 〈고지대〉와 〈새로운 이야기〉에서 화폭은 더욱 정물성과 고정성으로 특징지어지며, 풍경은 훨씬 더 인물을 기다리는 배경과 같은 것이 된다(도판11과 도판12 참조). 이 새로운 그림들은 한편으로는 자연 풍경으로 여성적 형상을 흐릿하게 만들고, 다른 한편으로는 그 형상 자체를 난폭하게 도려내는 것으로서의 여성성을 재현하려는 시도다. 초현실적이고 종종 초인공적인hyperartificial 풍경들은 퀴어 여성성을 관례적인 여성성의 거부로, 그리고 규범성의 타자로서의 젠더 변이라는 논리와의 탈동일시를 재현한다.

또한 새로운 주제에 비춰볼 때 니콜스는 새로운 형태의 콜라주를 사용해 디지털 그래픽 시대에 콜라주가 갖는 의미를 생각해보게 한다. 니콜스는 사진을 컴퓨터로 스캔한 다음 포토샵을 이용해 각 요소와 재료들을 잘라 붙인다. 그러고는 그 이미지를 프린트해서 그것을 토대로 캔버스에 그림을 그린다. 사진, 디지털 이미지, 회화라는 세 가지 매체가 정교하고

그림16. J. A. 니콜스, 〈내 모든 나날〉, 2006. 캔버스에 유화와 아크릴 물감,
145cm x 110cm. 작가의 허락하에 수록.

도판10. J. A. 니콜스, 〈지금 여기〉, 2006. 캔버스에 유화와 아크릴 물
감, 137cm x 183cm. 작가의 허락하에 수록.

도판11. J. A. 니콜스, 〈고지대〉, 2006. 캔버스에 유화와 아크릴 물감,
120cm x 180cm. 작가의 허락하에 수록..

도판12. J. A. 니콜스, 〈새로운 이야기〉, 2006. 캔버스에 유화와 아크릴
물감, 160cm x 147cm. 작가의 허락하에 수록.

복잡한 디지털 콜라주를 위한 장소가 된다. 우리가 피카소 등의 작가들이 만든 전통적 콜라주에서 신문 조각이 그림에 덧붙여진 것을 보곤 한다면, 여기서는 소프트웨어를 통해 사진에 접붙여진 뒤 다시 회화 캔버스로 변형된 그래픽 요소들을 발견한다.

나오 부스타만테는 앞서 언급한 작가들의 바통을 이어받아 〈아름다운 아메리카〉(2002)라는 55분짜리 작품에서 아방가르드 퍼포먼스에 풍자극, 서커스, 탈출 곡예사의 익살 등의 요소를 결합한다. 이 솔로 작품은 범속성과 여성적 장식의 엄밀함을 비닐 랩을 동여맨 채 부들부들 떨고 기우뚱거리면서 사다리를 오르는 몸이 보여주는 아찔한 긴장과 결합시키고, 퍼포먼스의 신체적 훈련을 체현된 불확실성의 스펙터클과 연결한다. 공연이 진행되는 동안 관객들은 부스타만테가 주방용 랩으로 자신의 벗은 몸을 동여매고, 서툴게 화장을 하고, 누더기 같은 금발 가발을 쓰는 모습을 지켜보며 불편한 웃음을 내보인다. 감상적인 음악이 부드럽게 배경에 깔리는데, 이는 부스타만테가 상연하는 여성성에 관한 거친 퍼포먼스와 요란스레 충돌한다. 금발 가발과 화장, 꽉 동여맨 살을 통해 작가는 인종화된 여성미에 대한 요구를 전시한다. 그런 아름다움이 감수하는 위험성을 보여주듯 그는 사다리 위에서 불안정하게 몸을 구부리고 흔들거리며 하이힐을 신는다. 마침내 그는 훨씬 더 큰 사다리 꼭대기까지 폭죽을 든 채 올라서서 언제라도 떨어질 듯한 긴장감을 자아낸다.

이 퍼포먼스는 부스타만테의 다른 많은 작업과 함께 부스타만테를 호세 무뇨스가 말한 "취약성의 예술가vulnerability artist"로 자리매김하게 한다.[36] 무뇨스는 부스타만테의 퍼포먼스에 관한 글에서 부스타만테가 "그간의 폭력, 비하, 강제적 퍼포먼스의 역사를 끌어들여 다시 상상하게 하는" 방식에 주목한다.[37] 그는 유색인 여성이라는 주체의 위치에 부가된 위험들과 싸움으로써 스스로 취약해지고 자신의 퍼포먼스를 잠재적 실패, 추락, 위기에서 비롯되는 전율로 채운다. 〈아름다운 아메리카〉에서 폐부를 찌르는 한 순간을 예로 들면, 부스타만테는 커다란 삼각 사다리 꼭대기에 불안정하게 관객을 등지고 앉은 채 무대 조명을 활용해 손으로 인형극을 보여준다. 그가 뒤 배경에 만들어내는 불안정한 그림자는 또 다른 극적 공간으로의 논리적 진입을 거부하고 그저 인형 혹은 마네킹이라 할 수 있는 공연자의 모호한 지위를 거울처럼 반영해줄 뿐이다. 그럼에도 부스타만테가 스스로 자신의 인형이 되어 복화술을 하고, 자신의 몸을 아름다움, 이윤, 일관성, 인종, 성공 등의 폭력적 담론들이 만나는 지점으로 구성해내는 이 순간은 매우 강력한 힘을 갖는다.

부스타만테는 무뇨스와의 인터뷰에서 자신의 작업이 지닌 즉흥적 측면을 언급하며 퍼포먼스에 즉흥이란 있을 수 없

---

36   José Esteban Muñoz, "The Vulnerability Artist," 2006.

37   같은 글, p. 194.

다는 명제와 '새로운 공간'은 언제나 존재한다는 생각 둘 다를 분명하고도 명석하게 포용한다. 리허설을 거친 즉흥성과 예견되지 않은 새로운 공간의 균형 같은 것 덕택에 부스타만테의 작업은 통달에 대한 철저한 거부로 자리매김하게 된다. 무뇨스는 특히 〈아름다운 아메리카〉의 사다리 퍼포먼스와 관련해 이를 "아마추어리즘"이라 긍정적으로 명명한다. 부스타만테는 이에 동의하면서도 다음과 같이 부연한다. "내가 하는 작업은 장치[설비]를 알지 못하고, 특별히 균형감도 알지 못하는 채로 해나가면서 그것을 찾아가는 것입니다."[38] 부스타만테는 매일밤 사다리는 바닥에 조금씩 다르게 놓이거나 다른 사다리가 놓이기 때문에, 흔들림 역시 조금씩 다르고 자신의 몸은 즉각적으로, 퍼포먼스의 순간에, 새로운 공간적 배열과 불확실성에 반응해야 한다고 말한다.

요약

반사회적인 것은 창피스럽거나 망치는 것처럼 보이는 것을 고수하는 일인 자발적 퇴행을 명령하며, 급진적 수동성은 색다른 여성성의 거주를 허용한다. 페이스 와일딩의 전설적인 작품

---

38   Muñoz and Bustamante, "Risk/Riesgo: An Interview with Nao Bustamante," 2003, p. 5.

〈기다리기〉는 말할 것도 없고, 마리나 아브라모비치나 오노 요코의 작업에서 발견할 수 있는 수동성에 대한 급진적 이해는 여성 되기와 그럼으로써 젠더 이분법 내 남성의 지배를 지탱하게 되는 이중 구속으로부터의 반사회적 탈출구를 제공해준다. 카라 워커의 작업 속 주인-노예의 쌍과 J. A. 니콜스의 인물이 사라진 풍경 이전에 오노 요코가 행하는 비움의 무위nonact와 옷을 잘라내는 퍼포먼스는, 마치 스피박이 서발턴에 대한 모든 재현에 지식인의 역할이 내재함을 고려하라고 경고한 것처럼, 미학적 재료 안에 프레임이 연루되어 있음을 보여준다. 이 모든 작품들에서 프레임─글로벌화, 캔버스, 미술관의 벽, 학계 등─은 가해자와 범죄자를 엮고, 고문하는 자와 그 희생양을 엮으며, 기업 매수자와 약탈의 장소를 엮는다. 콜라주는 벌린 입, 곤궁에 처한 인물, 비명과 그 원인을 보여주며, 결과를 원인에 풀칠해 붙이고 그 둘의 관계를 퀴어하게 만든다. 결국 이 작품들에는 아무런 주체도, 페미니스트 주체도 없다. 입을 벌린 구멍, 비어 있는 풍경, 쪼개진 실루엣이 있을 뿐이다. 자아는 흐트러지고 일관성을 잃으며, 말하지 않고, 다만 말해지기만 할 것이다. 진정한 마조히즘적 환상의 영역인 수동적 목소리("아이가 맞고 있다")는 바로 페미니즘을 위한 변혁의 목소리가 될 수 있다. 프로이트 자신은 "아이가 맞고 있다"에서 "**내가 맞고 있다**"로, 마침내 "**소년**들이 교사에게 맞고 있다"로 진행되는 여성의 마조히즘적 환상의 최종 국면을 사실상 이해할 수 없었다고 말한다. 그러나 이 마조히즘적 환상의 최종 국면은 처벌을 예속된 신체에서 압제자의 신체로 분명하게 이동시킨다. 결국 마조히즘은 시간 그 자체의 심대한 붕괴를 재현한다.[39] 마조히스트는 쾌락과 죽음 간의 해소될 수 없다고 가정된 긴장을 해소시키며 자아에 대한 개념을 고통과 상처의 소용돌이에 묶는다. 그는 일관성을 유지하길 거부하고, 죽음에 관한 지식에 맞서 스스로를 무장시키길 거부하고, 그 대신 완패당해 시공간과 욕망에 매인 몸이 되기를 자처한다.

오노 요코의 〈컷 피스〉는 1965년 제국의 상상력 안에서 아시아계 여성인 오노가 차지하는 지위 때문에 인종적으로 굴절된 작품으로, 자유가 그것이 제공되는 조건과 별개로 상상될 수 있는지에 관해 하트먼이 인정할 법한 방식으로 질문한다. 하트먼이 보여주듯, 만약 노예에게 자유가 자본과의 일종의 계약으로서 주어진다면, 쉼 없이 돌아다니고, 재산이나 부의 축적을 거부하는 것은 주인이 될 자유로서의 자유를 제공하는 이는 상상할 수 없는 형태의 자유를 즐기는 것이다. 여기서 오노는 가만히 앉아서 참을성 있게, 수동적으로 기다리며, 자신을 호명하는 구조가 지시하는 대로 저항하기를 거부한다. 잘리고 노출되고 공개적으로 유린되는 것은 특정한 방식으로 저항력을 갖는 퍼포먼스이며, 여기서 오노는 비행동, 비존재, 자발적 퇴행의 형식 안에 거주한다. 7분 만에 본의 아니게 움

<hr>

39   Elizabeth Freeman, "Monsters, Inc.: Notes on the Neoliberal Arts Education," 2010.

찔했을 뿐 그의 부동자세는 『피아노 치는 여자』의 자해 혹은 『내 어머니의 자서전』의 애정 거부처럼 조용한 마조히즘적 몸짓을 보여주며, 우리에게 매혹적인 연결과 해방의 서사로서의 섹스에 대한 생각을 해체하고 그것을 실패와 자발적 퇴행의 장소로서 새롭게 생각하도록 독려한다.

5장: '내 안의 킬러는 네 안의 킬러'
— 동성애와 파시즘

편들지 못하는 자는 잠자코 있어야 한다.

— 발터 벤야민, 『일방통행로』

이 책은 특히 퀴어성과 연관된 반규율적 인식 형태에 관한 자세한 고찰이라고 할 수 있다. 나는 동시대 지식 형성체라는 측면에서 앎, 통달하기, 기억보다는 멍청함, 실패, 망각이 더 중요하다고 주장했다. 여러 사상가들이 일러준바 우리가 살아가는 사회세계는 불가피한 것이 아니다. 반드시 항상 이렇게 되도록 운명 지어져 있는 것이 아닐뿐더러, 이 현실을 만들어내는 과정에서 다른 많은 현실과 여러 지식 분야, 존재 방식이 폐기되었고, 푸코의 말을 빌리면 "실격되었다."[1] 합의된 원칙과 역사기술의 방식, 탐구의 장소를 갖는 다른 연구 분야와 마찬가지로

---

1   Foucault, *Society Must Be Defended*, 2003.

퀴어 연구 역시 푸코가 "과학"이라 부른 것, 즉 출현과 억압에 관한 상식적 서사에 절대적으로 의존하는 인식 체계로 경화되려는 경향이 있다. 예컨대 일부 퀴어 이론의 서사에서는 정신적으로 비체화abjection된 동성애자의 적법성을 뒤늦게나마 인정함으로써 그것을 기어코 만회해야만 한다. 또 어떤 연구들에서는 게이 혹은 레즈비언 주체가 역사에서 발굴되어야 하며, 권리에 기반한 프로젝트로서 전 세계적으로 뻗어간, 혹은 새로운 사회계약으로 명문화된 사회운동들을 설명할 때 이들이 마땅한 지위를 부여받아야 한다고 여겨져왔다. 그러나 역사에서 동성애자 주체를 복권시키고 동성애자를 병리화에서 구원하는 데 몰두하는 긍정주의적 프로젝트들 대신에 최근의 퀴어 이론에서는 퀴어의 부정적 잠재성을 강조하고, 비일관성, 고독, 패배, 우울증적인 자기 형성체를 끌어안음으로써 퀴어성을 통해 정치적인 것의 의미를 다시 생각할 가능성을 강조한다.

게이, 레즈비언의 삶에 관한 초창기 서사는 관습적으로 '역사에서 숨겨진' 것으로 여겨져왔다. 조지 촌시 등이 엮은 유명한 선집의 제목으로 쓰이기도 한 '역사에서 숨겨진'이라는 개념은 게이, 레즈비언의 역사를 억압된 아카이브로, 역사가를 진실을 찾기 위해 동성애 혐오적으로 삭제된 영역을 파헤치는 용감한 고고학자로 상정한다. 그러나 보이지 않게 된 역사들을 발굴해내야 하는 만큼 우리는 다른 역사를 묻어버리게 되며, 때로 그 두 가지는 동시에 일어나기도 한다. 게이 및 레즈비언 학자들이 역사의 아카이브에서 구미에 맞는 이야기만 골라내고 불유쾌한 역사들은 숨겨온 경향이 있다고 말할 수도 있겠다. 따라서 사랑, 친밀감, 생존뿐 아니라 상실과 갈망, 비체화와 추함으로 가득 찬 모순적인 아카이브를 직시해온 헤더 러브 같은 학자들에게서 퀴어 역사에 관한 새 정식화가 등장했다. 일례로 게이 및 레즈비언 학자들이 숨겨온 역사 중 한 가지는 동성애와 파시즘의 관련성이다. 이것이 이번 장의 주제로, 나는 과거에서 영웅적인 모델을 찾는 데 몰두하는 퀴어 역사 모델 대신, 현재뿐 아니라 과거에 대해서도 섹슈얼리티와 정치를 연결하는 모순적이고 공모共謀를 해온 서사를 도외시하지 않는 퀴어 역사 모델을 추구하려 한다.

역사에서 동성애와 파시즘이 때때로 중첩된다는 사실을 학계가 숨겨왔다는 말이 아무도 동성애와 파시즘에 대해 논한 적이 없다는 뜻은 아니다. 실제로 이 주제에 관한 연구는 아주 많다. 그러나 파시즘에서 동성애의 역할이 매우 모호하고 복잡하며 온갖 동성애 혐오적 추정에 이용되어왔다는 이유로, 우리는 종종 당시 동성애자들이 나치에 부역했던 문제는 차치하고서 나치에 의한 동성애자 박해에 대해 더 이야기하고 싶어 한다. 그래서 나는 나치와 남성 동성애의 관련성을 한 가지로 설명할 수는 없음을 전제하는 것이 중요하다고 생각하며, 또한 그로써 동성애 혐오적인 결과가 도출될 것이 두렵더라도 나치 체제하에서 남성 동성애자가 담당한 역할에 대해 조사하기를 꺼려서는 안 된다고도 생각한다. 결국 그러한 조사의 목적은 동성애라는 문제를 나치에 **고정시키는** 것이 아니라 성과 정치학의 관계, 역사의 성애와 공모의 윤리학 간의 관계에 관해 질문을 던지는 것이어야 한다.

게일 루빈이 「성을 사유하기」에서 명료하게 말했듯, "성sex은 언제나 정치적이다."[2] 이 말은 반론의 여지가 없지만, 리오 버사니, 리 에델먼, 헤더 러브 등이 보여주었듯, 성과 관련해서라면 정치적인 것이 어떤 형태를 띨 것인가에 대해서는 확정적이지 않다. 루빈의 작업은 우리가 모든 맥락에서 '성을 사유'할 것을 주문하며, 푸코는 성적 자유와 성적 반란이라는 편안한 서사에 매몰되려는 우리 자신을 돌아볼 것을 촉구한다. 따라서 여기서 '퀴어 부정성'은 욕망의 지배 논리를 해체할 뿐 아니라, 퀴어 피해자가 억압자에게 맞서 영웅으로 등극하는 식의 동질적 동성애자 정체성 모델에 반론을 제기하는 데 주력하는 프로젝트를 뜻할 것이다. 버사니는 모든 종류의 게이 섹스에 윤리적 프로젝트의 성격을 부여하려는 욕망을 처음으로 문제시하는 데 공헌했다고 널리 알려져 있다. 「항문 속은 무덤인가?」에서 그는 날카롭게 지적한다. "섹슈얼리티가 항상 정치화된다는 것이 논란의 여지가 없는 사실인 반면, 섹스를 하는 것이 정치화하는 방식은 매우 문제적이다. 예컨대 무장 조직이나 블루칼라 노동자들을 감성화함으로써 우익의 정치학

---

2   Gayle Rubin, "Thinking Sex: Notes for a Radical Theory of Sexuality," 1984, p. 4: [국역본] 게일 루빈, 『일탈』, 임옥희·조혜영·신혜수·허윤 옮김(현실문화, 2015).

이 등장할 수 있는데, 여기서 감성화는 그 자체로 선원이나 통신설비 기사 같은 특정한 이들에 대한 성애화를 연장하고 숭고화할 수 있다."[3] 버사니의 말처럼 성애적인 것은 동등한 기회의 아카이브다. 그것은 정치적으로 용인할 만한 재료보다 정치적으로 문제적인 이미지로부터 더 쉽게 차용한다. 이것은 성과 정치의 관계라는 문제를 미해결 상태로 둔다. 일반적으로 버사니는 성을 합리적인 정치적 입장의 원료로 만들고자 하는 욕망에 저항하고 그것을 거부한다(이후 리 에델먼이 이를 이론적 논쟁으로 이어간다). 그 대신 그는 성에 기입되는 민주적 다수성, 사회적 다양성, 유토피아적 잠재성 등에 대한 대부분의 주장에서 자아selfhood의 폭정을 보고, 정치적인 것에 대한 한 가지 이해를 영예화하는 것을 본다. 버사니는 우리가 성을 자기를 파괴하는self-shattering 것이 아닌 자기를 꾸며주는 self-fashioning 것으로 만들며 성을 깔끔하게 소독한다고 말하는 듯하다.

　　푸코가 "역 담론reverse discourse"이라고 한 모델, 즉 '집권' 모델은 여전히 여러 경우에 성에 관해 사유하는 지배적 프레임을 제공해준다. 퀴어 연구의 많은 저술이 게이 남성들의 난교나 크루징, 젠더퀴어 성애, 가학적 남색 등 갖은 형태의 퀴어 주이상스에서 출현하는 새로운 사회 형태를 상상하고 묘사하면서 스릴 있게with a bang 끝을 맺곤 한다. 새뮤얼 딜레이니

3　　Leo Bersani, *Is the Rectum a Grave and Other Essays*, 2009, p. 206.

는 포르노 극장에서 이루어지는 익명의 성적 접촉에다 조화로운 사회적 접촉이라는 서사를 부여하고,[4] 팀 딘은 모르는 이들 간 콘돔 없는 성관계에서 새로운 윤리적 행동 모델을 찾아내고,[5] 심지어 죽음충동의 퀴어성에 관한 악명 높은 기괴한 이론을 펴는 리 에델먼조차 반사회적 주이상스의 여지를 작게나마 열어두는 듯하다.[6] 버사니의 연구와 마찬가지로[7] 세 경우 모두에서 유토피아적 주이상스는 오직 서로 모르는 남성들 간 항문섹스와 관련해서만 도달 가능한 것처럼 제시된다. 그러나 앞에서 언급했듯 내가 성을 말끔한 것으로 정리하지 않는 기획에 동조적이기는 하나, 이 저자들이 활용하는 아카이브라든가 그들이 속임수라는 마법의 입구를 통해 상상하는 굳건한 백인 남성적 유토피아에 대해서는 별로 흥미 없다.

T. S. 엘리엇 선생께는 죄송한 얘기지만,[8] '스릴bang' 서사가 푸코의 표현을 빌리자면 거의 항상 (심지어 자기파괴를 묘사할 때조차) 발화자에게 득이 되는 만큼, 어쩌면 스릴보다는 훌쩍임whimper을 목표로 하는 것이 언제나 나은 일일지도 모른다.

---

4   Samuel Delany, *Times Square Red, Times Square Blue*, 2001.

5   Tim Dean, *Unlimited Intimacy*, 2009.

6   Lee Edelman, *No Future*, 2005.

7   Bersani, *Is the Rectum a Grave and Other Essays*.

8   [옮긴이] 영국 시인 T. S. 엘리엇의 1925년 발표 시 「텅 빈 사람들(The Hollow Men)」에 다음과 같은 구절이 나온다. "이것이 세상이 끝나는 방식이다 / 쾅 소리가 아닌 훌쩍이는 소리와 함께(This is the way the world ends / Not with a bang but a whimper)."

푸코에 따르면 그런 서사는 당돌한 퀴어를 청교도들의 세계에서 자유를 위해 싸우는 영웅으로 자리매김하는 "억압적 가설"을 유지하기 위해 우리가 스스로 되뇌는 것일 뿐이다. 『성의 역사 1』에서 푸코는 이 서사가 강력하고, 호소력이 있고, 설득력이 있지만, 완전히 틀렸다고 강하게 주장한다. 억압적 체제의 폭정 속에서 성적 소수자들이 비범하게 출현한다는 식의 이야기는, 푸코가 태연하게 표현했듯 "발화자에게 득이 되는" 것일 뿐 아니라, 주변화된 주체들이 그들 자신을 주변화하는 바로 그 시스템을 지지하면서 거기에 참여하는 섹슈얼리티 역사의 실제 메커니즘을 무시하는 한 방식이기도 하다. 그러나 그러한 서사는 시스템 또한 무시한다. 그 시스템 아래서 사회적 규범을 거스르는 행위들은 위험한 매력으로 여겨지는데, 우리가 성적 표현은 그 자체로 혁명적 행동이라는 생각에 끝없이 매혹되기 때문이다. 한계를 모르는 것은 섹시한 것이 되고, 금기에 대한 관심에 몰두하면서 우리는 야릇함을 느낀다.

푸코가 '역 담론'이라는 개념으로 게이·레즈비언의 낭만적 저항 서사를 대체하는 반면, 버사니는 성적 자유의 전사들을 내세우는 낭만적 서사를 한쪽으로 제쳐두고 반공동체주의적 anticommunitarian 경향의 퀴어 실천을 옹호한다. 버사니가 정확히 이 용어를 사용한 건 아니지만, 반공동체주의적 입장은 남성 간 동성사회적 유대와 동성성애적homoerotic 유대 둘 다 가부장적 체제를 지원하는 네트워크를 형성하는 경향성에 대항해 그런 유대를 비관계성, 고독, 마조히즘 등으로 대체하는 힘이 있다. 다시 말해, 게이 남성이 남성 유대와 게이 커뮤니티 형성에 참여함으로써 가부장적 현재를 지탱하는 역할을 한다면, 그가 남성적 지배를 거부하고 관계 자체를 전부 단절하고, "주체의 비자살적non-suicidal 사라짐"에 만족할 때 그는 정치적 현상 유지에 위협이 될 수 있다.[9] 이것이 버사니가 장 주네, 마르셀 프루스트 등의 작품을 통해 추적하려 한 게이 남성 주체성이며, 그가 동성애의 의미로 상정한 것이다. 그는 주네의 방식을 따라 동성애는 "배신과 통한다"고 말한다.[10] 여기서는 주네에 대한 버사니의 독해를 더 분석하는 대신, '배신'은 다른 게이 남성 집단과의 동일시에 대한 도발적 거절이 된다는 점을 지적하고, 백인 게이 남성에게 퀴어 부정성은 남성이 자신보다 더 우월한 남근적 권력에 굴복하면서 스스로 퇴행한다는 이상하게 영웅적인 개념에 크게 의존한다고만 말해두겠다. 이와 같은 자발적 퇴행unbecoming의 비유는 남성적 아방가르드 모더니즘에서 그 궤적을 추적해볼 수 있다. 남성의 남성적 흐트러짐unraveling이라는 버사니의 개념에서 그 중심을 차지하는 자기파괴는 기꺼이 삽입당하려는 의지, 이성애 남성성과 일치되지 않으면서도 '남자다움을 잃는unmanned' 것으로 환원되지 않고 '여성'이 되는 것으로 환원되지도 않는 남성성 모델을 만들려는 의지임을 나타낸다.

9   Bersani, *Homos*, 1996, p. 99.
10   같은 책, p. 153.

버사니가 분명히 말하듯, 성적 행동은 진보든 보수든 어떤 정치적 입장도 보증할 수 없으므로, 우리가 게이 섹스를 그게 어디서 발견되든 끊임없이 정치적 급진주의와 연결하고 싶어 한다는 건 이상한 일이다. 버사니의 기본 입장이 정치적 맥락을 아예 무시해버리는 것인데 반해(클레르 드니의 영화 〈초콜릿〉[1988]에 나오는 프랑스 주둔군 병사들에 관한 그의 해석에서 보듯), 우리는 그와 달리 도착적 섹슈얼리티가 보수적인 혹은 우익의 정치 기획과 얽히게 되는 장소들을 잘 살펴봐야 할 것이다. 나는 『여성의 남성성』에서 래드클리프 홀 및 다른 남성적 여성들이 영국의 초창기 파시즘에 관여한 사실에 대해 (본격적으로 다루지는 않았지만) 지적한 바 있다.[11] 홀은 반유대주의자로 알려져 있었고, 그의 귀족 친구들 중 다수는 파시즘에 동조적이었고, 페티시에 가까울 정도로 군복에 열광해 일부는 자경단을 조직하고 일부는 군에 입대하기도 했다.[12] 그들의 남성성은 때때로 민족주의나 인종주의적 기획에 들어맞곤 했다.

우리가 정치적으로 보수적이거나 비난할 만한 체제에 저항하기보다 부역하는 게이, 레즈비언의 사례가 많음을 발견할 때 무슨 일이 일어나는가? 앞서 살펴본 대로, 한 가지 전략은

---

11   Halberstam, *Female Masculinity*, 1998: [국역본] 주디스 핼버스탬, 『여성의 남성성』, 유강은 옮김(이매진, 2015).

12   영국 자경단 조직에 참여한 여성들에 관한 설명으로는 다음을 참조하라. Laura Doan, *Fashioning Sapphism*, 2001.

희생의 서사를 위해 부역의 표지를 무시하는 것이었다. 성적 소수자가 받아온 억압에 대한 보편적 상징으로 1970년대부터 쭉 사용해온 핑크 삼각형Pink Triangle에 관한 논쟁이 부역의 서사보다 희생의 서사를 선호한다는 것을 잘 보여주는 사례다. 에릭 젠슨은 「핑크 삼각형과 정치적 의식: 게이, 레즈비언, 그리고 나치 박해의 기억」이라는 논문에서 이와 관련된 논쟁들을 추적하며, 1970년대 독일과 미국의 활동가들이 강제수용소에서 죽임당한 동성애자 남성들의 수를 부풀리는 한편 나치 체제에 부역한 동성애자 남성들에 관한 증거를 얼마나 간과해왔는지 보여준다.[13] 그중 잘 알려진 사례로서 샌프란시스코 시의원 하비 밀크의 발언을 들 수 있다. "우리는 결코 나치 독일에서 30만 명의 우리 동성애자 형제자매들이 그랬던 것처럼 입 다물고 뒤로 물러나 있지 않을 것입니다. 우리는 결코 우리의 권리를 박탈당한 채 고개를 숙이고 가스실로 걸어 들어가지 않을 것입니다."[14] 그런데 나치가 동성애자들을 감금하고 이들에게 폭력을 가한 것은 맞지만, 동성애자들을 가스실로 보낸 것은 아니었다. 젠슨은 이렇게 지적한다. "서독의 활동가들보다 미국의 활동가들은 국제사회의 지원을 유지하기 위해 나치 박해의 기억을 표면화하는 경향이 있었다."[15]

---

13   Erik Jensen, "The Pink Triangle and Political Consciousness," 2002.

14   Randy Shilts, *The Mayor of Castro Street: The Life and Times of Harvey Milk* (New York: St. Martin's Press, 1982), p. 364에서 재인용.

15   Jensen, "The Pink Triangle and Political Consciousness," p. 329.

자신의 영화 〈욕망〉(1989)과 함께 발표한 글이자 『내가 어떻게 보여?: 퀴어 영화와 비디오』라는 책에 수록된 글에서 스튜어트 마셜은 동시대적 맥락에서든 에이즈 운동에 관해서든 어떤 식으로든 핑크 삼각형을 사용하는 모든 경우에 대해 전적으로 반대한다. 마셜은 핑크 삼각형이 독일 형법 175조에 따라 나치로부터 박해받은 동성애자들과 1980년대 에이즈 위기의 시기에 대한 동성애 혐오적 반응으로 억압받은 동성애자 남성들을 매우 논쟁적으로 연결한다고 주장한다. "이 유비를 통해 우리는 정치적 결속 및 행동을 확보한다는 명목으로 정체성 정치가 종속시키고 억누르는 모든 차이와 주관성의 측면을 잃게 된다. 미묘한 층위에서 이는 지대한 영향력을 미칠 수 있고, 반동적인 결과를 가져올 가능성도 있다."[16] 이것은 정체성 정치에 대한 강력한 비판인데, 오늘날의 수많은 정체성에 대한 비판과는 다르다. 안정되고 윤리적인 현재의 정체성을 전제하는 것은 그와 모순되고 정치적으로 비난할 만한 과거의 정체성에 대한 모든 증거를 차단해버리는 셈이다. 그리하여 오늘날 게이들은 핑크 삼각형을 통해 제3제국의 피해자들과 동일시하고, 그 박해자들과는 결코 동일시하지 않는다. 일례로 〈형법 175조〉(2000, 롭 엡스타인, 제프리 프리드먼 연출)라는 다큐멘터리 영화에서 인터뷰한 많은 남성이 1940년대에 나치

---

16   Stuart Marshall, "The Contemporary Political Use of Gay History: The Third Reich," 1991, p. 87.

에 의해 감금당하고 고문당했는데도, 몇몇은 독일군에서의 그 시절을 남성 간 동지애와 유대로 가득 찬 때였다고 향수에 젖어 추억한다. 이 영화는 현대의 관객을 독일군의 피해자보다는 독일군 남성과 연결하는 어떤 역사적 모델도 상상하지 못한다. 나는 이 역사적 연결을 탐구해보고자 한다.

게이 나치?

내가 스웨덴에서 퀴어 이론 세미나를 이끌 때였다. 스웨덴의 퀴어 연구자들과 점심시간을 함께하다 톰오브핀란드의 작품이 파시즘적 상상과 맺는 관계에 대해 열띤 논쟁이 일었다. 나는 특유의 미묘하고 외교적인 방식으로, 톰오브핀란드의 초über남성적 '가죽 대디들'에 관해 파시즘 논쟁을 에두르는 그 어떤 해석도 해당 작품의 중심 요소를 빼놓고 변죽만 울릴 뿐이라고 말했다. 그러자 스웨덴인인 동료 한 명이 말도 안 되는 소리라고 되받으며 거북해했다. 톰오브핀란드는 순수한 에로스이며, 파시즘과는 상상적으로든 실제로든 거의 아무 상관도 없다는 것이었다. 그러나 나는, 해당 작가가 핀란드군 소속이 아니었는지, 핀란드군이 독일군에 협력하지 않았는지, 독일군 남성 병사들과의 바로 그 운명적인 조우에서 톰오브핀란드의 이미지가 탄생한 것이 아닌지 등을 언급하며 점잖게 설득하려 했다. 스웨덴인 동료는 매우 화가 나서, 핀란드군이 독일

군에 협력하도록 강제되었다는 것을 모르는지, 독일군에 협력했다고 해서 핀란드 군인들이 자동으로 파시즘에 찬동한 것이 되는 건 아니지 않은지 반문했다. 그는 어쨌거나 성애적 소재의 의미가 역사적 맥락으로만 고정될 수는 없다는 주장을 폈다. 그가 동성성애와 파시즘의 교차성에 대한 내 해석에 저항할수록 나는 점점 더 내 견해를 고집하게 되었다. 또 내가 견해를 고집할수록 그는 더욱더 반발하며 성애적 이미지와 정치적 이데올로기를 분리해 생각해야 한다고 강조했다. 어째서 이미지를 향유하는 **동시에** 그 이미지가 동성애의 파시즘적 상상력에 참여하고 있음을 인정할 수는 없는 것인지, 나는 알고 싶었다. 어째서 재현과 실제를, 역사성과 동시대적 의미를, 파시즘적 남성성과 동성섹스를 구분할 수 없는 건지, 그는 알고 싶어 했다.

그 만남은 불편하고 불안했고, 그래서 나는 더욱 대화에 빨려 들어갔다. 내가 페미니스트로서 거칠게 문자적 해석에 그치며 톰오브핀란드의 성애적 드로잉 창작이 갖는 역사적 맥락의 의미를 확정적으로 해석해버렸던 걸까? 아니면 내 스웨덴인 동료가 자신을 열광시킨 아카이브에 역사적 맥락을 부여하기를 일절 거부하며 방어적으로 고집을 부린 걸까? 만약 우리가 톰오브핀란드가 파시즘적 형상에 참여하는 동시에 그와 같은 형상으로 환원되기를 거부하고 있다는 가능성을 감안한다면, 우리는 정치와 성애적인 것 사이의 어떤 종류의 관계를 다루고 있는 것인가? 여기서 중요한 것은 톰오브핀란드의 판타지 세계가 갖는 정치적 지위가 실제로 무엇인지, 혹은 그 이미지를 생산한 실제 역사가 어떤 것인지가 아니다. 진짜 문제는 자신들의 욕망이 정치적으로 올바른 것이라는 동시대 사람들의 주장이 지닌 맥락과 관련 있다. 게이 남성이든 아니든 톰 오브핀란드의 성애적 아카이브가 매력적이라고 생각하는 이라면 누구나 욕망의 뒷문으로 몰래 잠입해 파시즘에 은밀히 몰두한다는 혐의를 받고 싶지는 않을 것이다. 같은 이유로, 우리는 성애적 소재에 대한 우리 각자의 관심이 모두 정치적으로 결백하다고 확신할 수 없다. 그렇다고 해서 내가 캐서런 매키넌처럼 권력이 결부된 성적 재현이 본질적으로 나쁘다는 식의 주장을 하려는 건 아니다. 오히려 나는 왜 우리가 우리 욕망과 우리를 불편하게 하는 정치 사이의 접점을 견딜 수 없어 하는지 이해해보고자 한다.

독일 파시즘과 섹슈얼리티에 초점을 맞춘 『섹슈얼리티의 역사 저널』의 특별호에 게재한 논문에서 다그마르 헤어초크는 해당 분야의 가장 대담하고 독창적인 학자로서 다음과 같은, 이제는 익숙해진 질문을 던지며 논의를 시작한다. "성정치와 다른 종류의 정치는 어떤 관계를 맺을까?" 다음은 이어지는 내용이다.

나치 독일만큼 이 난제를 긴급하게 혹은 불편하게 다룬 문화권은 거의 없다. 그 해답은 여럿이며, 아직 미결이다. 어떤 해답이든 후속 질문을 수반하게 된다. 나치즘의 성정치란 정확히 무엇이었는가? 그것이 모든 이에게 억압적이었는가? 아니면 다른 이들은 박해받거나 괴롭힘당하거나 죽임당하는 동안 일부 개인과 집단에게는 특별 허가가 주어졌는가? … 영화나 대중문화에서는 독일 파시즘 체제하 복잡다단한 삶의 격전 대신 충격적으로 야하고 외설적인 일화들이 제시되는 경향이 있는 가운데, 1960년대부터 현재에 이르기까지 학자들이 반복해서 제3제국은 성에 적대적이고 '쾌락을 모르며' '정통 독일식 내숭'으로 특징지어진다고 가정해왔다는 사실을 우리는 어떻게 이해해야 할까?[17]

대중적 믿음과 달리 나치가 단순히 성적으로 억압적이거나 엄격한 성도덕을 고수한 것이 아니라, 정치적으로 유리할 경우에만 호모포비아와 성도덕을 효율적으로 사용했으며, 그 밖의 상황에서는 감시하의 인물이 '인종적으로 순수한' 경우에만 성적 행위를 문제 삼지 않았음을 보여준 점은 나치 문학에 대한 헤어초크의 큰 공헌이라 할 만하다. 이 글에서 헤어초크는 푸코와 프로이트를 연결해 나치의 모순적이고 불균질한 성정치를 분석한다. 헤어초크의 가장 강력한 통찰 중 하나는, 나치 체제하에서 섹슈얼리티를 억압하기만 한 것이 아니라 **생산**하기도 했다는 것을 살피지 않고서는 "우리가 나치즘이 그렇

17   Dagmar Herzog, "Hubris and Hypocrisy, Incitement and Disavowal," 2002, pp. 3-4.

게나 많은 이들에게 매력적이었던 이유를 이해할 수가 없다"는 사실을 짚어준 점이다. 그러나 그 글의 나머지 부분에서는 이 통찰을 이성애 성정치에만 국한해 적용하는 경향이 있다. 헤어초크는 제3제국의 통일성 있어 보이는 동성애 관련 정책에 대해 설명한다. 그에 따르면, 호모포비아는 '아리안 인종'의 재생산을 증진하고 모든 유대계 혈통의 영향을 억제하려는 목적을 지닌, 더 일반적인 인종 관리 시스템의 일부였다는 것이다. 그러나 톰오브핀란드의 작업이 제기한 것처럼 지배적 남성성 측면에서 보면, 나치 독일의 동성애 성정치는 이성애 성정치만큼 복잡하고 모순되어 보인다.

수많은 퀴어 이론가가 동성애와 나치즘 사이의 연관성을 풀어내보려 시도해왔다. 이브 세지윅은 동성성애와 파시즘의 관계를 인정하면서도 그 연계에 저항하고자 한다. "나치 동성애에 대한 환상이 확실히 거짓이라고 말하는 것은 부적절하다. 동시대 우리 문화에서 동성애의 정의 중 어떤 것을 따르든 나치 지도자 중에서는 에른스트 룀이 유일한 동성애자였으며, 그는 1934년 히틀러의 명에 따라 SS친위대에 의해 살해되었다. 그보다 더 진실에 가까운 것은, 어쨌거나 독일 파시즘이 (덜 악화된 형태이긴 하지만 20세기 문화 전반과 마찬가지로) '동성애 문제'가 매우 핵심적인 문제가 되어버린 사회적 토양에서 등장했다는 사실이다."[18] 세지윅은 나치와 동성애자 공동체

---

18   Eve Kosofsky Sedgwick, *Tendencies*, 1994, p. 49.

를 융합하려는 대중적 경향 및 페미니즘적 경향이 존재한다고 보고, 그것에 대응하고 있는 것이다. 그런 경향은 루키노 비스콘티의 영화 〈저주받은 자들〉(1969)이나 베르나르도 베르톨루치의 영화 〈순응자〉(1970) 같은 대중적 형식에서뿐 아니라 뤼스 이리가레 같은 이론가들의 작업에서도 발견된다. 나는 파시즘적 남성우월주의가 곧 남성 동성애와 같다고 오독하는 페미니스트의 공격적인, 그리고 잠재적으로 호모포비아적인 관점을 취할 생각은 전혀 없지만, 나치즘과 동성애 사이에 그 어떤 관련성도 없다고 하는 세지윅의 일반화는 반박하고자 한다. 남성들 간의 성애적 유대와 나치가 해온 것으로 유명한 그러한 고전적 신화 만들기를 실제로 연관지은 남성 집단이 존재했음을 고려할 때, 나치 지도자 중 단 한 사람만이 **동성애자**였다고 딱 잘라 말하는 건 방어적으로 들릴 수 있다. 그것은 단순히 우리가 알고 있는 동성애자 나치 구성원은 단 한 명뿐이라고 말함으로써 남성 동성애와 나치즘 간에 모종의 구조적 연관관계가 있다는 비난을 회피하는 한 가지 방법이다. 실제로 룀은 동성애자 돌격대원 무리의 관리자로 알려져 있었다. 나는 (나치의 대다수가 이성애자라는 사실이 나치즘이라는 현상을 이성애적으로 만드는 게 아니듯) 파시스트 집단 내 동성애자의 존재가 나치를 동성애적으로 만드는 것은 아니라는 세지윅의 말에 동의하는 한편, 동성애자 남성들에 대한 명백한 박해가 나치즘과 동성애가 때때로 불온한 중첩을 이루었을 가능성을 소거하지는 않는다고 생각한다.

이 중첩의 역사는 1920-1930년대부터의 세대 간 남성 연대Männerbund에 관해 조금만 조사해보면 발견할 수 있다. 20세기 초반 독일에는 적어도 두 갈래의 동성애자 해방운동이 있었다. 한 갈래는 잘 알려져 있는 것으로, 마그누스 히르슈펠트의 연구소, 그리고 간성intermediate-sexers 혹은 제3의 성 이론과 관련된 것이었고, 다른 갈래는 그보다 덜 알려진 것으로서 동성애 남성우월주의다. '특별한 이들의 공동체Gemeinschaft der Eigenen'[19]를 설립한 아돌프 브란트, 나치 돌격대의 에른스트 룀, 그리고 1930년대에 남성 연대를 촉진시켰던 한스 블뤼허와 존 헨리 매케이 등의 인물이 후자에 속한다. 이들은 히르슈펠트의 연구소가 지지한 도착에 관한 생물학 이론을 거부하고서, 두 명의 소위 남성적인 남성들 간 성애적 접촉이라는 측면에서 기능하는 '문화적' 개념의 남성 동성애를 옹호했다. 이런 종류의 남성우월주의는 민족주의적이고 보수적인 방식으로 남성 공동체를 강조하는 동시에 여성성을 인종적으로 거부한다. 실제로 이 초기 동성애자 활동가 중 유대인 남성들은 여성에게 할당되었어야 할 영역인 가족과 가정에 열성을 바침으로써 여성화된 남자들로, 또 여성스러운 동성애자들처럼 다른 남성적 남자들과 남성우월주의적 국가 및 공적 영역에 헌

---

19   [옮긴이] 1903년 독일에서 아돌프 브란트가 설립한 동성애자 옹호 단체인 Gemeinschaft der Eigenen은 흔히 영어로 Community of Free Spirits(자유로운 영혼의 공동체)로 번역되곤 하나, 이 책에서는 뒤에 저자가 Community of the Special이라고 영역한 것을 따라 '특별한 이들의 공동체'라고 옮겼다.

신해야 할 정력적인 의무를 다하지 않는 이들로 여겨졌다. 독일어에는 여성스러운 게이 남성이 자아내는 혐오감을 뜻하는 'Tuntenhass'라는 단어마저 있다. 남성우월주의자들은 다른 남성적인 남자들을 욕망하면서 아리안 남성들 간 유대를 생산하고 또 공고히 다지는 파시즘적 국가의 특정한 측면들에 잘 들어맞는 성적 사랑에 대한 개인주의적 이데올로기를 고안해 냈다. 독일 역사가 제프리 자일스의 말처럼, "나치가 동지애의 이름으로 힘차게 장려한 남성 유대는 반더포겔[20] 운동과 뚜렷하게 구별하기가 쉽지 않았고, 수백만 독일 청년 역시 그 차이를 명확히 인지하지 못했던 것 같다."[21]

많은 역사가와 이론가가 동성애, 파시즘, 모더니즘의 연관성을 신중히 발굴하고 이론화해왔다. 예컨대 조지 L. 모스는 자신의 책 『파시스트 혁명: 파시즘의 일반 이론』[22]의 한 챕터를 '동성애와 프랑스 파시즘'이란 주제에 할애했다. 모스는 파시즘과 동성애의 실제적, 담론적 관계의 복잡성에 주목한다. 파시즘적 남성우월주의의 규범성을 유지한다는 명목으로 파시즘 체제하에서 동성애자들은 일제히 박해를 받았다. 그러나 동시에 파시스트들은 계속해서 동성애자라는 혐의를 받았고, 동성

---

20 [옮긴이] 반더포겔(Wandervogel)은 1901년에 독일에서 일어난 청년 학생들의 도보 여행 운동을 말한다. 퇴폐적인 도시 생활에서 벗어나 건강 증진, 친목 도모, 조국애 및 자연 사랑을 고취할 목적으로 시작되었다.

21 Geoffrey Giles, "The Denial of Homosexuality," 2002, p. 260.

22 George L. Mosse, *The Fascist Revolution*, 1999.

애자들은 자주 프랑스나 그 밖의 지역에서 나치에 부역했다는 혐의를 받았다. 다른 이들처럼 모스도 남성미에 집착하는 것과 여성이나 가정과는 거리를 두려 하는 것이 나치즘을, 세지윅이 잘 기록했듯, 남자들 사이의 정치적, 성적 유대가 혼란스럽게 얽히는 골치 아픈 영역으로 끌어들인다고 주장한다. 모스는 남성의 우정, 동성성애, 민족주의가 서로 이렇게 저렇게 맺는 관계에 관한 "후속 연구"를 요청하며 「동성애와 프랑스 파시즘」 챕터를 끝맺는다.[23]

『정치적 전도』[24]에서 앤드루 휴잇은 모스가 주목한 연관 관계를 이론화했다. 휴잇은 영화에서 게이 나치를 동성애 혐오적이고 희화적으로 거칠게 형상화하는 것과 아도르노 등이 전체주의와 동성애를 더 복잡하게 이론적으로 연결하는 것 둘 다를 비판하고자, 게이 남성과 파시스트를 몰역사적으로 연관짓는 '상상적 파시즘'의 얼개를 그려 보여준다. 휴잇은 실제로 동성애자 남성이 나치당과 초기 파시스트 운동에 연루되었던 역사를 신중하게 추적할 뿐 아니라, 동성애와 파시즘을 한데 엮기 쉽게 만드는 언어, 권력, 상상력 같은 구조적 통제 방식도 살핀다. 그는 파시즘의 재현 불가능성에 관한 에른스트 블로흐의 논지를 토대로, 동성애와 파시즘이 말할 수 없음이라는 특징을 공유한다고 주장한다. "동성애가 감히 그 이름을

---

23   같은 책, p. 181.

24   Andrew Hewitt, *Political Inversions*, 1996.

말할 수 없는 것이라 할지라도 그것은 말해질 수 없는 다른 무언가—즉 파시즘—의 '이름' 역할을 할 것이다."[25] 동성애와 파시즘이 쉽게 연관되는 또 다른 이유는 통상 프롤레타리아니즘은 남성적이고 정력적인 것으로, 엘리트주의적 사회운동은 유약하고 여성적인 것으로 여겨진다는 데 있다. 세 번째 이유는 휴잇도 "전체주의와 동성애는 함께 간다"라는 아도르노의 주장과 관련해 상세히 논하는 것으로, 전체주의와 동성애 둘 다를, "권위주의적 인격" 형성에 영향을 미치며 지배적 혹은 오이디푸스적 욕망의 논리를 위협하는 동일성에 대한 욕망과 동일시하는 것과 관련 있다.

휴잇은 동성애와 파시즘의 대중적이고도 급진적인 연관이, 보다 더 큰 동성애 혐오적 상상계의 일부가 된 몇 가지 공유된 구조적 특징과 관련 있다는 것을 증명한다. 그런 다음 그는 1930년대 독일의 남성우월주의적 게이 남성들의 실제 역사로 눈을 돌려, 마그누스 히르슈펠트와 '제3의 성' 지지자들의 영향을 토대로 한 퀴어 역사기술에만 한정된 정밀한 검토가 초기 동성애자 해방운동의 더 복잡한 역사를 더 모호하게 만든다는 점을 보여준다. 동성애자 해방에 관한 히르슈펠트의 버전(성소수자에 대한 국가의 인정)과 남성우월주의자들의 버전(남성 간 우정을 국가권력의 원칙으로 승격하기)의 차이 때문에 휴잇은 동성애에 관한 새로운 질문들을 던지게 된다. "그러

<hr/>

25   같은 책, p. 9.

므로 우리는 점점 드러나는 동성애의 전략적 기능에 민감해야 한다. 무엇이 동성애였는가(혹은 푸코식으로 '동성애는 언제, 어떻게 존재했는가')를 묻기보다 동성애는 무엇을 위해 존재했는가(또 존재하는가)를 이해해야 한다. 동성애가 제공한 정치적 선택지는 무엇이었으며, 동성애는 정치와 철학의 아포리아 같은 이성애주의에서 빠져나오는 어떤 방법을 제공했는가? 동시대의 정치적, 철학적 프레임 안에서 동성애는 어떤 기능을 했는가?"[26] 다시 말해, 히르슈펠트 연구소와 나치 박해 피해자로서의 히르슈펠트의 전기가 동시대 구미 사회에서 동성애자 박해의 유구한 역사를 형성하는 데 잘 들어맞았다면, 파시즘 원칙에 강하게 동일시하고 나치당에 공개적이고도 자유롭게 참여했던 동성애자 남성들의 역사는 훨씬 드물게 회자된다. 동성애가 무엇을 위해 존재했는지, 동성애의 기능이 무엇이었는지 질문함으로써 휴잇은 동성애자 투쟁에 관한 연속성 있는 설명을 강조하던 관습에서 벗어나, 훨씬 더 다양한 성의 역사를 허용하며 성적 다름이 지배 체제에 복무하기도 하고 종속 체제에 복무하기도 하고, 때로는 동시에 양쪽에 복무하기도 한다는 점을 포용한다. 세지윅의 연구에 크게 기대고 있음에도 휴잇은 세지윅과는 달리 동성애와 파시즘 간의 연관관계를 부인하지 않는다. 오히려 그의 목적은 불미스러운 정치적 연루가 사실임에도 게이 남성우월주의자들에게서 급진적인 무

26   같은 책, p. 81.

언가를 이끌어낼 수 있다고 말하는 것이다.

휴잇은 초기의 남성우월주의 정치학에 관한 챕터에서 바이마르공화국 시기와 초기 나치 정권 시기에 동성성애적 유대가 장려된 데 대한 응답으로서 등장한 남성 동성애 옹호운동의 역사를 그려 보인다. 그는 "더 최근의 퀴어 역사기술에서 남성우월주의를 누락시키는 것"에 관해 질문을 던진다.[27] 휴잇처럼 나도 이 누락에 대해 질문하고 싶은데, 그와는 다른 이유에서다. 휴잇에게 동성애자의 역사가 독일 남성우월주의를 우회한다는 것은 정치적인 것과 리비도적인 것의 관계에 관한 일련의 질문을 폐제하고, 남성우월주의자들이 정치적으로 궁지에 몰려 있는 동시에 성적으로는 억압된 이들이라고 치부할 수 있게 한다. 휴잇은 두 명의 통념상 남성적인 남자들 간 성애적 관계의 측면에서 기능하는 남성 동성애의 버전들이 억압된 것, 성 공포증적인 것, 벽장에 갇힌 것으로, 혹은 단순히 가부장적 질서의 핵심으로 환원되거나 희화화되지 않도록 아돌프 브란트와 에른스트 룀 같은 악인들뿐 아니라 한스 블뤼허와 존 헨리 매케이 같은 남자들을 포함하는 남성우월주의자들에 주목한다. 실로 휴잇은 이렇게 주장한다. "우리는 파시즘과 동성애자들의 남성우월주의 둘 다 실재했다는 현실과 그에 따르는 급진적인 공격들을 직시해야 한다. 그 역사적, 경험적 예시들이 어떤 면에서도 결코 해방적이라고 용인되지 않더라도 말이

---

27   같은 책, p. 82.

다."[28] 그러나 나는 남성우월주의적 동성애자 운동을 삭제하는 것은 까다로운 역사적 선례들을 다루기를 회피하고 특정한 종류의 정체성 정치로 역사를 속이는 것이라고 생각한다. 다시 말해, 통일성 있는 동성애자 정체성이라는 관념은 20세기 유럽으로 거슬러 올라가는, 그리고 파시스트 감수성이 **아니라** 아방가르드 남성적 모더니즘에 각인되어 보편화하는, 인종적으로 특정한 동성애의 역사를 생산한다. 그런 관념은 또한 대개 백인 중산층이었던 1990년대의 에이즈 활동가들이 분홍 삼각형을 달고 자신들의 투쟁을 나치 체제가 표적 삼았던 남성들과 관련지어 상상하게끔 한다.

앞서 내가 말했듯 휴잇은 나치즘과 동성애가 중첩된다는 증거가 없다는 세지윅의 의견에 동의하지 않는다. 사실 그는 잘 알려진 주장들에 기대며, 남성우월주의적 동성애자들이 자신들의 욕망에 대해 하던 주장들이 언제 어디서 오이디푸스화된 욕망에 관한 이성애 규범적 가정들에 대한 비판의 맥락에서 급진적인 면을 드러내는지를 보려 한다. 예상대로 여기서 휴잇과 내가 갈라선다. 나는 퀴어 이론이 젠더가 서로 반대되는 커플들(부치-펨처럼)과 젠더가 전도된gender-inverted 주체들(와일드, 홀)에 더 우호적이고, 그 과정에서 젠더에 순응적인 주체들 혹은 비디 마틴이 레즈비언의 맥락에서 "스트레이트하게 수행된 여성성"이라고 지칭한 것은 무시했다는 주장을 아

---

28   같은 책, p. 85.

주 잘 이해하고 있는데, 그렇다고 해서 "스트레이트하게 수행된 남성성"에 몰두한 남성 그룹을 사회적으로 갱생시켜야 할 적법한 근거가 마련되는 것 같지는 않다. 마틴에게 규범적 젠더에 비해 젠더퀴어에게 특권을 부여하는 게 분명해 보이는 것이 레즈비언 펨의 존재를 지우는 문제를 발생시킨다면, 휴잇에게 20세기 초의 젠더 전도에 초점을 두는 것은 남성적인 동성애자 남성을 비껴가는 형국이다. 그러나 퀴어 펨의 삭제가 위반적 여성성보다 위반적 남성성을 선호하는 반페미니즘의 기미를 보인다면, 남성적 동성애자 남성의 삭제는 까다로운 역사적 선례를 다루기를 회피하려 하는 것임을 의미한다.

다시 말해, 퀴어 남성과 퀴어 여성의 젠더 횡단적 동일시는 퀴어 남성과 퀴어 여성의 젠더 규범성이 그러하듯, 젠더 정치학, 남성우월주의, 가정성domesticity에 대해 서로 다른 관계를 맺어왔다. 사실 우리는 여성에서 남성으로의 젠더 변이에 대해 동시대 페미니즘이 갖는 어떤 불신의 뿌리를 20세기 초로 잡아볼 수 있는데, 당시 오토 바이닝거를 비롯한 몇몇은 여성의 남성성을 젠더 구별이 붕괴하는 (함축적으로는 또한 문명화된 사회가 붕괴하는) 신호인 동시에 여성의 천재성 표지로 여겼다. 초기 페미니스트들은 활동적이고 강한 것은 남성적이거나 남자다운 것이라는 생각을 경계하면서, 수동적이고 약하다고 여겨지는 여성성이라는 사회적 구성물에 대항해 싸워야 했다. 따라서 남성적인 여성이 어떤 곳에서는 사회적 규범을 벗어나 있고 범죄를 저지를 가능성을 품고 있다고 여겨지는 한편, 다른 곳에서는 여성적이고 연약한 여성들보다 더 우월하다고 여겨질 수도 있는 것이다. 예컨대 거트루드 스타인은 자신의 천재성과 자신의 남성성의 상관관계에 근거를 마련해준 바이닝거의 이론을 적극 수용했다.[29] 바이닝거의 기본 사상은 모든 사람은 남성다움과 여성다움이 혼합되어 있으며, 기본적으로는 보완의 원리에 따라 파트너를 선택한다. 극도로 남성적인 이라면 극도의 여성성을 가진 이를 찾아내고, 중성적 남성성을 가진 사람은 중성적 여성성을 가진 사람을 찾는 식으로 말이다. 바이닝거는 마치 플라톤의 이상처럼 커플이 함께 하나의 전체를 형성하는 식의 총체화하는 욕망 이론을 만들고자 했다. 더욱이 이러한 젠더적 위치 설정은 인종화되어 있으며, 남성과 여성의 차이는 아리안과 유대인의 차이로 특징지어지기도 한다. 바이닝거 등에게 아리안 남성은 행위, 국가, 자기의 관계를 이상적으로 보여주는 반면, 근본적으로 여성적 조건을 지니는 유대인은 여성화된 무국가 상태를 체화해 보여준다. 유대인은 위대함이나 천재성의 가능성이 조금도 없는 채로 가족 안에 자리 잡고 있기 때문에 여성화되는 것이다.

거트루드 스타인이 바이닝거의 연구에 매료된 연유는 재닛 맬컴의 『두 개의 삶』의 맥락에서 살펴보면 이해가 더 수월

---

29 바이닝거에 대한 스타인의 관심에 대해서는 다음을 참조하라. Harrowitz and Hyams, *Jews and Gender*, 1995.

하다.[30] 그 책은 잘 알려져 있던 두 유대인 레즈비언인 거트루드와 앨리스 B. 토클라스가 어떻게 유럽에서 제2차 세계대전을 겪고 살아남을 수 있었는지에 관해 질문을 던진다. 짧게 답하자면 둘 모두 유대인과 탈동일시했고, 그토록 위험한 시기에 자신들을 보호해줄 이로 버나드 페이라는 게이 남성 독일인 나치 부역자를 고르는 데 아무 거리낌이 없었기 때문이다. 맬컴은 스타인이 스페인 파시스트 지도자 프랑코를 지지했던 증거를 찾아내고, 토클라스가 전후에 페이를 지원하고 감옥에서 도망치도록 도운 과정을 보여주며 두 여성이 보수적이며 반동적이라고 평가한다.

남성적 여성과 그들의 잠재적 정치적 성향에 대해서는 이쯤 해두겠다. 바이닝거 등은 여성적 남성을 정력의 정치학을 배반하는 존재로, 또 가부장적 형제애를 배신하는 존재로 보았다. 바이닝거는 유대인과 여성 간에 본질적 연관성이 있다고 주장한다. 그는 유대인을 절망적으로 여성적인 존재로, 여성을 정치적 역량을 완전히 결여한 존재로 본다. 유대인과 여성 모두 뚜렷한 자아$_{ego}$를 갖고 있지 않으며, 따라서 통치 능력이 없고 개인으로서 위대함을 성취할 수도 없으며, 유대인의 경우 시민권을 획득할 수도 없다는 것이다. 가부장적 국가, 남성 유대, 동성성애적 형제애가 서로 연관된 것으로 여겨지던 20세기 초 독일에서 여성적이거나 젠더 횡단적인cross-identified

---

30 Janet Malcolm, *Two Lives*, 2008.

남성은 모든 면에서 비난을 받았다. 앞서 지적했듯, 이것은 나치가 단순히 동성애를 경멸했다는 뜻이 아니다. 남성적인 동성애자는 반유대주의적이고 여성 혐오적인 국가의 남성성과 여성성 개념에 완전히 부합했다. 게다가 헤어초크가 『파시즘 이후의 섹스』에서 주장하듯, 나치 체제는 공식적으로는 섹슈얼리티 측면에서 기회주의적으로 보였다. 그것은 나중에 묘사된 것처럼 억압적 체제가 결코 아니었다고 헤어초크는 말한다. "많은 나치 '전문가'들이 사회 구성주의적 관점에서 섹슈얼리티에 접근하면서 성적 정체성은 가변적이고 취약하다고 주장했다."[31] 그에 따라 동성애는 선천적인 동시에 문화적인 것으로, 정력의 결여인 동시에 남성성의 과잉으로 파악될 수 있었다. 따라서 특히 남성의 섹슈얼리티에 대한 나치의 입장은 매우 관대했던 반면, 그것이 여성화와 관련될 때 그들은 도덕적 분노를 표출했다. 나치 독일에서 여성적 남성 동성애자들은 이성애 가족을 거부하고 여성적인 것을 포용한다는 이유로 박해받았다. 일부 독일 동성애자들은 자신들이 젠더 변이자들과는 대척점에 있다고 설정하고, 여성적인 남성을 '특별한 이들의 공동체Gemeinschaft der Eigenen', 즉 남성적 동성애자들의 형제애를 훼손하는 자로 보았다.

『호모스』에서 버사니가 비구제적nonredemptive 정치에 대해 상술한 것처럼, 휴잇은 급진적 사회운동을 통해 동성애를

---

31   Herzog, *Sex after Fascism*, 2007, p. 34.

다시 읽는 완전히 자유주의적인 전통을 반박하는 데 관심을 기울인다. 휴잇은 20세기 초, 특히 독일에 존재한 **훨씬 덜 자유주의적인 호모필리아 전통**을 기억하며 성애와 정치의 관계를 분석하고, 성애가 언제 어디서나 부정적이고 억압적인 권력을 맞닥뜨리는 선한 힘은 아님을 확인하고자 한다. 동성애의 기능에 대한 휴잇의 질문은 스스로 퇴행하려 하는 남성 동성애의 부정적 힘에 대한 버사니의 논평과 공명한다. 나는 그들의 복합적 통찰을 지반으로 삼고 둘 모두를 사용해 게이 남성우월주의의 긴 역사를 밝혀보는 한편, 그 역사를 통해 동시대 정치학을 이해해보고자 한다. 최근 몇 년간 우리는 유럽에서 우익 지도자이면서 동성애자이기도 한 이들 사이에서 특정한 형태의 동성애자 민족주의가 출현하는 것을 목도해왔다. 일례로 오스트리아 자유당 당수였고 이후 오스트리아 미래연합Alliance for the Future of Austria을 창당한 외르크 하이더는 2008년 자동차 사고로 급사한 뒤 동성애자로 밝혀졌다. 그의 당은 극우 민족주의 성향이었으며, 반유대주의와 반이민 정서로 추동되었고, 그의 부모는 나치당원이었다. 하이더는 공식적으로 여자와 결혼한 상태였음에도, 다른 남성과 수년간 관계를 맺어온 동성애자로 사후에 밝혀졌다. 네덜란드의 게이 정치인인 핌 포투인처럼 하이더는 '극우 포퓰리스트'로 여겨졌고, 외국인, 유대인, 무슬림 등 '외부자들'에 대한 편협한 관점과 자신의 성정체성 사이에서 아무런 갈등도 느끼지 못했다. 반이민적 게이 정치학은 이슬람이 뿌리 깊게 동성애 혐오적이라고 서투르게 특징짓는 데서 발생하며, 동성애자에 대한 관용과 자유민주주의의 상관관계를 사실로 상정한다. 조지프 마사드, 파티마 엘타이브, 야스비어 푸어 등의 학자들이 보여주었듯, 이슬람에 대한 이런 통념은 한편으로는 이슬람권 국가들의 성경제sexual economies를 오독하고, 다른 한편으로는 게이 레즈비언들의 신자유주의 찬양에 영합하는 것이다. 그런 오독은 우익 포퓰리즘과 동성애자 인권운동의 기묘한 정치적 결합을 가능하게 하기도 한다.

요컨대 동성애를 나치즘에서 완전히 분리시키려는 욕망, 그리고 그 둘을 연관짓는 모든 시도를 동성애 혐오로 치부하려는 욕망은 동성애자 역사의 다층성을 이해하지 못하게 하고 동성애의 작용을 단순화한다. 세지윅에 따르면 동성애는 개인, 사회, 신체의 새로운 체제를 예시해 보여주는 새로운 앎의 방식의 중요한 부분을 구성한다. 휴잇은 동성애가 해방적 체제와 때로는 동맹을 맺고 때로는 대적하는(그러나 예측 불가능한 방식으로) 연합의 논리를 구성한다고 본다. 두 이론가 모두에게 동성애는 시간을 관통하는 정체성이라기보다는 정치, 성애, 권력 간 일련의 변화하는 관계다. 나는 이런 변화하는 관계들의 복잡성을 포착하기 위해서는 급진적 욕망과 급진적 정치학 간의 선형적 연관관계를 정해두어서는 안 된다고 주장한 바 있다. 그 대신 우리는 역사가 우리 앞에 던져놓는 정치적으로 문제적인 연관성으로 인해 불확실해질 준비를 해두어야 한다.

내 안의 킬러는 네 안의 킬러

자기 나름의 방식으로 동성애 남성성과 파시즘의 복잡한 관계를 다룬 두 명의 동시대 작가의 작품 몇 가지를 살펴보며 결론을 향해 가볼까 한다. 화가 아틸라 리처드 루카치와 사진작가이자 큐레이터인 콜리어 쇼어는 둘 다 파시즘적 이미지와 동성성애를 혼합하며, 둘 다 그 두 가지 재현 체계 사이의 격렬한 충돌이 낳는 결과의 역사적, 미학적, 성적 측면을 두려움 없이 직시한다. 루카치에게 게이 스킨헤드가 영웅적, 희생적, 낭만적 남성성의 정점 같은 것을 표상한다면, 쇼어에게 나치의 군인 남성은 일종의 폐허가 된 남성성의 거소, 배반의 장소(⟨반역자⟩라는 사진이 분명히 보여주듯)를 나타낸다. 이 이미지들은 한 세대에서 다음 세대로 전해져 내려온 질문으로 등장한다. 당신의 남성성은 지금 무엇을 의미하는가?

크리스털 파리크는 최근 "신흥 미국 문학과 문화" 내의 "배반의 윤리학"에 대해 표명했다.[32] 그는 배반을 인종적 국가 내 소속, 동화, 배제의 조건에 대한 비판적 관점으로 정의한다. 배반은 억압에 저항해 일종의 진실을 말하는 것으로서 정신분석적으로 이해되든 불가피한 이중성으로서 해체주의적으로 이해되든, 우리가 거주하는 도덕 체계에 의해 요구되기도 하

32　Crystal Parikh, *An Ethics of Betrayal: The Politics of Otherness in Emergent U.S. Literatures and Cultures*, 2009.

그림17. 콜리어 쇼어, 〈반역자〉, 2001–2004. 흑백사진, 103.5 cm x 80.6 cm. CS 388. 뉴욕 303 갤러리 제공.

고 거절되기도 하는 존재 양태를 일컫는다. 특히 주변화된 주체들은 배반의 딜레마와 적극적인 관계에 놓이는 경향이 있는데, 그런 경우가 있다면 그것은 규범적 시민 모델이 소수자 주체를 국가에 충성하지만 틀림없이 배반하게 되는 일종의 이중 첩자로 설정하기 때문이다. 퀴어와 페미니스트 차원의 불충과 배반은 다른 종류의 정치학, 즉 이 책에서 여러 번 마조히즘, 주체성 상실, 부정성과 연관된 바 있는 정치학으로 연결된다. 그러나 국가에 대한 충성이 견제받지 않는 미군의 공격이 지닌 잔학함과 그런 정치적 폭력을 정당화하는 데 사용된 자유와 민주주의 이데올로기를 의심 없이 묵인하는 것을 뜻할 때, 배반과 불충은 역동적인 반대 담론oppositional discourse이라는 일종의 무기가 된다.

릴리아나 카바니 감독의 매우 문제적인 동명의 1974년 영화뿐 아니라 '매혹적인 파시즘'에 관한 수전 손태그의 에세이를 떠올리게 하는 쇼어의 또 다른 작품 〈나이트 포터(마티아스)〉는 배반의 이미지를 놀랍게 재상연해 보여준다. 여기서 마티아스는 영화 〈나이트 포터〉에서 나치 친위대원 복장을 한 샬럿 램플링 같은 차림새를 하고 있다. 손태그가 볼 때 카바니가 전후 파시즘의 등장을 하나의 스타일로, 즉 균형과 질서에 대한 미학적 선호로서, 사도마조히즘에 대한 동성애자의 성애적 관심으로서 그렸다면, 쇼어는 파시즘, 권력, 퀴어성, 남성성을 훨씬 더 섬세하게 이해하며 시각적 미학을 통해 그것들을 보여준다. 참고로, 여기서 S/M의 역학이 친밀성을 극장으로 대

그림18. 콜리어 쇼어, 〈나이트 포터(마티아스)〉, 2001. 흑백사진, 47cm x
38.1cm. CS 542. 뉴욕 303 갤러리 제공.

체했다거나 사람들, 특히 여성들이 스스로 예속되기를 욕망한다는 말이 아니다. 오히려 쇼어의 작품은 파시즘이 타자에게 쉽사리 투사될 수 없음을 보여준다. 퍼포먼스와 정치학에 관한 쇼어의 사유를 보여주는 『프리웨이 발코니』의 한 꼭지 제목인 "내 안의 킬러는 네 안의 킬러"는 파시즘의 미시정치학이 타자뿐 아니라 자기 안에도, 건강한 자뿐 아니라 도착적인 자 안에서도, 존재뿐 아니라 행위에도 잔존한다고 말한다.[33]

'매혹적인 파시즘'이라는 관념은 아틸라 리처드 루카치가 그린, 혼자 있거나, 함께 혹은 떼로 있거나, 성교 중이거나, 서 있거나, 싸우고 있는 스킨헤드들의 영웅적인 초상 속에도 존재한다. 루카치는 나치 이미지가 게이 남성의 상상력에 작용할 수 있는 초역사적 흡인력을 도외시하지 않는다. 그 대신 그는 동일시가 끔찍하고 부정적인 형태를 취할 수 있다는 가능성을 직시한다. "나는 내가 연쇄 살인마가 되는 꿈을 반복해서 꿉니다"라고 그는 『빌리지 보이스』에서 리처드 골드스타인에게 이야기했다. 골드스타인은 이렇게 논평했다. "루카치는 거친 젊은 남성들끼리의 열광적인 섹스뿐 아니라 잔혹한 구타와 제의적 모욕에 이르기까지, 살인에 가까운 행위를 재현함으로써 성공을 거뒀다. 흠모의 마음을 담아 스킨헤드와 폭력배들을 그린 그의 그림들은 그가 자신의 고국 캐나다에서 나쁜 놈으로 공

33   Collier Schorr, *Freeway Balconies*, 2008.

인되도록 만들었다."[34] 루카치에게 남성 군인은 군복을 입었든 스킨헤드 차림을 했든 간에 욕망과 죽음으로의 강력한 전환점이 된다. 그의 그림들은, 축자적인 방식으로는 아니지만 정치학이 욕망을 통해 발화하는 방식에 주목한다(도판 13 참고).

루카치는 파시즘이 자아내는 성애적 흥분을 다양한 방식으로 탐구한다. 몇몇 그림에서 그는 스와스티카의 영향 아래 있는 스킨헤드들을 그리는데, 두 가지 형식을 연결해 그 표식을 포용하는 동시에 거부한다. 어떤 그림에서는 스와스티카를 상상에 맡겨두고, 어떤 그림에서는 마치 남성우월주의적 동성애자의 욕망이라는 특정 형태의 기원이 지워졌음을 그려내려는 듯 그 기호를 실제로 그렸다가 그 위에 덧칠해 지워버린다. 이런 식으로 루카치는 민족주의, 폭력, 섹스를 페티시즘적으로 엮어 게이 신화를 만들어내고, 포르노그래피를 고전적 이미지와 경쟁시킨다.

그림의 스타일과 국가적 배경이 (페르시아인이거나 인도인으로, 극사실주의적이거나 키치하게 등) 다양하게 바뀌어도, 백인 스킨헤드를 영웅화하는 이미지는 끊임없이 계속된다. 이렇게 다른 회화 양식을 전유하더라도 그가 남성성을 바라보는 방식은 영향받지 않는다. 오히려 그의 그림 속 인물들이 그 형식들을 점유하고 식민화해 그것들을 기독교적 유토피아의 필

---

34   Richard Goldstein, "Culturati: Skin Deep" in *Village Voice*, February 915, 2000.

요에 따라 바꾸어놓는다. 골드스타인이 묘사하듯, "이곳은 여성은 존재조차 하지 않는 목가적 세계, 즉 '이브 없는 에덴'에 펼쳐진 '파이트 클럽'이다." 거칠게 말해 거기에는 독일 게이 남성우월주의가 충분히 표출되어 있으며, 루카치의 그림에 모델이 된 이들은 루카치가 베를린에서 지낼 때 알게 된 이들이다. 루카치와 그의 논평자들은 그의 작품을 '검열받지 않는', 탈정치적이며 페티시즘적인 영역에 위치시키고 싶어 하지만, 우리는 여기서 특정한 정치학이 작동 중임을 분명히 알 수 있다. 유혹적인, 날것의, 끔찍한, 전유하는, 위험한, 반재생산적인, 다시 말해 고삐 풀린 남성우월주의를 말이다. 버사니처럼, 욕망이 배회하는 곳이라면 어디든 우리는 도착적으로라도 따라가야 하며, 그 과정에서 우리는 욕망과 정치의 새로운 교차점을 만나게 될 것이라고 루카치는 말하고 싶은 것 같다. 하지만 정말 그런가?

만약 우리가 파시즘이 동시대 게이들의 상상력에 제공하는 강력하고 페티시즘적인 남성성 이미지의 아카이브에 덜 유혹당한다면? 만약 우리가 파시즘이 생산하는 정치와 섹스의 특정한 연관성에 계속해서 질문을 제기하고자 한다면? 유대계 퀴어 사진작가인 콜리어 쇼어는 독일 남부의 소도시에서 한 가족과 함께 살 때 찍은 일련의 사진 작품으로 잘 알려져 있다. 쇼어의 〈신병들〉(1998) 프로젝트에는 병사 놀이를 하는 젊은 남성들을 찍은 사진들이 포함돼 있다. 몇몇 장면에서 병사들은 스웨덴 군복을 입고 있고, 다른 장면에서는 미군 복장을

도판13. 아틸라 리처드 루카치, 〈하나 된 사랑: 육체적 만
        남〉, 1992. 캔버스에 유화, 118.8 in x 79 in. 작가
        제공.

했으며, 일부에서는 이스라엘군처럼 보이고, 또 몇몇에서는 나치 군복 차림이다. 쇼어는 소년들이 나치 군복을 입는 것을 얼마나 달리 느꼈는지에 관해 논한다. 다른 군복들을 입었을 때는 '좋은 남자' 행세를 할 수 있다고 느꼈지만, 독일 군복을 입고서는 심기 불편해했고 쭈뼛거렸으며, 나쁜 남자가 될까 걱정했다. 그 사진들은 재현 불가능한 과거를 대신해주었다. 쇼어는 다음과 같이 말한다. "나는 그들에게 그들이 전에는 볼 수 없었을 역사의 편린을 가져다주었다."[35] 이 과거는 그 풍경, 그 가족, 그 마을, 그 나라에 깊숙이 박혀 있었지만, 그곳은 방문할 수도 보여질 수도 없었다. 쇼어는 이어서 말한다. "나는 독일인들이 만약 미국인이라면 독일에 대해 시도할 법한 작업을 한다." 그러나 쇼어는 또한 유년기의 공포스러운 유령이자 적인 거대한 아리안 남성을 직면함으로써 자신이 유대계라는 사실이 갖는 의미를 바꾸고자 한다. 그러나 이 고도로 반反나르시시즘적인 프로젝트에서 쇼어는 "자신의 적에 관해 이야기한다는 것은 또 다른 형태의 나르시시즘"이라는 것을 깨닫는다. 쇼어의 작업은 자기와 자기의 고생을 다루기보다 이웃, 이웃하는 타자, 근접해 있지만 당신은 결코 아닌 자기를 다루려 애쓴다.

쇼어는 자신의 작업이 홀로코스트의 오랜 여파로 나타난

---

35   Edith Newhall, "Out of the Past," *New York Magazine*, 3 December 2001, 5.

그림19. 아틸라 리처드 루카치, 〈진북(眞北)〉, 1989. 캔버스에 유화. 작가 제공.

독일 남성성의 의미(루카치의 작업에는 완전히 부재하는 맥락이다)에 관한 진행 중인 탐구라고 여기며, 그의 사진에서는 미국의 백인 남성성과 이스라엘의 군사주의 역시 암묵적으로 독일 남성성과 같은 맥락에 놓인다.[36] 젊은 독일 남성에게 여러 가지 군복을 입히고 자연 속에서 그들의 사진을 찍은 쇼어는 훼손되지 않은 자연이라는 이상화된 개념과 맺는 관계의 맥락에서 독일의 남성성이 구성된 긴 역사를 반추하고, 또 동시에 그것을 해체한다. 브렛 애슐리 캐플런은 쇼어의 작업에 대해 다음과 같이 말한다. 쇼어는 "트라우마적인 기억으로 가득한 독일적인 풍경 속에 모델들을 집어넣고서, 파시즘이 더럽힌 풍경 전통을 되찾아 그것을 유대계의 반파시즘적 감수성으로 전유해낸다."[37]

　　나치 페티시즘의 재생산에 참여하는 톰오브핀란드의 그림이나 루카치의 스킨헤드와 달리, 쇼어의 이미지는 군대 이미지의 솔직한 성적 매력은 인정하면서도 그 매력이 지닌 불편한 현실 또한 포착해낸다. 쇼어의 작업은 전반적으로 기억과 망각, 문화적 정체성과 전유, 가장과 폭로, 다른 동일시의 표층들을 가로질러 배치될 가능성이 있는 퀴어한 젠더 양태로서의 횡단적 정체화cross-identification에 관한 것이다. 쇼어는 퍼포먼스, 국적 정체성, 소속 없음에 관한 공동 작업으로서 도이체

36　Schorr, "German Brutality and Roman Sensuality," 2003.

37　Brett Ashley Kaplan, *Landscapes of Holocaust Postmemory*, 2010, p. 128.

그림20. 콜리어 쇼어, 〈안드레아스, POW(모든 훌륭한 병사는 전쟁 포
로였다)〉, 독일, 2001. C-Print, 99.1 cm x 72.4 cm. CS 303.
뉴욕 303 갤러리 제공.

구겐하임 미술관에서 있었던 자신의 전시 《프리웨이 발코니》에 대해 다음과 같이 말한다. "내 작업은 사람들에게 자신들의 역사와 정체성에 대한 내 견해를 수행하도록 요청한다." 군복을 입은 바이에른의 청년들을 찍은 연작을 언급하면서는 이렇게 말한다. "나는 우리가 타인들에게서 '인지하는recognize' 것, 우리 자신을 그들 옆에 위치시키는 방식에 관해 생각하기 시작했다. 전시에 참여한 각 작가들은 어떤 식으로든 관객들이 그런 생각에 대해 되돌아볼 것을 요청한다."[38]

쇼어는 독일 남부의 그 소도시에서 장기 체류하면서 작가이자 아키비스트이자 독일 문화사가로서의 역할을 다하려 했고, 나치로부터 가져온 그러한 소재들이 금기시된 것들이 아니었다면 남성성을 주제로 여느 독일 작가라도 만들었을 법한 그런 작품들을 구상했다. 쇼어는 퀴어로서뿐 아니라 유대인이자 미국인으로서 일종의 반직관적 양식의 동일시와 탈동일시에 참여해 놀라운 이미지를 발견할 수 있었다. "나는 페르소나를 가진 예술가다. 내 작업은 내 출신지가 아닌 장소와의 동일시 형성에 관한 것이다."[39] 쇼어는 자신이 만들어낸, 이 독일 병사들 사진을 찍은 바이에른의 소도시와의 관계를 이렇게 설명한다. "나는 그곳이 내 동네라고 여겼지만, 미국인의 목소리로

---

38   Latimer, "Collier Schorr on Brooke Shields and the 'Fall of America,'" 2008.

39   Collier Schorr, "'Racing the Dead' by Howard Halle," *Time Out New York*, 13·17 September 2007.

독일 역사를 다시 쓰는 것과 마찬가지로 그곳은 내가 보는 것과 내가 거기서 벌어졌다고 상상하는 것 사이에서 오직 절반으로서만 존재한다."

쇼어는 공간, 즉 자신이 사진 찍은 독일 소년들이 뛰놀던 풍경에도 깊은 관심을 가졌다. 나치 이전의 청년들에게 그러한 의미를 지녔던 땅이 이제는 쇼어가 "유적과 기억"이라고 부르는 형태의 과거의 잔해를 숨기고 있다. 그 유적들은 땅에 박힌 단추의 형태를 띨 수도 있고 제복의 형태를 띨 수도 있다. 쇼어가 머물던 집의 가족들이 그가 자신들의 아이들에게 나치 군복을 입힌 데 대해 어떻게 생각했느냐는 물음에 그는 이렇게 답한다. "독일에서 나치 군복을 꺼내 들면 몇 가지 일이 즉각 발생한다. 사람들은 두려워하는 동시에 다소 흥분 상태가 된다. 마치 금지된 일을 목도하는 것처럼 말이다. 한번은 내가 나치 군복을 꺼내며 머물던 집의 할머니에게 여쭈었다. '이 셔츠, 그 당시의 옷처럼 생겼어요?' 나는 내가 혹시나 복제품을 갖고 있는 건 아닌지 궁금했던 것이다. 할머니는 이렇게 말했다. '오, 나는 1940년대 이후로 그걸 본 적이 없어요.' '그럼, 이제 다시 보고 계시네요.' 분명히 그것들은 할머니가 여덟 내지 아홉 살쯤에 본 물건들이다."[40] 이제는 인종학살을 대표하는 옷가지 한 점에 정동적 반응을 보인다는 것은 무슨 의미일까?

---

40   Schorr, "German Brutality and Roman Sensuality."

쇼어는 나치 군복을 보여주면 "사람들은 두려워하는 동시에 다소 흥분 상태가 된다"고 말했다. 또다시 공포와 성애의 결합, 잊힌 것과 금지된 것의 결합은 나치 이미지가 끝없이 성적 페티시로 사용될 수 있게 만든다. 쇼어는 파시즘이 추동하는 매혹에 대한 수전 손태그의 논평을 인용할 수도 있었을 것이다. 손태그는 1975년 레니 리펜슈탈의 작품을 이렇게 비난한다. "제복 사진들은 성애적 재료이며, 나치 친위대 군복 사진은 특히나 그렇다. 왜 나치 친위대가 문제냐고? 나치 친위대는 폭력의 정당성을 천명하고, 타인들에게 전권을 행사하고, 타인들을 절대적으로 열등한 자로 대우하는 데서 보듯 가장 완벽하게 파시즘을 구현한 것이기 때문이다. 나치 친위대야말로 가장 완전한 형태로 그렇게 천명했다고 할 수 있다. 왜냐면 그들은 몹시도 잔혹하고 효율적인 방식으로 그것을 수행했고, 자신들을 특정한 미학적 표준과 연관지으면서 그 정당성을 극적으로 부풀렸기 때문이다."[41] 쇼어는 나치즘을 S/M과 간단히 등치시키기를 거부하면서도, 해당 소재를 페티시화하거나 다시 페티시화하지 않도록 주의를 기울이고, 그 대신 나치즘을 통해 청년 남성들이 처한 치명적인 남성성의 그물에 대해 충분히 숙고하고자 하는 듯하다. 그는 자신이 사진에 담는 병사들을 결코 영웅이 아닌, 그러나 무고한 피해자나 순교자도 아닌 이들로 대한다. 한 사진에서 한 백인 독일 소년은 아프리카계

41   Susan Sontag, "Fascinating Fascism," 1975, p. 4.

미국인 병사 차림을 하고 독일성에서 벗어나 자신이 언제고 달성 불가능한 타자성과 동일시함으로서 남성성을 재설정하고자 한다. 쇼어는 그 모델에 관해 이렇게 말한다. "그가 독일인이기를 거부하는 것은 무의미한 일이다. 그는 자신의 차에서 남부 음악을 틀어 쿵쾅거리며 울려 퍼지게 하지만, 독일의 하늘은 그에 아랑곳하지 않는다." 쇼어의 관심은 흑인성의 (실패한) 수행보다 다른 누군가가 되고자 하는 강렬한 욕망에, 특히 "박해받고, 오해받고, 무시받는다고 여겨지는 인물"이 되려고 하는 백인 독일인의 욕망에 있다.[42]

2008년 도이체 구겐하임 미술관의 《프리웨이 발코니》전에서 전시한 사진 〈반역자〉의 초반 작업에서 쇼어는 청년의 입술을 칠하고, 그의 팔뚝의 스와스티카와 옷깃의 나치 친위대 휘장을 삭제하고, 눈두덩을 검게 칠한 바 있다(도판14 참조). 사진 하단에는 챕터 제목인 "부비 트랩"이라는 글씨가 쓰여 있으며, 다음과 같은 텍스트가 수기로 적혀 있다. "적들에 관해 이야기하는 것은 또 다른 형태의 나르시시즘이다." 전체적으로 이 전시는 단순히 타인들과 동일시하는 게 아니라 역할, 수행, 상황과 동일시하는 프로젝트를 다룬다. 또 이 작업은 내가 여기서 대략의 청사진을 그린 프로젝트를 환기시키는데, 그 프로젝트를 따르자면 우리는 영웅적이지 않은 과거와 동일시하거나 적어도 그것을 인정할 수밖에 없다. 《프리웨이 발코니》와

---

42   Schorr, "German Brutality and Roman Sensuality."

Booby Trap talking about your enemies is another form of narcissism

도판14. 콜리어 쇼어, 〈부비 트랩〉, 2000. 안료 잉크 프린트와 젤라틴 실버 스린트 위에 펜과 연필, 148.6 cm x 111.8 cm. CS 726. 뉴욕 303 갤러리 제공.

쇼어는 자아의 우발성contingency of selfhood을 인정하면서 전시에 기여하고, 쇼어는 다음과 같은 질문을 던진다. "한 사람이 자신에 대해 갖는 이미지가 타인에 대한 이미지라면 모든 것은 달라질 수 있을까?"[43] 이에 입술을 빨갛게 칠한 이 〈반역자〉 사진은 한 가지 대답을 내놓는다. 우리는 쇼어의 〈나이트 포터(마티아스)〉를 모욕적인 이미지를 교정하는 것이라든가 파시즘의 매혹을 부인하는 것으로 환원할 수 없다. 그것은 사실상 불가해한 이미지로서, 환원 불가능하고, 유혹적이고, 공포스러우며, 동시에 섹시한, 시각적 모순이다. 그것이 무언가 말을 한다면 '네 안의 킬러는 내 안의 킬러'라는 말일 것이며, 누구도 거기서 예외일 수 없다.

결론

동성애와 나치즘 간의 상상된 관계와 실제 관계에 대한 논쟁적인 사례를 이용해 나는 반역적이게도(정치적으로 순수한 동성애의 역사를 배반한다는 면에서), 동성애를 나치에서 완전히 떼어내려는 욕망과 그 둘을 관련짓는 모든 시도를 동성애 혐오로 치부하려는 욕망은 동성애자 역사의 다층성을 오독하고 동성애의 기능을 단순화할 뿐이라고 주장했다. 불성실한 역사

---

43   Schorr, *Freeway Balconies*, p. 15.

기술에서 동성애는 정치학, 성애, 권력과 일련의 유동적인 관계를 이루며 장기간 지속되는 정체성으로 여겨지지 않는다. 이렇게 유동적인 관계의 복잡성을 포착하려면 급진적 욕망과 급진적 정치학을 선형적으로 연관지을 수가 없으며, 우리는 역사가 우리 앞에 던져놓는 정치적으로 문제적인 연관관계로 인해 혼란스러워질 준비를 해야 한다. 따라서 이 책은 멍청함을 다루고, 퀴어한 망각을 가지고 헤게모니적 기억의 양태에 대항하며, 여성의 마조히즘과 동성애자의 배반이라는 주제를 살피며 삶의 한 방식으로서의 실패의 의미를 숙고해보았다.

6장. 실패에 생기를 불어넣기
― 끝내기, 도망가기, 살아남기

> 나는 누구인가? 왜 여우인가? 왜 말이나 딱정벌
> 레나 대머리독수리가 아니고? 난 지금 일종의 실
> 존주의적으로 말하는 거란 말야. 알겠어? 나는
> 누구인가? 이런 표현은 좀 그렇지만, 이빨로 닭
> 을 물지 않고 여우가 어떻게 행복할 수가 있는가?
> ― 〈판타스틱 미스터 폭스〉

다른 많은 주제에 대해서도 그렇지만, 애니메이션이라는 주제
에서도 나는 슬라보이 지제크와 의견을 달리한다. 그는 자본주
의와 새로운 형태의 권위주의의 연관성에 관한 글에서 애니메
이션 영화 〈쿵푸 팬더〉(2008)를 대의민주주의와 어린이 영화
에 특징적인 일종의 이데올로기적 속임수의 예로 든다.[1] 지제크

---

1   Slavoj Žižek, "Berlusconi in Tehran," 2009.

에게 우연히 쿵푸 도사가 된 뚱뚱하고 볼썽사나운 팬더는 조지 W. 부시나 실비오 베를루스코니를 상기시키는 캐릭터다. 재능도 훈련도 없이 월드 챔피언에 오름으로써 열심히 노력해 자수성가한 작은 남자로 위장하나, 실상 시스템 덕분에 유리한 우위를 점해 어찌 됐든 성공하는 게으른 거대한 남자라는 면에서 말이다. 이런 서사를 폭신한 털의 귀여운 팬더곰 영화에 끌어들임으로써 지젝크는 오락으로 보이는 것이 사실은 프로파간다라고 암시한다. 지젝크는 이 영화에 대한 독해로 커다란 신뢰를 얻게 되었는데, 경제라든가 세계정치 같은 '거대' 비판이 〈쿵푸 팬더〉처럼 보잘것없다고 여겨지는 텍스트에 의인화되었을 때는 제법 유쾌하게 들리기 때문이다. 내가 권위주의적 자본주의의 등장 형태에 대한 그의 분석에 전부 동의하지 않는 것은 아니지만, 〈쿵푸 팬더〉 독해에 대해서만큼은 강하게 반대한다. 어린이들을 위한 많은 애니메이션 영화처럼 〈쿵푸 팬더〉는 새로운 형태의 애니메이션을 인간과 동물 구별에 대한 새로운 개념에 접목해 우리의 현재와는, 적어도 지젝크가 우리의 현재라고 상상하는 것과는 매우 다른 정치적 지평을 제시한다.

　지젝크는 『잃어버린 대의를 옹호하며』[2]라는 맞춤한 제목이 붙은 책에서 실패의 주체를 다루지만, 내가 이 책에서 하려

2　Žižek, *In Defense of Lost Causes*, 2008: [국역본] 슬라보예 지젝, 『잃어버린 대의를 옹호하며』, 박정수 옮김(그린비, 2009).

했듯 실패를 따로 떼어 승자들이 패자들에게 부여하는 범주로서, 그리고 미래의 모든 급진적 모험이 비용상 비효과적인 것으로 측정될 것을 확증하는 일련의 기준으로서 다루기보다는, 성공을 향한 도상에서 맞닥뜨렸을 때 멈춰야 하는 지점으로 실패를 설정한다. 그의 다른 책들에서와 마찬가지로 그는 포스트모더니즘, 퀴어, 페미니즘을 비난하고, 비판적 민족지 연구를 통째로 무시하며, 고급 이론으로 대중문화를 다루는데, 이는 난해한 주장을 해설하려 하거나 비엘리트주의적 교수법을 실천하려는 게 아니라, 그저 우리 모두가 문화의 하수인이자 역사의 오독자이며 동시대 정치학에 세뇌되었다고 계속해서 주장하기 위함이다. 지제크는 잃어버린 대의를 옹호하지 않고, 그저 자신과 같은 이들의 지혜, 지성적 기교, 급진적 통찰에 의존하는 정치적 모반의 모델을 부활시키려 애쓴다.

지제크는 대중문화, 특히 영화를 이용해 모든 것을 라캉주의적으로 분석하는 자신의 방법이 좋고 진실된 것이라 증명하고, 다른 견해들은 전부 할리우드 영화의 화려한 사탕 포장지에 속아넘어간 것으로 치부하려 하는데, 나는 이 책에서 애니메이션 영화가 지제크가 주장하듯 순수한 형태의 이데올로기, 헤게모니적 이데올로기와 거리가 멀며, 사실상 집합체 collectivities, 변혁, 동일시, 동물성, 포스트휴머니티를 다시 생각해볼 풍성한 기술적 토양이라고 주장했다. 우익과 좌익 양쪽 모두에서 애니메이션 장르, 특히 어린이용 애니메이션을 이용해 유혹적이고 무해한 듯 보이는 이미지를 통해 청소년들을 세뇌하는 것에 관해 다투어왔다. 아리엘 도르프만의 고전적인 책 『도널드 덕, 어떻게 읽을 것인가』[3]가 1970년대 디즈니를 미국 제국주의를 실어나르는 수단이라고 보았다면, 1940년대 세르게이 에이젠시테인은 특히 디즈니 만화를 반란의 형식으로 보았다. "디즈니 영화는 분할과 입법에 대항한 반란이며, 정신적 침체와 암울함에 대한 반란이다. 그러나 반란은 서정적이다. 반란은 몽상이다."[4] 에이젠시테인에 따르면, 이 몽상에서 우리는 자본주의하의 표준화된 단조로운 삶으로부터 미국인들을 충분히 구해낼 만큼 현실의 좌표를 뒤섞는 일련의 부조리한 대립항oppositions을 통해 세상을 다르게 볼 수 있다. 내가 서론에서 언급했듯이, 발터 벤야민 역시 애니메이션 속 이상한 캐릭터들이 제공하는 마술적 기회에 희망이 있으리라 여겼다. 1930년대에 월트 디즈니가 나치 장교들과 만나기 이전에 벤야민은 미키 마우스와 그 친구들의 화려한 세계의 시끌벅적한 재현적 속성이 갖는 유토피아적 가능성을 엿본 바 있다. 텍스트와 이미지의 결합, 동물 아바타를 통한 동일시 메커니즘의 중첩, 색채와 광기의 마술적 혼합은 분명히 만화가 난해한 이데올로기를 수월하게 전파하는 매력적인 도구가 되게 했다. 그럼에도 애니메이션의 이미지를 순전한 상징으로 환원하고

---

3   Ariel Dorfman, *How to Read Donald Duck*, 1994: [국역본] 아리엘 도르프만, 아르망 마텔라르, 『도널드 덕, 어떻게 읽을 것인가』, 김성오 옮김(새물결, 2003).

4   Sergei Eisenstein, *Eisenstein 3: Eisenstein on Disney*, 1988, p. 4.

애니메이션의 서사를 순전한 알레고리로 단순화하는 것은 우리가 애니메이션에서 발견하는 마술적 초현실주의의 복잡성을 다루는 정당한 방법이라 할 수 없다. 애니메이션은 순전한 메시지 내지 순전한 이미지로서 오로지 형식으로만 혹은 오로지 내용으로만 독해되는 경향이 있지만, 실제로는 과학, 수학, 생물학, 그리고 (스톱모션의 경우) 연금술, 엔지니어링, 인형극 등이 요란하게 섞여 있다.

〈니모를 찾아서〉, 〈몬스터 주식회사〉, 〈벅스 라이프〉(1998) 같은 픽사 및 다른 애니메이션 스튜디오에서 나온 초창기 CGI 영화들에서 제작자들은 수중 모션을 위한 로그logarithm를 만듦으로써(〈니모를 찾아서〉), 털이 사실적인 방식으로 움직이도록 함으로써(〈몬스터 주식회사〉), 또 스웜 테크놀로지swarm technology를 사용해 군중을 만들어냄으로써(〈벅스 라이프〉) 2차원 애니메이션을 탈피한다. 예컨대 픽사의 최고 크리에이티브 책임자이며 초기 픽사 영화들 다수의 연출을 맡았던 존 래시터는 〈벅스 라이프〉에 관해 다음과 같이 말했다. "개별적 개미가 아니라 전체 개미 집단이 살아 있는 유기체다. 그것은 매우 중요하며, 그것이 이야기의 주제가 되었다. … 개미들은 개별적으로는 패배할 수 있지만, 함께 맞서고 함께 일하면 못 해낼 것이 없다."[5] 개미들 삶의 특수성에 대한 관심과 군중을 생성할 수 있는 컴퓨터 기술 개발의 결합은 서사의 차원과 형식

---

5   Katherine Sarafian, "Pixar's Digital Aesthetic," 2003, p. 217에서 재인용.

그림21. 〈벅스 라이프〉 연출의 존 래시터, 1998.

'곤충 뒤의 남자들.'

의 차원 모두에서 깊이를 만들어낸다. 캐서린 새러피언은 〈벅스 라이프〉에서 다중을 제작하는 법을 연구했고, 곤충 무리는 한 동물을 다수로 복제함으로써 만들어지지 않는다는 사실을 알게 되었다. 해당 영화의 '군집 제작팀'은 '군집성crowdness'을 만들어내기 위해 실제로 군집 행동, 움직임, 활동의 물결, 무리 안에서의 개별적 반응 등을 본떴고, 곤충 무리를 하나의 캐릭터로 다뤘다. 군집에 대한 이러한 시각적 독해는 엄격하거나 동질적이지 않고, 가변적이고 유연하기 때문에 그럴듯하다. 〈벅스 라이프〉에서와 같은 군집 장면은 CGI 이전에는 상상 불가능했으며, 그 기술이 도입된 이후로는 표준이 되었다. 기술이 (그것도 매우 비싼 기술이) 준비되어 있다면 애니메이션 제작자들은 그것을 이용하고 싶어 한다. 그러므로 벌이나 개미 같은 사회적 곤충을 다룬 영화들, 물고기 떼, 펭귄 집단, 쥐 무리를 다룬 영화들이 나오는 것이다. 그리고 더 많은 서사가 다중의 영역, 민중들, 다수의 권력, 소수의 폭정 등을 다루게 된다. 2차원 만화영화들은 쥐를 쫓는 한 마리의 고양이, 새를 쫓는 한 마리의 고양이, 뻐꾸기를 쫓는 한 마리의 늑대, 고양이를 쫓는 한 마리의 개 등 주로 개별적 형태를 선형적 시퀀스로 담아왔다. 그러나 CGI는 영화에 다수, 무리, 다중을 도입했다. 한번 군집을 만들어내는 애니메이션 기술을 갖게 되면 군중에 관한 서사가 필요하게 되고, 다수에 관한 이야기를 극화하고 소수의 이야기는 경시할 필요가 생긴다. 내가 1장에서 말했듯 분명 최근 만들어진 애니메이션 영화들이 전부 혁명적이거나 무정부주의적인 주제를 다루는 것은 아니다. 그러면 변혁적인 세계를 창조하는 애니메이션과 생각 없이 같은 걸 반복하는 애니메이션을 구분하는 기준은 무엇일까?

크리스토퍼 켈티와 해나 랜데커는 「애니메이션 이론: 세포, L-시스템, 영화」라는 매우 난해한 글에서 세포의 삶과 죽음을 기록하고자 하는 과학적 시도에서 등장한 애니메이션에 대해 설명한다.[6] 그들은 결론을 도출하는 과정에서 애니메이션을 지성적 이미지화intelligent imaging의 형태, 다시 말해 이미지가 스스로 생각하기 시작하는 상태와 연결짓는다. 그들은 〈파이트 클럽〉(1999)에서 주인공 뇌 속으로의 여행을 시뮬레이션하는, 특히 기억에 남을 애니메이션 시퀀스 하나를 묘사한다. 그 시퀀스는 내적 논리와 내적 복잡성의 측면에서 볼 때 실제와 같은 뇌가 되는 데 점점 더 가까워지는 뇌의 시뮬레이션(식물의 생장을 본뜰 수 있는 L-시스템[7] 내지 알고리즘을 사용해 만들어진)이라는 점에서 인상 깊다. 켈티와 랜데커는 다음과 같이 쓴다. "동시대 영화, 미술, 건축에는 생물학의 영향을 받은 형태가 아주 많다. 빽빽한 삼림, 실사에 가까운 피부와 모발, 이제는 알리아스 웨이브프런트Alias Wavefront사의 '마야

---

6   Christopher Kelty and Hannah Landecker, "A Theory of Animation: Cells, L-systems and Film," 2004.

7   [옮긴이] L-시스템은 식물의 성장 과정을 기초로 다양한 자연물의 구조를 기술하거나 표현할 수 있게 하는 알고리즘으로, 네덜란드의 이론생물학자 아리스티드 린덴마이어(Aristid Lindenmayer)가 제창했다.

Maya'나 소프트이미지Softimage사의 '비헤이비어Behavior' 같은 소프트웨어의 기본 스펙이 된 극도로 생생한 군중 애니메이션을 만드는 데 L-시스템, 세포 자동자,[8] 유전 알고리즘이 사용된다."[9] 그들은 애니메이션이 수학적 모형과 생물학적 생육 시스템을 병합하고 그 둘을 이용해 하나의 이미지를 '생장'시킨다고 설명한다. 이런 면에서 볼 때, 애니메이션은 비인간 이미지를 움직이게 만드는 것 이상이다. 말하자면 애니메이션은 이미지와 생물학이 만나 또 다른 형태의 삶으로 발달해가는 장소다. 켈티와 랜데커의 '미디어고고학media archaeology'은 세포의 생사를 포착하는 데 사용되던 20세기 초의 마이크로시네마토그래피micro-cinematography와 생동감 넘치는 예술을 만드는 데 사용되던 20세기 후반의 컴퓨터 그래픽 애니메이션을 연결하는 것으로서 매우 유용하다. 켈티와 랜데커에게 중요한 것은 과학과 철학 이론의 역동적 관계에 대한 더 철저한 이해, 그리고 현실과 재현 사이의 덜 확정적인 분리다.

내가 켈티와 랜데커의 작업에 일차적으로 관심을 갖게 된 것은 동시대 애니메이션의 과학과 CGI의 가히 마술적으로 보이기까지 하는 독창성에 대한 그들의 통찰력 때문이다. 그들

8   [옮긴이] 세포 자동자(cellular automata)는 계산 가능성 이론과 수학, 물리학 등에서 연구되는 이산 모형의 하나로, 유한 상태를 갖는 소자들로 구성된 셀 배열에서 주변 셀의 일정한 변화에 따라 규칙적으로 변화되도록 만든 자동 장치다.

9   같은 글, p. 32.

은 애니메이션의 세계가 현실을 증강시켜 보는 관점 이상이며 실재에 대한 상상적 대안 그 이상이라고 암시하는 듯하다. 실로 그 세계는 독자적인 내적 논리를 가진, 성장하는 물질을 가진, 살아 숨 쉬는 시스템이다. 들뢰즈가 영화 일반에 대해 주장했듯, 영상화된 이미지는 관습적인 사고방식을 파괴한다. 또 켈티와 랜데커는 삶이 움직임이라는 사실을 우리에게 상기시켜준다. 과학자들이 세포 변형을 포착하는 데 사용하려 했던 초기의 정물 사진은 쓸모가 없었는데, 사진이 움직이는 상태에서 카메라가 포착해야 하는 바로 그 과정을 유예시켰기 때문이다. 움직임과 부동성의 역학은 스톱모션 애니메이션에서 가장 극적으로 포착되는 삶과 죽음의 역학 관계이기도 하다.

스톱모션 애니메이션은 19세기 후반부터 어떤 형태로든 존재해왔다. 역사가들은 앨버트 스미스와 J. 스튜어트 블랙턴이 〈험프티 덤프티 서커스〉(1898)에서 처음 스톱모션을 사용했다고 여긴다. 쉽게 예상하듯 이 영화에서, 그리고 이후의 많은 영화에서도, 장난감들은 살아 움직이고, 경직된 것에서 생동하는 것으로 변화한다. 이 주제는 모든 종류의 고딕 문학에서 흔히 사용되었으며, 언캐니의 정의 중 하나이기도 하다. 프로이트는 그의 유명한 1925년 논문에서 이러한 정의의 언캐니 개념을 고려했으나, 억압되었다가 의식으로 귀환한 무언가로서의 언캐니한 것에 대한 정신분석학적 이해를 더 중시하며 궁극적으로 그 정의는 폐기한 바 있다. 이 귀환은 분명히 소생 reanimation의 형태를 띨 수 있지만, 언캐니함을 느끼는 이유는 살아 움직이게 된 존재라기보다는 되살아난 억압된 감정 때문이다. 프로이트는 이렇게 쓴다. "만약 정신분석학 이론이 모든 정서적 효과란 어떤 종류든 간에 억압에서 병적 불안으로 바뀐 것이라고 주장한다는 점에서 옳다면, 그러한 불안의 사례들 중에는 불안이 억압되었다가 '회귀하는' 무언가로부터 오는 것으로 보일 수 있는 부류도 있을 것이다. 애초에 두려움을 자아내든 다른 정동을 불러일으키든 상관없이 이런 부류의 병적 불안이 바로 언캐니한 것이다."[10] 우리는 프로이트의 언캐니 개념을 바탕으로 살아 움직이게 된 것들을 억압된 활동의 반복, 재발, 언캐니한 재연을 체화하는 것으로 생각해볼 수 있다. 스톱모션이 애니메이션에 으스스하고 언캐니한 성질을 부여한다는 데는 의심의 여지가 없다. 스톱모션은 우리가 부동성 stillness을 기대하는 곳에서 생동감을 전달하고, 우리가 생동감을 기대하는 곳에서 부동성을 전달한다.

스톱모션 애니메이션은 시간 소모가 크고, 기술적 난이도가 높으며, 정교한 활동이다. 각 숏마다 인물이나 모형 혹은 소도구를 미세하게 움직여야 한다. 그래서 스톱모션이나 클레이애니메이션 영화는 한 번에 한 프레임씩 만들어진다. 움직임은, 움직이는 대상을 따라 이동하는 카메라로 **기록되는** 것이 아니라 한 숏과 다른 숏의 관계에 의해 **암시된다.** 명칭에서도 알 수 있듯, 스톱모션은 연속적 행위가 아닌 정지와 동작의

---

10   Sigmund Freud, "The Uncanny," 1958, p. 148.

관계, 컷과 테이크들 간의 관계, 행위와 수동성의 관계에 의존한다. 행위가 매끄럽게 보이는 것을 목표로 봉합의 흔적이 편집과 인간의 개입으로 삭제되는 고전적 영화와 달리, 스톱모션 애니메이션은 카메라 앞에 선 캐릭터를 그 배후에서 조종하는 데 의존하기 때문에 언캐니하다. 이러한 의존 관계 내지 종속 관계는 우리가 영화관에 가는 동시에 잊어버리는 사항이다. 따라서 스톱모션 애니메이션이 기록하고 포함하는 유령 같은 변화, 행위와 연출 사이, 의도와 각본 사이, 욕망과 제약 사이의 변화는 관객에게 인간에 대한, 재현 전반에 대한 보다 어두운 실재를 받아들이도록 종용한다.

스톱모션 애니메이션에서는 원격 제어, 조종, 함정 파기, 구금 등의 주제가 난무한다. 비교적 유쾌한 영국 고전 〈월리스와 그로밋〉에서조차 인간과 개는 자신들이 삶의 편리를 위해 발명한 기계에 끊임없이 조종당한다. 예컨대 〈월리스와 그로밋: 전자바지 소동〉(1993)에서 재정난을 겪고 있던 월리스는 가욋돈을 벌고자 펭귄에게 하숙을 친다. 그 펭귄을 수상하게 여긴 그로밋은 펭귄이 뭘 하고 다니는지 뒤를 밟는다. 페더스 맥그로라는 이름의 그 펭귄은 닭으로 위장하고 범죄를 저지른다. 인간의 도움 없이 그로밋을 산책시키려고 월리스가 발명한 전자바지를 발견한 페더스 맥그로는 그것으로 월리스를 원격 조종해 박물관에서 커다란 다이아몬드를 훔진 것이다. 철도 모형 위에서의 요란하고 기나긴 추적 끝에 그로밋은 펭귄을 잡아 경찰에 신고한다. 월리스는 전자바지를 쓰레기통에 던져 넣은 뒤 그로밋과 함께 가정의 일상으로 돌아간다. 그러는 사이 전자바지는 스스로 쓰레기통에서 걸어 나온다. 〈월리스와 그로밋: 양털 도둑〉에서 범인은 로봇 개이며, 〈월리스와 그로밋: 거대 토끼의 저주〉에서 월리스는 마을의 농원 채소를 토끼들이 먹지 못하도록 세뇌시키기 위해 고안된 기계인 마음 조작 오매틱 기계Mind Manipulation O-Matic Machine를 통해 프랑켄슈타인처럼 우연히 괴물 토끼를 창조해낸다.

〈월리스와 그로밋〉 시리즈가 인간이 동물, 기계와 맺는 관계를 이용해 통제, 조종, 자유의지에 관한 통념을 뒤엎는다면, 〈치킨 런〉 같은 닉 파크의 다른 스톱모션 영화에서는 덫을 놓고 감금하는 내용이 중심이 된다. 내가 1장에서 논한 클레이 애니메이션 속 닭의 경우, 양계장에서 탈출하는 음모를 꾸미고, 월리스 같은 장치를 이용해 달아난다. 전반적으로 파크의 영화는 유쾌하고 기발하고 재밌고 딱히 어두운 구석이 없지만, 동시에 착취, 예속, 구속, 강제노동의 문제를 정면으로 다룬다. 최근의 일부 미국산 스톱모션 영화들은 뚜렷하게 암울한 효과를 위해 이 장르를 활용하기도 한다.

헨리 셀릭 연출의 놀랄 만큼 어둡고 서글픈 영화 〈코렐라인〉은 다채롭고 신나고 특별한 일과 사람들로 가득한 다른 종류의 삶을 갈망하는, 그러나 바쁜 부모를 둔 한 소녀의 외로움을 탐험한다. 소녀 코렐라인의 소망은 부모와 함께 새로 이사온 집 안에서 소녀가 비밀 통로를 찾아내면서 이루어진다. 그 통로는 코렐라인을 다른 세계로, 그가 떠나온 세계의 거울상

그림22. 〈월리스와 그로밋: 거대 토끼의 저주〉(스티브 박스, 닉 파크 연출,
　　　2005)의 월리스와 그로밋.

이지만 자애로운 부모와 화려하고 이국적인 캐릭터들이 있고, 과자와 장난감이 풍부한 곳으로 안내했다. 예상할 수 있듯, 그 신세계는 오락거리가 가득한 만큼 길 잃은 영혼들의 무자비한 땅으로 곧 판명나고, 코렐라인은 '다른 엄마Other Mother'의 모든 걸 집어삼키는 사랑으로부터 벗어나 그곳에서 만난 어린이들의 저당 잡힌 영혼을 되찾아주고 원래의 세계로 다시 돌아갈 방법을 찾아야만 한다. 영화에서 다른 세계를 상징하는 것은 단추 모양 눈동자로, 그것은 아이가 영혼을 상실하고 인형으로 변했음을 표시한다. 많은 애니메이션과 어린이를 위한 이야기들이 인간 세계의 커다란 발전으로서 장난감 세계에 대한 환상을 심어준다면, 이 영화는 눈부신 색채와 힙한 디자인을 이용해 장난감 디스토피아를 그려 보인다. 영화는 때로 서커스, 극장, 식물원이 되기도 하며, 인공적인 것과 괴물성을 연결하고, 실재와 진실을 선한 것과 연결한다.

사실 〈코렐라인〉은 가족이라는 자연계와 평범성에 대한 반대항으로 만들어진 세계에 위험이 도사리고 있다는, 매우 보수적인 서사다. 영화의 보수성에 대한 가장 분명한 징후는 말 못 하는 남편을 강철 발톱으로 다스리고 새끼들을 잡아먹는 검은과부거미black widow를 본뜬 '다른 엄마'다. 일부 나쁜 프로이트적 공포영화처럼 〈코렐라인〉은 〈월리스와 그로밋〉이 하듯 발명과 독창성이라는 영광을 경축하기 위해 스톱모션을 사용하는 것도 아니고, 〈치킨 런〉처럼 자본의 매커니즘에 주목하기 위해 덜컹거리며 가다 서다 하는 언캐니한 움직임을 사용하지도 않는다. 〈코렐라인〉에서 스톱모션은 비현실적인 것, 퀴어한 것, 괴상하게 다른 것의 표지이며, 애니메이션은 자연스러운 것의 반대항이다. 이야기가 진행될수록 소녀 코렐라인은 가족, 소년들, 규범성에 대한 초기 페미니즘적 비판자에서 생산이 아니라 재생산에 전념하는 종속적인 소녀, 그리고 의무를 진 딸로 바뀌어간다.

당연히 애니메이션, 특히 스톱모션 애니메이션이 반드시 정치적으로 진보적인 서사를 생산하리는 보장은 없다. 일반적으로 공포영화 장르에서 그렇듯, 괴물들은 규범성에 대한 신랄한 비판과 함께 퀴어한 대안을 제공할 수도 있고, 퀴어의 몸, 인종화된 몸, 여성의 몸에 문화적 공포를 주입할 수도 있다. 그러나 궁극적으로 애니메이션은 관객이 다른 세계, 혹은 같은 세계이지만 다르게 정식화된 세계로 진입할 수 있게 한다. 우리는 애니메이션을 그저 평면적인 알레고리적 서술로 보는 관점을 거부함으로써 지제크가 〈쿵푸 팬더〉에 대해 그토록 잘못 짚은 이유를 이해할 수 있다. 켈티와 랜데커가 제안한 것처럼, 만약 영화가 단순히 이미지, 혹은 현실인 척 가장하는 이미지가 아니라, 데이비드 로도윅이 들뢰즈 독해에서 말했듯 "사유의 이미지, 시간 및 움직임과 관련한 사유의 시청각적 표현"[11]이라면, 애니메이션은 일련의 통합된 이데올로기적 헌신의 상연이 될 수 없다. 그것은 또한 항상 이데올로기에 헌신하는 사

---

11   D. N. Rodowick, *Gilles Deleuze's Time Machine*, 1997, p. 6.

유의 이미지여야만 한다. 그것은 변화와 변혁의 이미지이기도 해서, 우리는 애니메이션에서 변혁이 가장 지배적인 주제 중 하나라는 사실에 놀랄 필요가 없다.

켈티와 랜데커가 제시하는 애니메이션에 관한 미디어고고학은 내용뿐 아니라 형식의 차원에서도 애니메이션의 의미를 찾아보도록 환기한다. 우리는 〈쿵푸 팬더〉 같은 영화에 대해 그저 약간의 동시대 정치학을 섞고, 그 콘텐츠를 도마에 올려 하나의 정치적 메시지를 얼마나 잘 흡수하고 거기에 얼마나 잘 융화되었는지 보는 데 그칠 수는 없다. 그 점에서는 젊은 관객들이 성인들의 도덕성에 물들기를 기다리는 스폰지밥 같은 텅 빈 그릇이랄 수도 없다. 사실 〈네모바지 스폰지밥〉은 어린이들이 기존의 의미에 저항하고, 가혹한 도덕성을 무시하고, 대개의 성인들이 간과하는 영화 속 디테일들을 주의 깊게 살핀다는 점을 대부분의 어린이용 애니메이션 시리즈보다 더 잘 일깨워준다. 대부분의 어린이용 애니메이션 영화는 반인간주의적이고, 반규범적이고, 젠더 다중적이며multigendered, 야생적 형태의 사회성을 풍부하게 담고 있다. 그 영화들의 반인간주의는 비인간 존재의 우세, 그리고 드림웍스나 픽사 같은 애니메이션 사단에서 이어져오는 집단적 형태의 예술 제작에 각인되어 있는 개인주의에 대한 거부에서 기인한다. 앞에서 살펴보았듯 애니메이션의 반규범적 속성은 신체, 집단, 환경 사이의 애니메이션 세계에서 발견되는 익살스러운 병치에서 발생한다. 또 젠더 다중적 형태는 육성과 신체의 기이한 결합, 캐릭터의 상상적 재현, 어느 장면에서건 배경과 전경 간 관계의 삼투성으로부터 나온다.

스톱모션 애니메이션과 어둠, 실패에 관한 이러한 고찰로 (부)적절한 결론을 도출하기 위해, 이제 〈판타스틱 미스터 폭스〉를 통해 스톱모션이 야생동물이 등장하고 일종의 반인간주의를 보여주는 장르에서 퀴어한 그리고 급진적인 가능성을 이끌어내는 방식에 주목해보고자 한다. 〈코렐라인〉이 기존 세계의 선과 정의를 확증하기 위해 반인간주의를 사용한다면, 〈판타스틱 미스터 폭스〉는 인간의 야만성과 편협함을 폭로하기 위해 야생동물들을 활용한다. 로알드 달의 동명의 소설을 토대로 한 영화 〈판타스틱 미스터 폭스〉는 여우 부인(메릴 스트립 목소리)과 굴속에 정착하려 닭 사냥이라는 야생 본능을 포기한 출세 지향적인 여우(조지 클루니 목소리)의 이야기다. 영화가 시작하면 우리는 뭔가를 계속 더 가지려 하고, 삶에서 자극을 추구하며, 지상으로 올라가고 싶어 하고, 심심한 저널리즘 세계에서 벗어나 야생의 세계에서 닭을 쫓고 싶어 하는 미스터 폭스를 만나게 된다. 나무속에 마련한 새 집에서 미스터 폭스는 보기스, 번스, 빈이라는 농부들의 세 농장을 볼 수 있는데, 그에게 그 농장들은 거부할 수 없는 도전이다. "나는 누구인가?" 그는 늘 열심이지만 재능은 없는 주머니쥐인 친구 카일리에게 묻는다. "왜 여우인가? 왜 말이나 딱정벌레나 대머리독수리가 아니고? 난 지금 일종의 실존주의적으로 말하는 거란 말야. 알겠어? 나는 누구인가? 이런 표현은 좀 그렇지만,

이빨로 닭을 물지 않고 여우가 어떻게 행복할 수가 있는가?" 그러게.

물론 미스터 폭스는 닭을 이빨로 물지 않고선 행복할 수 없다. 굴속 여우와 야생 여우의 차이는 단 한 번의 사냥 여행으로 알 수 있다. 영화에서 야생의 상징은 스톱모션 애니메이션 기술과 큰 관련이 있다. 예를 들면, 여우들이 식사할 때 식탁보를 깐 식탁에 음식을 차리고 식탁 예절을 지키며 앉아 있다가 눈앞에 음식이 놓이는 순간 움직임이 빨라지며, 여우들이 공손하게 식사하는 소리가 아니라 음식을 찢어발기는 소리가 들린다. 가다 서다 반복하는 이 애니메이션의 덜컹거림은 교양과 인간성을 동반한 매너 있는 부드러운 움직임을 대체하며, 스톱모션을 야생과 길들여짐 사이, 파괴와 소비 사이의 반복적 순환에 동화되게 만든다.

특히 야생과 길들여짐, 정지와 움직임, 생존과 죽음 사이의 긴장을 잘 포착하는 한 장면이 있다. 〈판타스틱 미스터 폭스〉에 등장하는 한층 더 논쟁적인, 일명 '늑대 장면'에서는 애니메이션화된 피조물들이 켈티와 랜데커가 지성적 이미지화라고 이론화하고 프로이트가 '언캐니'라고 이론화한 '사이 영역'으로 들어간다. 이 장면에서 미스터 폭스와 그의 친구들은 농부들이 놓은 덫에서 탈출한 뒤 집을 향해 내달린다. 이 영화의 전형이라 할 수 있는 기발한 설정 장면에서 미스터 폭스는 사이드카가 달린 오토바이를 몬다. 바람(아마도 헤어드라이기일 듯)이 동물들의 털을 물결치게 하고, 그들은 지하 은신처를 향해 덜컹거리며 달린다. 갑자기 주머니쥐 카일리가 뒤를 돌아보고 다른 동물들에게 경고한다. "뒤돌아보지 마!" 당연히 모두가 그 즉시 머리를 뒤로 돌린다! 잠깐 동안 동물들은 카메라를 통해 관객들을 내다보고, 그다음은 롱숏으로 장면이 바뀌어 우리는 오토바이가 끼익 소리를 내며 멈추는 것을 본다. 이어서 미스터 폭스가 숲으로 눈길을 던지다 한 마리의 검은 늑대가 바위에 늠름하게 서서 미스터 폭스와 친구들의 시선을 되받아치고 있는 숏-리버스 숏 시퀀스가 뒤따른다. 미스터 폭스는 영어로, 프랑스어로, 라틴어로(미스터 폭스는 늑대를 가리키며 "카니스 루푸스(늑대)"라고 말하고는 자신을 가리키며 "불페스 불페스(여우)"라고 말한다) 늑대를 부른다. 미스터 폭스는 "나는 늑대 공포증이 있다"라고 말하고는, 언어가 통하지 않자 제스처를 사용한다. 늑대를 오래도록 뚫어져라 바라보던 그는 눈에 눈물이 차오르다가 경례의 의미로 주먹을 치켜들고, 상대로부터도 주먹 인사를 되돌려받는다.

이 장면은 이상한 인종적 참조점 때문에 블로그 세계에서 논쟁이 되었다. 검은 늑대인 데다, 늑대와 미스터 폭스가 주고받은 경례는 블랙 파워 경례법[12]으로, 이는 늑대가 타자성 그 자체뿐 아니라 모종의 인종적 타자를 대표하는 듯 보이게 만든다. 여기서는 인종적 뉘앙스가 분명하며 타자성과 야생성이

12   [옮긴이] 블랙 파워 경례법(Black Power salute)은 흑인 차별에 저항하는 의미를 담은 행위로, 주먹을 쥐고 머리 위로 팔을 높이 들어올리는 동작을 말한다.

흑인의 속성이라는 함의가 가능하지만, 한편으로 이 장면은 야생의 활기에 대한 긍정, 애니메이션 자체의 야생성과 삶의 활기 전반에 대한 긍정으로 읽힐 여지도 있다. 늑대 역시 여우/ 농부라는 이자 구도의 외부자이자 다른 곳의 유토피아적 가능성을 재현한다. 또 늑대는 혼자 있음으로써 단수성, 고립, 특이성뿐 아니라 죽음의 의미도 갖는다. 미스터 폭스가 자신의 두려움("나는 늑대 공포증이 있다")에 직면할 때 그의 내면에 차오르는 정서에는 이 모든 가능성이 가득 들어 있고, 그 정서는 우리를 억압된 무언가, 즉 억압된 본능이 반복해 돌아온다는 프로이트의 언캐니 이론으로 다시금 데려간다. 여기서의 언캐니는 늑대에 의해 재현되는데, 미스터 폭스가 늑대를 직면하면서 억압되었던 감정들이 그의 내면을 휩쓸고, 그는 자신의 두려움과 불안, 자신의 타자를 직시하게 된다. 그러면서 그는 야생을 받아들이고, 이를 통해 영화를 보고 있는 인간들에게 야생과 생동성, 삶과 죽음을 받아들이는 법을 가르쳐준다.

야생성과 가정성domesticity의 젠더 정치학에 관해 첨언하자면, 이 스톱모션 애니메이션의 경이가 궁극적으로 여성의 가정성과 남성의 야생성이라는 낡은 서사를 강화하는 것처럼 보이지만, 사실은 성적인 대담한 행동에 관한 과장된 이야기를 풀어놓음으로써 매우 다른 형태의 남성성, 집단성, 가족을 제시한다. 영화의 하이라이트 장면을 살짝만 언급하자면, 미스터 폭스의 계집애 같은 아들 애시는 아버지의 인정에 목말라하면서도 드레스를 입고 립스틱 바르기를 좋아한다. 미스터 폭스는 농부들을 맞닥뜨려 꼬리를 잃지만, 결과적으로 남성적 자신감을 전혀 상실하지는 않는다. 야생동물들은 농부들에게 땅속까지 추격당하는데, 거기서 새로운 이종 간 연합을 형성해 그들이 이전까지 수행했던 인간식 기능과 단절하고, 그 대신 불안정성precariousness과 생존이라는 완전한 동물성을 만끽한다.

궁극적으로 내가 이 책에서 다룬 모든 급진적 애니메이션은 단순히 글로벌화나 신자유주의, 개인주의 혹은 순응에 **관한** 영화가 아니다. 그 영화들은 무엇이 어떻게 애니메이션화되었는지, 어떤 기술이 개발되었는지, 새로운 서사를 개발하고자 공동으로 일하는 많은 애니메이션 엔지니어가 그 기술과 만났을 때 어떤 이야기들이 생성되는지에 관한 것이기도 하다. 따라서 〈쿵푸 팬더〉는 쓸모없는 지도자들이나 성공에 관한 영화가 아니라, 어색한 영예와 겉으로는 관련 없어 보이는 이종 간 이상한 연관 관계(일례로 팬더의 아버지는 두루미다)를 다루는 이야기다. 〈벅스 라이프〉는 단순히 폭정 앞의 용맹에 관한 이야기가 아니라, 다중적으로 생각하고 군중으로 움직이고 다수와 동일시하는 능력을 보여주는 영화다. 〈니모를 찾아서〉는 수색이나 부자간 관계에 관한 이야기가 아니며, 생존에 관한 이야기도 아니다. 그 영화는 대양의 의식, 수중 동맹, 그리고 새뮤얼 딜레이니의 책 제목을 빌리자면, '수면에 비친 빛의 움직임'에 관한 영화다.[13]

---

13 Samuel Delany, *The Motion Of Light in Water*, 2004.

〈판타스틱 미스터 폭스〉 역시도 법규와 농부들에 맞서 투쟁하는 영화일 뿐 아니라, 가고 서기, 움직이고 멈추기, 무기력과 역동에 관한 영화이며, 생존과 그 구성 요소, 그리고 남은 자들이 감당하는 생존의 비용에 관한 영화다. 〈판타스틱 미스터 폭스〉에서 가장 훌륭한 장면이자 스톱모션 애니메이션과 생존의 관계라는 측면에서 가장 인상 깊은 순간 중 하나는 굴속에서 그들을 전부 굶겨 죽이려던 농부들의 시도에도 살아남은 숲의 친구들에게 미스터 폭스가 하는 발언의 형태로 나온다. 끈질기게 살아남은 이 친구들은 보기스, 번스, 빈이 그들을 잡으려 놓은 덫을 피해 땅을 파고 나와 문 닫힌 슈퍼마켓 안에 당도하는데, 거기엔 그들에게 필요한 모든 게 구비돼 있었다. 미스터 폭스는 이 전화위복에 들떠 마지막으로 동료들에게 말한다. "모든 여우가 리놀륨 성분에 약간의 알레르기가 있다고들 하지만, 그것은 발바닥에는 시원합니다. 한번 디뎌보세요. 꼬리는 한 달에 두 번 세탁을 해야 한다고들 말하지만, 보세요, 완전히 떼어낼 수 있잖아요? 우리 나무들이 다시는 자라지 못할 거라고들 하지만 어느 날엔가는, 어느 나무인가는 자랄 겁니다. 그래요, 이 과자는 인조 거위로 만들었고, 이 내장은 인공 비둘기 새끼로 만들었으며, 이 사과도 가짜처럼 보이는데, 그나마 별 모양이 있긴 하네요. 제 요지는 이렇습니다. 오늘밤에 우리는 먹을 것이고, 우리는 함께 먹을 것입니다. 이런 형편없는 불빛 아래서도, 여러분은 의심의 여지 없이 제가 살면서 만나본 가장 멋진 5와 2분의 1마리의 야생동물입니다.

그러니 우리 모두 건배를 합시다. 우리의 생존을 위하여!"

미스터 폭스의 발언은 신조라기는 뭣하고, 건배사라기엔 좀 부족하고, 연설이라기에도 좀 모자라지만, 정서적으로 보든 스톱모션의 측면에서 보든 영화사에서 가장 멋지고 가장 감동적인 발언 중 하나다. 생존이 연극적인 것, 퀴어한 것, 즉흥적인 것의 거부에 근거해 있는 〈코렐라인〉과 달리, 한편 좌절된 구원에 가능성이라는 실용주의로 생기를 불어넣는 〈괴물들이 사는 나라〉(2009)와는 비슷하게, 〈판타스틱 미스터 폭스〉는 〈니모를 찾아서〉와 〈치킨 런〉 및 그 이전의 다른 많은 반란에 관한 애니메이션처럼 우리에게 떼어낼 수 있는 꼬리, 가짜 사과, 함께 먹기, 전기 조명에 적응하기, 리스크, 계집애 같은 아들의 가치를 신뢰하도록 가르쳐주며 농부들과 교사, 목사, 정치인들이 생매장시키려 하는 모든 야생의 영혼들의 생존이 갖는 마땅한 중요성을 가르쳐주는 퀴어 애니메이션의 고전이다.

나는 〈네모바지 스폰지밥〉을 적절히 발랄하게 끌어들이면서 이 책을 열었다. 5장에서는 동성애자의 파시즘에 대한 덜 유쾌한 논의를 폈는데, 이는 정확히 말해 실패, 혹은 사뮈엘 베케트의 표현을 빌리자면 "다시 실패하고, 더 낫게 실패하"는 데 몰두하는 것이 기이하게 규범적인 방식으로 성공과 성취를 표시하려는 욕망으로 변하는 경향이 있는 장소로서의 퀴어성에 무조건적 면죄부를 주지 않으려는 이유에서다. 퀴어성은 실패에 대한 약속을 삶의 한 방식으로 제시하지만(여기서 나는 동성애가 "삶의 한 방식으로서의 우정"이라는 푸코의 정식에 명

그림23. 〈괴물들이 사는 나라〉, 스파이크 존즈 연출, 2009.

"행복이 항상 행복해지기 위한 가장 좋은 방법은 아니에요."

백히 수정을 가하고 있다), 업적과 만족의 통상적 표지를 우회하는 방식으로 그 약속을 지킬지 말지는 우리에게 달려 있다. 저메이카 킨케이드는 행복과 진실은 전혀 같은 것이 아님을 상기시켜줬고, 이 책에 인용된, 대다수가 애니메이션의 캐릭터인 수많은 반영웅은 어색함, 서투름, 갈피 못 잡음, 당황, 무지, 실망, 각성, 침묵, 불충, 부동성에 입각한 존재 방식을 표명해왔다. 어쩌면 〈괴물들이 사는 나라〉의 주디스가 이를 가장 잘 표현했을지 모른다. "행복이 항상 행복해지기 위한 가장 좋은 방법은 아니에요."

나는 이 책에서 반복해서 (그러나 배타적으로 고집하지는 않고) 애니메이션이라는 '유치한' 아카이브에 주목했다. 많은 독자들이 거대 기업이 막대한 이윤을 위해 수많은 파생상품을 동원해가며 굴리는 장르에서 대안을 찾아낼 수 있다는 점에 반대할지도 모르겠으나, 나는 새로운 형태의 애니메이션, 특히 컴퓨터가 생성하는 이미지가 새로운 서사적 기회를 열었으며, 유치한 것과 변혁적인 것, 퀴어한 것이 예상치 못한 방식으로 서로 만날 수 있게 이끌었다고 주장했다. 결론의 역할을 하는 이 마지막 장에서 나는 애니메이션의 어두운 면을 살펴보았다. 애니메이션과 특히 스톱모션 애니메이션은 그저 우리를 거울 앞으로 데려가는 게 아니라 부정적인 재현의 공간들, 동물들이 야생으로 돌아가고 인간들이 스스로의 멸종을 무릅쓰며 덤비고, 세계가 멸망하는 어둠의 장소들로 안내한다. 물론 어린이를 위한 애니메이션에서는 세계가 아주 멸망하지는 않고, 대개는, 심지어 가장 비뚤어진 서사를 지닌 애니메이션에서도 행복한 결말이 있기 마련이다. 예컨대 〈코렐라인〉에서도 자신의 집 벽을 뚫고 '다른 엄마'와 '다른 아빠'가 있는 기묘한 우주로 도망쳤던 소녀는 다시 집으로 돌아오고, 결국 집에 온 것을 다행으로 여긴다. 〈판타스틱 미스터 폭스〉에서 농부들에 의해 집에서 쫓겨난 겁에 질린 동물들은 생존 그 자체를 자축한다. 애니메이션과 마술적 인형극이 섞인 〈괴물들이 사는 나라〉에서 맥스는 슬프고 겁에 질린 괴물과 함께 요새를 짓고 또 허문 다음 그를 떠나 오이디푸스적인 집의 강력한 힘에 끌려 돌아온다. 그러나 이런 '해피'엔딩으로 가는 길에서 선한 동물, 괴물, 아이들에게 나쁜 일이 일어나고, 먼지 쌓인 구석구석마다 실패가 깃들기 때문에, 어린이 관객은 이 역시 비열하고 옹졸하고 탐욕스럽고 폭력적인 어른들이 만든 세상에서 산다는 것이 갖는 의미라고 여기게 된다. 산다는 것은 실패하는 것이고, 망치는 것이며, 실망하는 것이자, 궁극적으로는 죽는 것이다. 퀴어한 실패의 기술은 죽음과 실망을 우회하는 길을 찾기보다, 유한함을 받아들이고, 부조리한 것, 유치한 것, 가망 없는 멍청함을 포용한다. 끝과 한계에 저항하기보다는 우리 자신의 피할 수 없는 모든 판타스틱한 실패를 오히려 꼭 붙들고 즐겨보는 게 어떨까.

옮긴이 후기

> 만약 성공이 그토록 많은 노력을 요한다면, 어쩌면 장기적으로는 실패가 더 쉬운 길이며, 그것은 다른 보상을 해줄지도 모른다.(18쪽)

이 책은 2011년 듀크대학교출판부에서 펴낸 주디스 핼버스탬의 *The Queer Art of Failure*를 우리말로 옮긴 것이다. 국내에는 『여성의 남성성』(이매진, 2015), 『가가 페미니즘』(이매진, 2014) 등의 저서로 소개되어 있다. 그보다 먼저 2012년 6월에는 한국영미문학페미니즘학회 국제학술대회 참석차 방한해 서울대학교, 이화여자대학교, 연세대학교 등에서 'The Queer Art of Failure', 'Gaga Feminism'이라는 제목으로 강연을 하며 국내 퀴어 연구 커뮤니티에 돌풍을 일으킨 바 있다. 국내에 번역 출간된 두 책 역시 젠더 규범을 위반하는 것이 지닌 급진성을 다뤘지만, 원서 기준으로 그 두 권 사이에 출간된 이 책은 '실패'라는 키워드를 전면에 내세우며 규범의 위반이 지닌 대안적 의미와 해방적 가치를 본격적으로 탐구한다. 우리 삶의 온갖 영역에 스며들어 있는 성공 담론과 필연적 실패에 주목하는 이 책이 핼버스탬의 주요 저서 목록에서도 특히나 긴 생명력을 가지는 책이라고 생각되어 내게 기회가 왔을 때 기쁜 마음으로 덥석 번역을 결심했다. 너무 늦게 도착한 이 번역서가 지금 한국에서 어떤 반향을 이끌어낼 수 있을까?

핼버스탬은 인기 있는 미국의 퀴어 이론 연구자로서, 컬럼비아대학교 영문학과와 비교문학과에서 교수로 재직하며 젠더, 섹슈얼리티, 퀴어 연구, 대중문화 등에 관해 강의를 하고 글을 쓴다. 저서로 국내에 소개된 책들에 더해 『퀴어 시간과 장소에서In a Queer Time and Place』, 『트랜스*Trans*』, 『와일드 씽즈Wild Things』 등이 있다. 2018년에 트랜스 몸의 관점에서 고든 마타클락의 '아나키텍처anarchitecture' 개념을 논한 연구로 젠더, 섹슈얼리티, 건축에 관한 학술상인 아커스|플레이시즈상Arcus|Places Prize을 수상했고, 최근에는 '야생성wildness'과 건축 문화에 관심을 가지고 대안적 앎과 삶의 방식을 탐구하는 집필 활동을 이어가고 있다. 2000년대 후반 리사 두건, 호세 무뇨스 등과 함께 시작한 'Bully Bloggers'라는 블로그, 그리고 웹사이트 jackhalberstam.com에서 핼버스탬의 반짝이는 글들을 찾아볼 수 있다.

이 책에서 핼버스탬은 자본주의와 이성애 중심주의 안에 녹아들어 있는 성공 및 성장 담론과 발전 지향적 관점을 비판적으로 검토하고, 오히려 실패가 가진 미덕을 조명하며, 그것을 퀴어한 삶의 방식, 혹은 퀴어들의 삶의 방식과 연결한다. 배움과 학문의 측면에서, 예술과 작업의 측면에서, 또 삶 자체에서 실패가 가질 수 있는 잠재력과 파급력을 살펴볼 수 있다. 저자는 "이성애 규범적인 자본주의 사회에서 성공이란 부의 축적과 결부된 재생산력이라는 특정한 형식과 너무 쉽게 동일시된다"고 하며, 성공과 실패의 기준을 재정의하기보다는 그 논리를 해체하는 것을 책의 목표로 삼는다. 저자는 지나친 긍정과 낙관의 폐해를 지적하고, 성공 지향적인 사회에서 루저로 취급받던 퀴어들의 실패 혹은 퀴어한 방식의 실패는 특히 자본주의에 대한 급진적 비판과 이성애 중심주의에 대한 대안적 관계를 가능하게 한다고 설파한다.

방법론 면에서는 '저급 이론low theory'을 강조한다. 저급 이론이란 핼버스탬이 영국의 문화이론가 스튜어트 홀에게서 차용한 개념으로, 지식의 위계를 거부하는 이론적 모델이다. 핼버스탬은 학계에서만 관습적으로 통용되는 소위 고급 이론의 '고급성'을 해체하며 "더 넓은 대상에 가닿기 위해 더 낮은 곳을 겨냥"하는 저급 이론을 제시한다. 그가 문학 작품 또는 중요한 사상가나 학자의 저작보다는 만화, 어린이용 애니메이션, 대중문화, 하위문화 등 진지하게 다뤄지지 않는 "실없는 아카이브silly archive"에 속하는 텍스트를 더욱 즐겨 다루는 이유도 그 때문이라 할 수 있다.

퀴어 이론의 반사회적 전회

이성애를 자연스러운 것으로 여기고 재생산을 미래성과 연결하는 사회에서, 즉 아이가 곧 미래인 세계에서 우리는 이성애 규범적 발달 모형을 성공적으로 따르도록 강제되며, 그 성장과 재생산 과정의 대물림이 시간을 만들어낸다. 이 논리에서 퀴어는 미래를 갖지 못하며, 실패와 필연적으로 밀접한 관계를 맺게 된다. 핼버스탬은 시간과 역사에 관한 이성애 규범적 관념과 단절하는 퀴어 미래성을 탐구한 리 에델먼, 호세 무뇨스, 엘리자베스 프리먼 등의 연구를 언급하며, 가계와 혈통을 통한 시간성을 방해하는 퀴어한 자아의 등장에 주목한다.

핼버스탬은 이를 "퀴어한 실패queer failure"라고 명명하며 그것에서 새로운 가능성을 모색한다. 즉, 승리가 아닌 패배, 성장이 아닌 자발적 퇴행, 기억이 아닌 망각, 계승이 아닌 단절, 욕망의 대상이 아닌 욕망의 장애물, 밝음이 아닌 어둠, 미래가 아닌 미래 없음, 길 찾기가 아닌 길 잃기, 통달이 아닌 무지, 안정이 아닌 취약성에서 해방구를 찾아내고자 한다. 노예제하에서 게으름이 약자들의 무기가 될 수 있었던 것처럼, 이러한 실패, 패배, 망각, 퇴행, 상실 같은 부정적 가치는 지배적인 역사화 양식의 기반을 흔들고, 정상성과 규범성이 지속되지 못하게 훼방놓는다. 또 영화 〈니모를 찾아서〉의 도리가 기억상실증으로 기꺼이 5분마다 새롭게 관계를 만들어내는 것처럼, 퀴어한 실패는 전통적 의미의 가족관계 안에 들어가지 않고 친구, 공동체와의 우발적 관계를 다지게 한다.

핼버스탬은 모든 성공 이야기 뒤에는 실패의 역사가 그림자처럼 놓여 있다고 말하며, 그 기록되지 않은 "반자본주의적이고 퀴어한 투쟁의 이야기"를 들여다본다. 2000년 시드니 올림픽에서 4등을 차지한 선수들의 사진을 찍은 작가 트레이시 모펏의 작업을 살피며 "영예의 뒷자리인 동시에 오명의 앞자리"로서 승리의 기쁨도 확실한 패배의 도착적 쾌락도 허락되지 않는 그 독특한 자리를 통해 실패의 고귀함을 포착한다. 또 자유주의 페미니즘의 뒤를 따라 다니는 '그림자 페미니즘'에 주목하며, 관객에게 자신이 입고 있는 옷을 마음대로 잘라 가게 하는 오노 요코의 퍼포먼스인 〈컷 피스〉에서 보듯 여성의 수동성, 피학성, 부정성을 골자로 하는 반사회적 페미니즘을 급진적으로 독해한다.

한편으로 핼버스탬이 주목하는 실패 이야기는 남성 거세를 주장했고 앤디 워홀에게 총격을 가한 적이 있는 래디컬 페미니스트 밸러리 솔래너스의 경우라든가, '나치의 박해를 받은 동성애자'라는 역사 이면에 존재하는 '나치에 부역했거나 파시즘에 매료되었던 동성애자의 역사'처럼 상당히 꺼림칙한 역사도 포함한다. 하지만 저자는 이러한 역사 분석을 통해 페미니스트 혐오, 동성애 혐오로 귀결되기보다는 성과 정치학의 관계를 질문하고 탐구하는 방향으로 나아가야 한다고 주장한다. 핼버스탬은 솔래너스나 게이와 파시즘의 연관성에서와 같은 과격성, 극단성보다 그러한 부정성의 아카이브가 너무 적다는 사실이 더 문제라고 파악하며 우리가 퀴어한 실패의 사례를 더욱더 발굴할 필요가 있다는 점을 지적한다.

성공을 목표로 설정하도록 강요하는 세계에서 다르게 인식하고 다르게 존재하는 방법에 관한 이 책을 통해 독자들은 역사의 루저들의 계보를 그려볼 수 있을 것이며, 어떻게든 우리를 좌절시키는 규범을 벗어나 새로운 친밀함의 관계를 맺고 더 낮게 실패하는 삶의 방식을 상상하는 데 도움을 얻을 수 있을 것이다.

번역상의 난제들

우선 이 번역서에서는 저자명을 원서와 다르게 표기했음을 밝힌다. 젠더 규범에 도전하는 핼버스탬은 타고난 이름인 '주디스'와 함께 '잭'이라는 이름을 병기하거나 아예 '잭'만을 사용하기도 한다. 또 모호함을 긍정하는 그는 자신을 지칭하는 인칭대명사의 경우 'he'든 'she'든 성별을 특정하지 않는 'they'든 별로 신경 쓰지 않는다고 밝힌 바 있다. 이 책의 원서 출간 이후에는 잭이라는 이름을 좀 더 자주 사용하는 경향이 보인다. 초판 당시 Judith Halberstam으로 발간했던 『여성의 남성성Female Masculinity』의 경우 2018년 발간한 20주년 기념판에서는 저자명을 Jack Halberstam으로 바꾸기도 했다. 따라서 이 번역서에서는 2011년 원서 출간 시 사용했던 Judith

Halberstam 대신 '잭 핼버스탬'을 사용했다.

핼버스탬의 비상하고 재치 넘치는 문체는 종종 옮긴이를 난관에 봉착하게 했다. 반드시 이 책만의 특성은 아니겠으나 중의적으로 쓰이는 단어들이 많았는데, 특히 'animate'의 경우 장제목으로도 자주 등장해 그 중의성을 온전히 표현하기가 쉽지 않았다. 책에서 분석 대상으로 애니메이션 영화들이 많이 등장하므로 해당 장르를 뜻하기도 하는 한편, '생동성', '활기', '활성화'라는 근본적 의미 역시 전달할 때가 많다. 맥락에 따라 좀 더 우세한 의미를 드러내도록 번역어를 골랐으며, 필요하다고 판단되는 경우 원어를 병기했다.

또 이 책의 주제를 핵심적으로 나타내는 'undoing', 'unbeing', 'unbecoming', 'unmaking', 'come undone' 등의 어휘는 번역과 편집 과정에서 수정을 거듭한 결과 '망치기', '비존재', '자발적 퇴행', '훼손', '해체'라는 역어가 되었다. 특히 이 책에서 'unbecoming'은 아이가 어른이 되듯 우리가 미성숙에서 성숙으로 나아가고, 아무것도 아닌 자에서 어엿한 사람으로 성장하고, 더 나은 상태로 변화하고 발전하고 발달해야 한다는 관념, 즉 성장·성취·성공 이데올로기에 대한 저항의 의미로 사용되기 때문에, 다소 직관성이 떨어짐에도 '자발적 퇴행'이라는 역어를 선택했다.

언급한 어휘를 포함해 번역본의 여러 개념어나 표현을 선택하는 데 아시아 퀴어 영화학자인 김응산 선배와 현실문화의 김수기 사장님께 큰 도움을 받았다. 이 지면을 빌려 감사 인사를 드린다. 그럼에도 이 책에는 많은 번역상의 오류와 실패가 있을 것인데, 그것은 전적으로 옮긴이의 것이다. 발견되는 오류는 기회가 되는 대로 바로잡아 언젠가는 이 번역이 "영예의 뒷자리이자 오명의 앞자리"에 놓이는 것을 목표로 삼고자 한다.

미국에서 이 책의 원서가 출간된 지 13년이 흐른 지금도 인간 세계 어디에서나 '성공'은 물질적으로든 사회적으로든 마땅히 추구하도록 장려되는 가치로 여겨진다. 한국 사회 역시 성공해야 한다는 관념이 뿌리 깊게 자리 잡고 있다. 미국에 아메리칸드림으로 대표되는 자수성가 신화가 있다면, 한국전쟁 이후 한국에는 국가의 부흥을 위해 국민 개개인이 근면성실을 내면화해온 역사가 있고, 자식의 성공을 위해 교육에 열을 올리는 문화가 사교육 시장을 비정상적으로 키워온 현재가 있다. 이러한 성공 압박의 대물림은 청년들이 여유로운 미래라는 환상을 위해 현재를 저당잡혀 살게 한다. 그러나 성공이 그것을 추구하는 개인을 위한 긍정적인 가치가 아니라, 자본주의 시장경제와 이성애 규범성을 공고히 유지시키기 위한 이데올로기일 뿐이라면? 예컨대 '경제적 자유'가 성공의 다른 말이 되어 우리 사회 청장년층의 공통된 삶의 목표로 자리 잡은 요즘, 고금리 시대를 맞아 몰락하는 '영끌족'을 보자. 이들의 부채는 누구의 배를 불리는가? 약탈적 대출은 장밋빛 약속으로 가득한 부동산 시장에서 번듯한 성공의 환상과 함께 온다.

　마지막으로, 이 책을 읽어야 할 이유 중 한 가지를 명쾌하게 알려주는 아마존 독자 리뷰 하나를 소개한다.

"직장에서 해고당했을 때 혹은 대학원 진학을 포기했을 때 이 책을 읽으면 기분이 좀 나아진다."(Liticia, 2018. 1. 22.)

그럴듯한 성공의 허상을 좇게 만드는 세상에서 자신을 증명하기를 포기하고 기꺼이 아무것도 되지 않기로 할 때, 실패는 우리를 해방시켜줄 것이다.

2024년 봄
허원

참고문헌

Agamben, Giorgio. 1998. *Homo Sacer: Sovereign Power and Bare Life*. Palo Alto, Calif.: Stanford University Press.

Ahmed, Sarah. 2007. *Queer Phenomenology*. Durham: Duke University Press.

Althusser, Louis. 2001. *Lenin and Philosophy and Other Essays*. New York: Monthly Review Press. [국역본] 루이 알튀세르. 『레닌과 철학』. 이진수 옮김. 백의. 1997.

Beauvoir, Simone de. 1989. *The Second Sex*. New York: Vintage. [국역본] 시몬 드 보부아르. 『제2의 성』. 이정순 옮김. 을유문화사. 2021; 『제2의 성』. 이희영 옮김. 동서문화사. 2009.

Beckett, Samuel. 1938. *Murphy*. 12th edition. New York: Grove Press.

Benjamin, Walter. 1969. "Theses on the Philosophy of History," in *Illuminations: Essays and Reflections*. New York: HBJ: 253–65.

———. 1996. *Selected Writings 1913–1926*, vol. 1, ed. Marcus Bullock and Michael Jennings. Cambridge: Harvard University Press.

Berlant, Lauren. 1997. *The Queen of America Goes to Washington City: Essays on Sex and Citizenship*. Durham: Duke University Press.

Bersani, Leo. 1986. *The Freudian Body: Psychoanalysis and Art*. New

York: Columbia University Press. [국역본] 리오 버사니. 『프로이트의 몸』. 윤조원 옮김. 필로소픽. 2021.

―――. 1996. *Homos*. Cambridge: Harvard University Press.

―――. 2009. *Is the Rectum a Grave and Other Essays*. Chicago: University of Chicago Press.

Bishop, Elizabeth. 2008. *Poems, Prose, and Letters*. New York: Library of America.

Blake, Nayland. 2005. "Further Horizons," in *Judie Bamber: Further Horizons*. Claremont, Calif.: Pomona College Museum of Art: 5–9.

Bosworth, Patricia. 2006. *Diane Arbus: A Biography*. New York: W. W. Norton.

Brassaï, Gyula Halasz. 1976. *The Secret Paris of the 1930's*. New York: Pantheon.

Brooks, Daphne. 2006. *Bodies in Dissent: Spectacular Performances of Race and Freedom, 1850–1910*. Durham: Duke University Press.

Butler, Judith. 1990. *Gender Trouble: Feminism and the Subversion of Identity*. New York: Routledge.

―――. 2002. *Anitgones' Claim: Kinship between Life and Death*. New York: Columbia University Press.

Chisholm, Dianne. 2005. *Queer Constellations: Subcultural Space in the Wake of the City*. Minneapolis: University of Minnesota Press.

Clover, Carol. 1993. *Men, Women, and Chainsaws: Gender in the*

Modern Horror Film. Princeton: Princeton University Press.

Crisp, Quentin. 1968. *The Naked Civil Servant*. New York: Plume.

Cvetkovich, Ann. 2003. *An Archive of Feelings: Trauma, Sexuality, and Lesbian Public Culture*s. Durham: Duke University Press.

Dean, Tim. 2009. *Unlimited Intimacy: Reflections on the Subculture of Barebacking*. Chicago: University of Chicago Press.

Delany, Samuel. 2001. *Times Square Red, Times Square Blue*. New York: New York University Press.

———. 2004. *The Motion of Light in Water: Sex and Science Fiction in the East Village*. Minneapolis: University of Minnesota Press.

Deleuze, Gilles. 1971. *Masochism: An Interpretation of Coldness and Cruelty*, trans. Jean McNeil. New York: Braziller. [국역본] 질 들뢰즈. 『매저키즘』. 이강훈 옮김. 인간사랑. 2007.

Derrida, Jacques. 1998. *Archive Fever: A Freudian Impression*, trans. Eric Prenowitz. Chicago: University of Chicago Press.

Doan, Laura. 2001. *Fashioning Sapphism: The Origins of a Modern English Lesbian Culture*. New York: Columbia University Press.

Dorfman, Ariel. 1994. *How to Read Donald Duck: Imperialist Ideology in the Disney Comic*. New York: International General. [국역본] 아리엘 도르프만·아르망 마텔라르. 『도널드 덕, 어떻게 읽을 것인가』. 김성오 옮김. 새물결. 2003.

Duggan, Lisa. 2004. *The Twilight of Equality?: Neoliberalism, Cultural Politics, and the Attack on Democracy*. Boston: Beacon Press. [국역본] 리사 두건. 『평등의 몰락』. 한우리·홍보람 옮김. 현실문화. 2017.

Duggan, Lisa, and Richard Kim. 2005. "Beyond Gay Marriage." *The Nation*. 18 July, 25.

Edelman, Lee. 2005. *No Future: Queer Theory and the Death Drive*. Durham: Duke University Press.

Ehrenreich, Barbara. 2009. *Bright-Sided: How the Relentless Pursuit of Positive Thinking Has Undermined America*. New York: Metropolitan Books. [국역본] 바버라 에런라이크. 『긍정의 배신』. 전미영 옮김. 부키. 2011.

Eisenstein, Sergei. 1988. *Eisenstein 3: Eisenstein on Disney*, trans. Alan Upchurch. New York: Methuen.

El- Tayeb, Fatima. 2011. *Queering Ethnicity: Minority Activism in Postnational Europe*. Minneapolis: University of Minnesota Press.

Eng, David. 2003. "Transnational Adoption and Queer Diaspora." *Social Text* 21, no. 3, 1–37.

English, Darby. 2007. *How to See a Work of Art in Total Darkness*. Cambridge: MIT Press.

Ferguson, Roderick. 2005. *Aberrations in Black: Toward a Queer of Color Critique*. Minneapolis: University of Minnesota Press.

Foucault, Michel. 1995. *Discipline and Punish: The Birth of the Prison*, trans. Alan Sheridan. New York: Vintage. [국역본] 미셸 푸코. 『감시와 처벌』. 오생근 옮김. 나남출판. 2020.

———. 1998. *The History of Sexuality Volume 1: An Introduction*. New York: Vintage. [국역본] 미셸 푸코. 『성의 역사 1』. 이규현 옮김. 나남출판. 2020.

————. 2003. *Society Must Be Defended: Lectures at the College De France, 1975–1976*, trans. David Macey. New York: Picador. [국역본] 미셸 푸코. 『사회를 보호해야 한다』. 김상운 옮김. 난장. 2015.

Franklin, Sarah. 2006. "The Cyborg Embryo: Our Path to Transbiology." *Theory, Culture and Society Annual Review* 1, no. 1.

Freeman, Elizabeth. 2005. "Monsters, Inc.: Notes on the Neoliberal Arts Education." *New Literary History* 36, no. 1, 83–95.

————. 2010. *Time Binds: Queer Temporalities, Queer Histories*. Durham: Duke University Press.

Freire, Paulo. 2000. *Pedagogy of the Oppressed*, trans. Myra Bergman Ramos. New York: Contiuum. [국역본] 파울루 프레이리. 『페다고지』. 남경태 옮김. 그린비. 2018.

Freud, Sigmund. 1963. "A Child Is Being Beaten" (1919), in *Sexuality and the Psychology of Love*, ed. Philip Rieff. New York: Simon and Schuster.

————. 1958. "The Uncanny" in *On Creativity and the Unconscious*. New York: Harper & Row: 122–61.

Frichtl, Ben. 2005. "Concerned Women for America." CWFA.org, 13 December (accessed July 6, 2010).

Gibson-Graham, J. K. 1996. *The End of Capitalism (As We Knew It): A Feminist Critique of Political Economy*. London: Blackwell. [국역본] J. K. 깁슨-그레이엄. 『그따위 자본주의는 벌써 끝났다』. 이현재·엄은희 옮김. 알트. 2013.

Giles, Geoffrey. 2002. "The Denial of Homosexuality: Same-Sex Incidents in Himmler's SS and Police." *Journal of the History of Sexuality* 11, nos. 1–2, January–April, 256–90.

Gomez-Barris, Macarena. 2009. *Where Memory Dwells: Culture and Violence in Chile*. Berkeley: University of California Press.

Gopinath, Gayatri. 2005. *Impossible Desires: Queer Disapora and South Asian Public Cultures*. Durham: Duke University Press.

Gordon, Avery. 1996. *Ghostly Matters: Haunting and the Sociological Imagination*. Minneapolis: University of Minnesota Press.

Graeber, David. *Fragments of an Anarchist Anthropology*. Chicago: Prickly Paradigm. [국역본] 데이비드 그레이버. 『아나키스트 인류학의 조각들』. 나현영 옮김. 포도밭출판사. 2016.

Gramsci, Antonio. 2000. "Hegemony, Relations of Force, Historical Bloc," in *The Gramsci Reader: Selected writings, 1916–1935*, ed. David Forgasc. New York: New York University Press.

Grandin, Temple. 2010. *Animals Make Us Human: Creating the Best Life for Animals*. New York: Mariner.

Halberstam, Judith. 1998. *Female Masculinity*. Durham: Duke University Press. [국역본] 주디스 핼버스탬. 『여성의 남성성』. 유강은 옮김. 이매진. 2015.

Hall, Stuart. 1990. "Gramsci's Relevance for the Study of Race and Ethnicity." *Stuart Hall: Critical Dialogues in Cultural Studies,* ed. Kuan-Hsing and David Morley Chen. New York: Routledge.

———. 1991. "Old and New Identities, Old and New Ethnicities," in *Culture, Globalization and the World System*, ed.

Anthony D. King. London: Macmillan: 42–69.

———. 1997. "The Global and the Local: Globalization and Ethnicity," in *Dangerous Liasons: Gender, Nation, and Postcolonial Perspectives*, ed. Anne McClintock, Aamir Mufti, and Ella Shohat. Minneapolis: University of Minnesota Press: 173–87.

Haraway, Donna. 1990. *Primate Visions: Gender, Race, and Nature in the World of Modern Science*. New York: Routledge.

———. 2003. *The Companion Species Manifesto: Dogs, People, and Significant Otherness*. Chicago: Prickly Paradigm Press. [국역본] 도나 해러웨이. 『해러웨이 선언문』. 황희선 옮김. 책세상.2019에 수록.

———. 2007. *When Species Meet (Posthumanities)*. Minneapolis: University of Minnesota Press. [국역본] 도나 해러웨이. 『종과 종이 만날 때』. 최유미 옮김. 갈무리. 2022.

Hardt, Michael, and Antonio Negri. 2005. *Multitude: War and Democracy in the Age of Empire*. London: Penguin. [국역본] 안 토니오 네그리·마이클 하트. 『다중』. 정남영·서창현·조정환 옮김. 세종. 2008.

Harrowitz, Nancy A., and Barbara Hyams. 1995. *Jews and Gender: Responses to Otto Weininger*. Philadelphia: Temple University Press.

Hart, Lynda. 1998. *Between the Body and the Flesh: Performing Sadomasochism*. New York: Columbia University Press.

Hartman, Saidiya. 1997. *Scenes of Subjection: Terror, Slavery, and*

Self- Making in Nineteenth Century America. Oxford: Oxford University Press.

―――. 2008. *Lose Your Mother: A Journey along the Atlantic Slave Route*. New York: Farrah, Strauss and Giroux.

Herzog, Dagmar. 2002. "Hubris and Hypocrisy, Incitement and Disavowal: Sexuality and German Fascism." *Journal of the History of Sexuality* 11, nos. 1–2, January–April, 3–21.

―――. 2007. *Sex after Fascism: Memory and Morality in Twentieth Century Germany*. Princeton: Princeton University Press.

Hewitt, Andrew. 1996. *Political Inversions: Homosexuality, Fascism, and the Modernist Imaginary*. Palo Alto, Calif.: Stanford University Press.

Hocquenghem, Guy. 1993. "Capitalism, the Family, and the Anus," in *Homosexual Desire*, trans. Daniella Dangoor. Durham: Duke University Press.

Jelinek, Elfride. 2009. *The Piano Teacher*, trans. Joachim Neugroschel. New York: Grove. [국역본] 엘프리데 옐리네크. 『피아노 치는 여자』. 이병애 옮김. 문학동네. 2009.

Jensen, Erik. 2002. "The Pink Triangle and Political Consciousness: Gays, Lesbians, and the Memory of Nazi Persecution." *Journal of the History of Sexuality* 11, nos. 1–2, January–April, 319–49.

Jones, Ernest. 1957. *The Life and Work of Sigmund Freud*. Vol. 2. New York: Basic Books.

Kaplan, Brett Ashley. 2010. *Landscapes of Holocaust Postmemory*.

New York: Routledge.

Kelty, Christopher, and Hannah Landecker. 2004. "A Theory of Animation: Cells, L-systems, and Film." *Grey Room*, September, 30–63.

Kincaid, Jamaica. 1997. *Autobiography of My Mother*. New York: Plume. [국역본] 저메이카 킨케이드. 『내 어머니의 자서전』. 김희진 옮김. 민음사. 2022.

Kipnis, Laura. 2004. *Against Love: A Polemic*. New York: Vintage, 2004.

Klein, Norman. 1997. *The History of Forgetting: Los Angeles and the Erasure of Memory*. London: Verso.

Lacan, Jacques. 1977. *Ecrits*, trans. Alan Sheridan. London: Tavistock. [국역본] 자크 라캉. 『에크리』. 홍준기·이종영·조형준·김대진 옮김. 새물결. 2019.

Latimer, Quinn. 2008. "Collier Schorr on Brooke Shields and the 'Fall of America.'" Artinfo.com, 1 July (accessed 24 July 2010).

Leslie, Esther. 2004. *Hollywood Flatlands: Animation, Critical Theory, and the Avant-Garde*. New York: Verso.

Linebaugh, Peter, and Marcus Rediker. 2001. *The Many-Headed Hydra: The Hidden History of the Revolutionary Atlantic*. Boston: Beacon. [국역본] 마커스 레디커·피터 라인보우. 『히드라』. 정남영·손지태 옮김. 갈무리. 2008.

Love, Heather. 2009. *Feeling Backwards: Loss and the Politics of Queer History*. Cambridge: Harvard University Press.

Lowe, Lisa. 1996. *Immigrant Acts: On Asian American Cultural*

Politics. Durham: Duke University Press.

Mahmood, Saba. 2005. *The Politics of Piety: The Islamic Revival and the Feminist Subject.* Princteon: Princeton University Press.

Malcom, Janet. 2008. *Two Lives: Gertrude and Alice*. New Haven: Yale University Press.

Marks, Laura. 2002. *Touch: Sensuous Theory and Multisensory Media*. Minneapolis: University of Minnesota Press.

Marshall, Stuart. 1991. "The Contemporary Political Use of Gay History: The Third Reich," in *How Do I Look? Queer Film and Video*, ed. Bad Object Choices. Seattle: Bay Press.

Martin, Biddy. 1997. *Femininity Played Straight: The Significance of Being Lesbian*. New York: Routledge.

Massad, Joseph A. 2008. *Desiring Arabs*. Chicago: University of Chicago Press.

McRuer, Robert. 2006. *Crip Theory: Cultural Signs of Queerness and Disability*. New York: New York University Press.

Mignolo, Walter. 2005. *Local Histories/Global Designs: Coloniality, Subaltern Knowledges*, and Border Thinking. Princeton: Princeton University Press. [국역본] 월터 D. 미뇰로. 『로컬 히스토리 / 글로벌 디자인』. 이성훈 옮김. 에코리브르. 2013.

Morrison, Toni. 1987. *Beloved*. New York: Alfred A. Knopf. [국역본] 토니 모리슨. 『빌러비드』. 최인자 옮김. 문학동네. 2014.

Mosse, George L. 1999. *The Fascist Revolution: Toward a General Theory of Fascism*. New York: Howard Fertig.

Moten, Fred, and Stefano Harney. 2004. "The University and the

Undercommons: Seven Theses." *Social Text* 79. 22, no. 2, 101–
15.

Muñoz, José Esteban. 1999. *Disidentifications: Queers of Color
and the Performance of Politics*. Minneapolis: University of
Minnesota.

———. 2006. "The Vulnerability Artist: Nao Bustamante and the
Sad Beauty of Reparation." *Women and Performance: A Journal
of Feminist Theory* 16, no. 2, 191–200.

———. 2010. *Cruising Utopia: The Then and There of Queer
Futurity*. New York: New York University Press.

Muñoz, José Esteban, and Nao Bustamante. 2003. "Risk/Riesgo:
An Interview with Nao Bustamante." *Felix* 2, no. 32, 5.

Nast, Heidi. 2006. "Critical Pet Studies?" *Antipode* 38, no. 5, 894–
906.

Newton, Esther. 1996. "My Best Informant's Dress: The Erotic
Equation in Fieldwork," in *Out in the Field: Reflections of
Lesbian and Gay Anthropologists*, ed. Ellen Lewin and William L.
Leap. Urbana and Chicago: University of Illinois Press, 212–35.

Ngai, Sianne. 2005. "Animatedness," in *Ugly Feelings*. Cambridge:
Harvard University Press.

Nietzsche, Friedrich. 1969. "Second Essay: Guilt, Bad Conscience,
and the Like" in *On the Genealogy of Morals: A Polemic*. New
York: Vintage: 57–96. [국역본] 프리드리히 니체. 『도덕의 계
보』. 박찬국 옮김. 아카넷. 2021.

Nyong'o, Tavia. 2008. "Do You Want Queer Theory (or Do You

Want the Truth)? Intersections of Punk and Queer in the 1970s." *Radical History Review 100*, Winter, 102–19.

O'Dell, Kathy. 1998. *Contract with the Skin: Masochism, Performance Art, and the 1970's*. Minneapolis: University of Minnesota Press.

Parikh, Crystal. 2009. *An Ethics of Betrayal: The Politics of Otherness in Emergent U.S. Literatures and Cultures*. New York: Fordham University Press.

Phelan, Peggy. 1993. *Unmarked: The Politics of Performance*. New York: Routledge.

Preston, Claire. 2005. *Bee*. London: Reaktion Books.

Price, David A. 2008. *The Pixar Touch*. New York: Alfred A. Knopf. [국역본] 데이비드 A. 프라이스. 『픽사 이야기』. 이경식 옮김. 흐름출판. 2010.

Puar, Jasbir. 2007. *Terrorist Assemblages: Homonationalism in Queer Times*. Durham: Duke University Press.

Ranciére, Jacques. 1991. *The Ignorant Schoolmaster: Five Lessons in Intellectual Emancipation*, trans. Kirsten Ross. Palo Alto, Calif.: Stanford University Press. [국역본] 자크 랑시에르. 『무지한 스승』. 양창렬 옮김. 궁리. 2016.

Readings, Bill. 1997. *The University in Ruins*. Cambridge: Harvard University Press. [국역본] 빌 리딩스. 『폐허의 대학』. 윤지관·김영희 옮김. 책과함께. 2015.

Roach, Joseph. 1996. *Cities of the Dead: Circum-Atlantic Performance*. New York: Columbia University Press.

Rodowick, D. N. 1997. *Gilles Deleuze's Time Machine*. Durham: Duke University Press.

Ronell, Avital. 2002. *Stupidity*. Champaign: University of Illinois Press. [국역본] 아비탈 로넬. 『어리석음』. 강우성 옮김. 문학동네. 2015.

Roughgarden, Joan. 2004. *Evolution's Rainbow: Diversity, Gender, and Sexuality in Nature and People*. Berkeley: University of California Press. [국역본] 조안 러프가든. 『변이의 축제』. 노태복 옮김. 갈라파고스. 2021; 조안 러프가든. 『진화의 무지개』. 노태복 옮김. 뿌리와이파리. 2010.

Rubin, Gayle. 1975. "The Traffic in Women: Notes on the 'Political Economy' of Sex," in *Toward an Anthropology of Women, ed. Rayna Reiter*. New York: Monthly Review Press: 157–210.

―――. 1984. "Thinking Sex: Notes for a Radical Theory of Sexuality," in *Pleasure and Danger: Exploring Female Sexuality*, ed. Carole Vance. Boston: Routledge. [국역본] 게일 루빈. 『일탈』. 임옥희·조혜영·신혜수·허윤 옮김. 현실문화. 2015.

Sandage, Scott. 2005. *Born Losers: A History of Failure in America*. Cambridge: Harvard University Press.

Sarafian, Katherine. 2003. "Pixar's Digital Aesthetic," in *New Media: Theories and Practices of Digitextuality*, ed. Anna Everett and John T. Caldwell. New York: Routledge.

Schenkar, Joan. 2009. *The Talented Miss Highsmith: The Secret Life and Serious Art of Patricia Highsmith*. New York: St. Martin's Press.

Schorr, Collier. 2003. "German Brutality and Roman Sensuality: Pictures of Soldiers in the Landscape." Interview. PBS, 1 January. Available at pbs.org.

―――. 2008. *Freeway Balconies*. New York: Guggenheim Museum.

Scott, James C. 1987. *Weapons of the Weak: Everyday Forms of Peasant Resistance*. New Haven and London: Yale University Press.

―――. 1999. *Seeing Like a State: How Certain Schemes to Improve the Human Condition Have Failed*. New Haven: Yale University Press. [국역본] 제임스 C. 스콧. 『국가처럼 보기』. 전상인 옮김. 에코리브르. 2010.

Sebald, W. G. 2002. Austerlitz. London: Modern Library. [국역본] W. G. 제발트. 『아우스터리츠』. 안미현 옮김. 을유문화사. 2009.

Sedgwick, Eve Kosofsky. 1990. *Epistemology of the Closet*. Los Angeles: University of California Press.

―――. 1994. *Tendencies*. New York: Routledge.

―――. 2003. "Paranoid Reading, Reparative Reading." *Touching Feeling: Affect, Pedagogy, Performativity*. Durham: Duke University Press.

Silva, Noenoe. 2004. *Aloha Betrayed: Native Hawaiian Resistance to American Colonialism*. Durham: Duke University Press.

Smith, Zadie. 2006. *On Beauty*. London: Penguin.

Solanas, Valerie. 2004. *SCUM Manifesto*. Introduction by Avital

Ronell. New York: Verso. [국역본] 한우리 엮음. 『페미니즘 선언』. 현실문화. 2016.

Sontag, Susan. 1975. "Fascinating Fascism." *New York Review of Books*, 6 February.

———. 2001. *On Photography*. New York: Picador. [국역본] 수전 손택. 『사진에 관하여』. 이재원 옮김. 이후. 2005.

Spade, Dean. 2008. "Documenting Gender." *Hastings Law Journal* 59, 731–842.

Spivak, Gayatri Chakravorty. 1988. "Can the Subaltern Speak?," in *Marxism and the Interpretation of Culture*, ed. Cary Nelson and Larry Grossberg. Champaign: University of Illinois Press. [국역본] 가야트리 스피박 외. 『서발턴은 말할 수 있는가?』. 태혜숙 옮김. 그린비. 2013.

Sugimoto, Hiroshi. 1995. *Hiroshi Sugimoto: Time Exposed*, ed. Hiroshi Sugimoto and Thomas Kellein. Basel: Kunsthalle, published by H. Mayer, 91–96.

Virno, Paolo. 2004. *A Grammar of the Multitude*. Los Angeles: Semiotexte(s). [국역본] 빠올로 비르노. 『다중』. 김상운 옮김. 갈무리. 2004.

Weininger, Otto. 2009. *Sex and Character*. New York: BiblioLife. [국역본] 오토 바이닝거. 『성과 성격』. 임우영 옮김. 지만지. 2012.

Welsh, Irvine. 1996. *Trainspotting*. London: Norton. [국역본] 어빈 웰시. 『트레인스포팅』. 임지현 옮김. 단숨. 2014.

Weston, Kath. 1998. "Forever Is a Long Time: Romancing the

Real in Gay Kinship Ideologies," in *Long Slow Burn: Sexuality and Social Science*. New York: Routledge.

Williams, Raymond. 1977. *Marxism and Literature*. Oxford: Oxford University Press. [국역본] 레이먼드 윌리엄스. 『마르크스주의와 문학』. 박만준 옮김. 지만지. 2013.

Wilson, Julia Bryan. 2003. "Remembering Yoko Ono's 'Cut Piece.'" *Oxford Art Journal* 26, no. 1, 99–123.

Wittig, Monique. 1992. *The Straight Mind and Other Essays*. Boston: Beacon Press. [국역본] 모니크 위티그. 『모니크 위티그의 스트레이트 마인드』. 허윤 옮김. 행성B. 2020.

Woolf, Virginia. 1929. *A Room of One's Own*. London: Harcourt Brace Jovanovitch. [국역본] 버지니아 울프. 『자기만의 방』. 최설희 옮김. 앤의서재. 2024; 『자기만의 방』. 이미애 옮김. 민음사. 2006.

Žižek, Slavoj. 2008. *In Defense of Lost Causes*. London: Verso. [국역본] 슬라보예 지젝. 『잃어버린 대의를 옹호하며』. 박정수 옮김. 그린비. 2009.

———. 2009. "Berlusconi in Tehran." *London Review of Books*, 23 July, 3–7.

356

실패의 기술과 퀴어 예술

초판 2024년 5월 24일

지은이 잭 핼버스탬
옮긴이 허원
펴낸이 김수기

펴낸곳 현실문화연구
등록 1999년 4월 23일 / 제2015-000091호
주소 서울시 은평구 불광로 128 배진하우스 302호
전화 02-393-1125 / 팩스 02-393-1128 / 전자우편 hyunsilbook@daum.net
ⓗ blog.naver.com/hyunsilbook ⓕ hyunsilbook ⓧ hyunsilbook

ISBN 978-89-6564-300-5 (03300)